T0316982

Erfolgreiche Handelsstrategien

Joachim Zentes,
Stefan Kolb,
Sebastian Rittinger

Erfolgreiche
Handelsstrategien

Gestern – Heute – Morgen

Martin Meidenbauer »

Univ.-Professor Dr. Joachim Zentes ist Direktor des
Instituts für Handel & Internationales Marketing (H.I.MA.)
und Direktor des Europa-Instituts, Sektion Wirtschaftswissenschaft,
der Universität des Saarlandes.

Dipl.-Kfm. Stefan Kolb ist Wissenschaftlicher Mitarbeiter
am Institut für Handel & Internationales Marketing (H.I.MA.).

Dipl.-Kfm. Sebastian Rittinger ist Wissenschaftlicher
Mitarbeiter am Institut für Handel & Internationales
Marketing (H.I.MA.).

Bibliografische Information der Deutschen
Nationalbibliothek
Die Deutsche Nationalbibliothek verzeichnet
diese Publikation in der Deutschen
Nationalbibliografie; detaillierte
bibliografische Daten sind im Internet
über http://dnb.d-nb.de abrufbar.

Printed in Germany

Gedruckt auf chlorfrei gebleichtem,
säurefreiem und alterungsbeständigem
Papier (ISO 9706)

ISBN 978-3-89975-222-9
Verlagsverzeichnis schickt gern:
Martin Meidenbauer Verlagsbuchhandlung
Schwanthalerstr. 81
D-80336 München
www.m-verlag.net

Geleitwort des HDE

„Was Du ererbt von Deinen Vätern hast, erwirb es, um es zu besitzen. Was man nicht nützt, ist eine schwere Last. Nur was der Augenblick erschafft, das kann er nützen." So heißt es in Goethes Faust I aus dem Jahre 1808. Aber auch im Jahre 2010 klingt dieses Zitat noch aktuell und geradezu wie eine Anleitung zur Führung eines erfolgreichen Handelsunternehmens. Um erfolgreich zu sein, genügt es nicht, weiterzumachen wie bisher und das, was man vorfindet, einfach nur fortzusetzen. Man muss es sich zu Eigen machen, seine eigenen Vorstellungen und Strategien entwickeln, um neuen Nutzen zu schaffen.

Gerade der mittelständische Einzelhandel steht ständig vor großen Herausforderungen und muss sich beständig neu erfinden. Über viele Jahre und im Zeitverlauf hat er diese Herausforderung stets gut gemeistert. Daher gehören mittelständische Unternehmen, vor allem inhabergeführte, nach wie vor zu den Erfolgsmodellen der deutschen Wirtschaft. Obwohl ihnen proportional die größeren bürokratischen Bürden auferlegt werden und sie häufig über weniger Ressourcen verfügen als größere Unternehmen, sind sie Leistungsträger unserer Gesellschaft. Sie reagieren extrem flexibel und rasch auf alle Veränderungen wichtiger Rahmenbedingungen. Auf Grund der persönlichen Bindung an das eigene Unternehmen haben die Inhaber von Natur aus einen hohen Anreiz und ein großes Engagement, den Betrieb zu erhalten und auszubauen. Sie gönnen sich kaum eine Pause, um sich auszuruhen. Immer wichtiger wird es jedoch, dass sie sich Zeit nehmen, um über die strategische Ausrichtung des Unternehmens nachzudenken.

Aber was sind eigentlich die Geheimnisse erfolgreicher mittelständischer Einzelhandelsunternehmen? Was entscheidet über den Erfolg oder Misserfolg? Wieso kommen einige nach vorn, obwohl sie nichts verändern und weitermachen wie bisher, während andere ständig alles verändern und dennoch scheitern? Die meisten Händler können ihr Erfolgsrezept häufig selbst nicht erklären. Sie handeln intuitiv und haben über die Jahre ein gutes Gespür für die Wirkungsmechanismen ihres Marktes entwickelt. Als Handreiche für die nächste Generation und als Basis für wissenschaftliche Bewertungen und Aussagen sind derartige Grundlagen allerdings wenig hilfreich und nicht übertragbar.

Erstaunlicherweise wird über den mittelständischen Einzelhandel immer noch vergleichsweise wenig geforscht. Die Gründe hierfür sind vielfältig. Ein häufiges Problem ist die Abgrenzung und Definition der relevanten Unternehmen.

Zu klein, zu heterogen, zu unbeständig oder zu unbedeutend erscheinen vielen die zu erforschenden Teilmengen. Auch von politischer Seite wird häufig auf die gut funktionierenden Marktmechanismen verwiesen und daher keine Notwendigkeit für aufwendige Forschung gesehen. Nicht nur angesichts des aktuellen Verdrängungswettbewerbs innerhalb der Branche ist eine eingehende Analyse aber notwendiger denn je. Unternehmen, Berater und Politiker brauchen klare Erkenntnisse mit denen sich der Erfolg oder das Scheitern von Unternehmen begründen lassen. Nur so können zukunftsträchtige Strukturen zum Nutzen der Gesamtwirtschaft strategisch unterstützt und weiter vorangetrieben werden.

Die vorliegende Forschungsarbeit vom Institut für Handel & Internationales Marketing (H.I.Ma.) der Universität des Saarlandes ist ein wertvoller und dringend notwendiger Beitrag, um diese Erkenntnislücke zu schließen. Anhand einer umfangreichen schriftlichen Befragung und vieler Experteninterviews wurden die Erfolgsfaktoren mittelständischer Handelsunternehmen über einen langen Zeitraum umfassend analysiert und bewertet. Herausgekommen ist eine übersichtliche Dokumentation, die die Faktoren für Erfolg analysiert, klar darstellt und zu Clustern zusammenfasst.

Anhand zahlreicher Beispiele erfolgreicher mittelständischer Handelsunternehmen aus der Praxis lassen sich die wissenschaftlichen Erkenntnisse gut nachvollziehen und werden zudem anschaulich erläutert. Die Lektüre ist erkenntnisreich, kurzweilig, verständlich und auf jeden Fall praxistauglich. Angewandte Forschung für den Einzelhandel, wie sie vielen nutzt - der Wirtschaft, der Forschung und Lehre und der Politik. Davon brauchen wir in Deutschland dringend mehr.

Josef Sanktjohanser

Präsident

Handelsverband Deutschland (HDE) – Der Einzelhandel

Stefan Genth

Hauptgeschäftsführer

Handelsverband Deutschland (HDE) – Der Einzelhandel

Vorwort

Den Anstoß zur vorliegenden Untersuchung lieferte eine explorative Studie im Jahre 2009, die das Institut für Handel & Internationales Marketing (H.I.MA.) bei saarländischen Handelsunternehmen zur Vorbereitung des „Handelsforum Saar 2009" durchführte. Aus Anlass des 50. Jahrestages der wirtschaftlichen Eingliederung des Saarlandes in die Bundesrepublik Deutschland („kleine Wiedervereinigung") widmete sich das Handelsforum der Frage, wie saarländische Handelsunternehmen in der Zeit nach dem Zweiten Weltkrieg agierten, so in der unmittelbaren Nachkriegszeit und der sich dann anschließenden Zeit der wirtschaftlichen und politischen Re-Integration, sowie der Frage, wie sich diese Unternehmen bis heute erfolgreich am Markt behaupten.

Die vorliegende Untersuchung greift diesen Gedanken auf, indem ebenfalls erfolgreiche Handelsunternehmen in ihrem strategischen Verhalten analysiert werden: Warum waren und sind Handelsunternehmen unterschiedlicher Branchenformate und unterschiedlicher Größenordnung, kleine und mittlere Unternehmen einerseits und Großunternehmen andererseits, in Deutschland erfolgreich? Wie schätzen diese Unternehmen ihre zukünftige Entwicklung ein? Welche strategischen Ausrichtungen verfolgen sie zukünftig?

Wenngleich seit der Zeit nach dem Zweiten Weltkrieg sicherlich viele Handelsunternehmen aus dem Markt ausgeschieden sind, weil sie nicht mehr wettbewerbsfähig waren, zählen viele der „Helden von gestern" auch noch zu den heutigen „Winnern" und dürften sicherlich auch noch zu den „Stars von morgen" zu rechnen sein. Welche Faktoren bei diesen Unternehmen erfolgsentscheidend waren und sind, wird in der Studie herausgearbeitet. Eine besondere Bedeutung kommt hierbei der Entwicklung der Unternehmen im Zeitablauf und der Veränderung dieser Faktoren zu. Insofern versteht sich die Studie als eine dynamische Erfolgfaktorenanalyse. Ziel ist es herauszufinden, ob sich erfolgreiche Unternehmen hinsichtlich ihrer strategischen Grundausrichtung eher durch Kontinuität oder vielmehr durch Anpassungen an wechselnde Umfeldbedingungen auszeichnen.

An dieser Stelle danken wir allen Unternehmen, die durch Interviews und/oder die Mitwirkung an den empirischen Erhebungen dazu beigetragen haben, die erforderliche Datenbasis zu schaffen, auf der die Analysen basieren. Unser Dank gilt gleichermaßen dem Präsidium, dem Hauptgeschäftsführer sowie den Mitarbeiterinnen und Mitarbeitern des HDE, die das Projekt durch die Bereitstellung von Kontakten und die Akquisition von Gesprächspartnern und Respondenten der Erhebung gefördert haben. Diesen Dank weiten wir gerne auch auf die Geschäftsführungen und Mitarbeiterinnen und Mitarbeiter der Landes- und Fachverbände des HDE aus, die gleichermaßen in die genannten Aufgaben aktiv eingebunden waren.

Nicht zuletzt gilt unser Dank Frau Michaela Selzner sowie Frau Saskia Fee Zolnowski für die engagierte Mitarbeit bei der Akquise der Gesprächspartner sowie der Unterstützung bei der Durchführung der Expertengespräche.

Wir hoffen, den Lesern aus dem Handel Impulse zur erfolgreichen unternehmerischen Tätigkeit in der sicherlich nicht einfacher werdenden Wettbewerbsarena des Handels zu geben und sind für Anregungen und Hinweise stets sehr dankbar.

Saarbrücken, im September 2010

Joachim Zentes   Stefan Kolb   Sebastian Rittinger

Inhaltsverzeichnis

Geleitwort des HDE V

Vorwort VII

Abbildungsverzeichnis XIV

Tabellenverzeichnis XXII

Abkürzungsverzeichnis XXIII

Einführung: Zur Konzeption der Studie

  A. Zielsetzung der Studie.. 2

  B. Aufbau der Befragung.. 3

      I.   Überblick... 3

      II. Struktur der standardisierten Befragung.......................... 4

      III. Struktur der exploratorischen Befragung........................ 5

  C. Aufbau der Studie 7

Erstes Kapitel: Rahmenbedigungen und Erfolgsfaktoren im Einzelhandel

  A. Überblick.. 10

  B. Rahmenbedingungen im Einzelhandel 10

      I.   Vorgehensweise 10

      II. Kunden.. 11

      III. Konkurrenten 15

      IV. Potenzielle neue Konkurrenten...................................... 17

      V. Substitutionen... 19

      VI. Lieferanten 21

      VII. Zusammenfassung.. 22

  C. Erfolgsfaktoren im Einzelhandel 23

      I.   Vorgehensweise 23

      II. Grundlagen der Untersuchung.. 23

          1. Zielsetzung und begriffliche Grundlagen 23

2. Methodische Grundlagen 24

    a) Methodik zur Identifikation und Analyse der
    Erfolgsfaktoren 24

    b) Methodik zur Erfassung des Unternehmenserfolgs 27

    c) Methodik zur Analyse der Einflussstärke der
    Erfolgfaktoren auf den Unternehmenserfolg 31

III. Ergebnisse der Untersuchung 31

    1. Identifikation der Erfolgsfaktoren 31

    2. Beschreibung und Ausprägung der Erfolgsfaktoren 36

        a) Qualifiziertes Personal 36

        b) Ansprechende Werbung 38

        c) Profiliertes Sortiment 43

        d) Hohes Serviceniveau 46

        e) Gute Standorte 48

        f) Intensive Kooperationen 49

        g) Vernetzte Führungskräfte 53

        h) Flexible Organisation 58

        i) Hohe Innovativität 59

        j) Strategische Unternehmensführung 62

    3. Analyse der Einflussstärke der Erfolgsfaktoren auf den
    Unternehmenserfolg 64

    4. Entwicklung der Einflussstärke der Erfolgsfaktoren auf den
    Unternehmenserfolg 69

    5. Gegenüberstellung von Bedeutung und Ausprägung der
    Erfolgsfaktoren 75

Zweites Kapitel: Erfolgsstrategien im Einzelhandel

A. Überblick 78

B. Systematik erfolgreicher Handelsstrategien 78

C. Analyse erfolgreicher Handelsstrategien 87

    I. Optimierer 87

        1. Entwicklungspfade 87

    2. Entwicklungsmuster... 88

    3. Ausprägung der Erfolgsfaktoren............................... 90

  II. Modifizierer 98

    1. Entwicklungspfade... 98

    2. Entwicklungsmuster.. 100

    3. Ausprägung der Erfolgsfaktoren............................... 102

  III. Multiplizierer 109

    1. Entwicklungspfade.. 109

    2. Entwicklungsmuster.. 110

    3. Ausprägung der Erfolgsfaktoren............................... 113

  IV. Diversifizierer 121

    1. Entwicklungspfade.. 121

    2. Entwicklungsmuster.. 123

    3. Ausprägung der Erfolgsfaktoren............................... 125

D. Vergleich erfolgreicher Handelsstrategien 134

  I. Vorgehensweise 134

  II. Vergleich der Ausprägung der Erfolgsfaktoren.......... 135

    1. Optimierer vs. Modifizierer.. 135

    2. Multiplizierer vs. Diversifizierer............................... 142

  III. Vergleich des Unternehmenserfolgs............................. 149

E. Zusammenfassende Key-Facts erfolgreicher Handelsstrategien.......... 156

Drittes Kapitel: Good Practices

A. Überblick.. 160

B. Optimierer – Bekleidungshaus Wibbel............................... 161

  I. Unternehmensporträt und Erfolgsfaktoren................... 161

  II. Entwicklungspfad 164

  III. Entwicklungsmuster.. 164

  IV. Ausblick 165

C. Modifizierer – Küchenreich Schmitt 166

I.   Unternehmensporträt und Erfolgsfaktoren 166

II. Entwicklungspfad 168

III. Entwicklungsmuster 169

IV. Ausblick 170

D. Multiplizierer 171

   I.   Parfümerie Albrecht 171

      1. Unternehmensporträt und Erfolgsfaktoren 171

      2. Entwicklungspfad 174

      3. Entwicklungsmuster 175

      4. Ausblick 176

   II. dm drogeriemarkt 177

      1. Unternehmensporträt und Erfolgsfaktoren 177

      2. Entwicklungspfad 183

      3. Entwicklungsmuster 183

      4. Ausblick 184

E. Diversifizierer 185

   I.   Rock Shop 185

      1. Unternehmensporträt und Erfolgsfaktoren 185

      2. Entwicklungspfad 189

      3. Entwicklungsmuster 190

      4. Ausblick 191

   II. Die NBB Dienstleistungssysteme Aktiengesellschaft 192

      1. Unternehmensporträt und Erfolgsfaktoren 192

      2. Entwicklungspfad 205

      3. Entwicklungsmuster 206

      4. Ausblick 207

Viertes Kapitel: Herausforderungen für Einzelhandel und Politik

A. Überblick 210

B. Herausforderungen für den Einzehandel 210

I. Ausgangslage 210

II. Personalakquise.. 211

III. Unternehmensfinanzierung.. 214

IV. Prozesseffizienz 216

V. Antizipation von Kundenbedürfnissen 218

VI. Erfüllung von Kundenbedürfnissen............................ 220

VII. Ökologische Verantwortung....................................... 222

VIII. Soziale Verantwortung... 224

C. Herausforderungen für die Politik 226

Fünftes Kapitel: Zusammenfassung und Fazit

Literaturverzeichnis.. 237

Abbildungsverzeichnis

Abbildung 1:   Zeithorizont der Studie 2

Abbildung 2:   Eckdaten der standardisierten und exploratorischen
               Befragung 3

Abbildung 3:   Teilnehmer der exploratorischen Befragung 6

Abbildung 4:   Aufbau der Studie 7

Abbildung 5:   Ausmaß des Anspruchsniveaus der Kunden im Zeitablauf.... 11

Abbildung 6:   Altersstruktur in Deutschland 2008 vs. 2060 13

Abbildung 7:   Geldvermögen der privaten Haushalte in Deutschland in
               Bill. EUR 14

Abbildung 8:   Ausmaß der Rivalität zwischen Wettbewerbern im
               Zeitablauf 15

Abbildung 9:   Flächenentwicklung im Einzelhandel in Mio.
               Quadratmetern 16

Abbildung 10: Marktanteilsentwicklung nach Vertriebstypen in Prozent 16

Abbildung 11: Ziele der Vertikalisierung 18

Abbildung 12: Ausmaß der Markteintrittsbarrieren für potenzielle
               Konkurrenten im Zeitablauf 19

Abbildung 13: Ausmaß der Bedrohung durch Substitute im Zeitablauf 20

Abbildung 14: E-Commerce-Umsatz im Einzelhandel in Mrd. EUR 20

Abbildung 15: Verhandlungsmacht der Lieferanten im Zeitablauf 21

Abbildung 16: Methoden zur Identifikation und Analyse von
               Erfolgsfaktoren 25

Abbildung 17: Aufbau der Erfolgsfaktorenuntersuchung 26

Abbildung 18: Operationalisierung von Erfolg 29

Abbildung 19: Operationalisierung von Erfolg – exemplarisches Beispiel ... 30

Abbildung 20: Ungestützt genannte Erfolgsfaktoren in der
               exploratorischen Befragung 32

Abbildung 21: Gesamtausprägung des Erfolgsfaktors „qualifiziertes
               Personal" im Zeitablauf 36

Abbildung 22:   Qualifikationsanforderungen und Relevanz von
Weiterbildungsmaßnamen im Zeitablauf 37

Abbildung 23:   Mitarbeitermotivation im Zeitablauf 38

Abbildung 24:   Gesamtausprägung des Erfolgsfaktors „ansprechende
Werbung" im Zeitablauf 38

Abbildung 25:   Dimensionen der Werbung im Zeitablauf 39

Abbildung 26:   Preisorientierung der Werbebotschaften im Zeitablauf 40

Abbildung 27:   Werbeintensität im Zeitablauf 41

Abbildung 28:   Primär eingesetzte Werbeträger im Zeitablauf 42

Abbildung 29:   Gesamtausprägung des Erfolgsfaktors „profiliertes
Sortiment" im Zeitablauf 43

Abbildung 30:   Quantitative und qualitative Sortimentsdimensionen im
Zeitablauf 44

Abbildung 31:   Bedeutung von Eigenmarken im Zeitablauf 45

Abbildung 32:   Gesamtausprägung des Erfolgsfaktors „hohes
Serviceniveau" im Zeitablauf 46

Abbildung 33:   Entwicklung unterschiedlicher Serviceleistungen im
Zeitablauf 47

Abbildung 34:   Gesamtausprägung des Erfolgsfaktors „guter Standort"
im Zeitablauf 48

Abbildung 35:   Entwicklung der Standortqualität im Zeitablauf 49

Abbildung 36:   Horizontale Kooperationsarten im Zeitablauf 50

Abbildung 37:   Vertikale Kooperationsarten im Zeitablauf 51

Abbildung 38:   Gesamtausprägung des Erfolgsfaktors „intensive
Kooperationen" im Zeitablauf 52

Abbildung 39:   Entwicklung der Kooperationsintensität im Zeitablauf 53

Abbildung 40:   Führungsstile im Zeitablauf 54

Abbildung 41:   Einsatz von externen Unternehmensberatern im Zeitablauf .. 55

Abbildung 42:   Gesamtausprägung des Erfolgsfaktors „vernetzte
Führungskräfte" im Zeitablauf 56

Abbildung 43:   Interne und externe Vernetzung der Führungskräfte im
Zeitablauf 56

Abbildung 44:   Methoden der Kontaktakquise im Zeitablauf 57

Abbildung 45: Gesamtausprägung des Erfolgsfaktors „flexible
Organisation" im Zeitablauf 58

Abbildung 46: Flexibilität der Organisationsstruktur im Zeitablauf 59

Abbildung 47: Gesamtausprägung des Erfolgsfaktors „hohe Innovativität"
im Zeitablauf 60

Abbildung 48: Entwicklung der Rahmenbedingungen für Innovationen
im Zeitablauf 60

Abbildung 49: Gesamtausprägung des Erfolgsfaktors „strategische
Unternehmensführung" im Zeitablauf 62

Abbildung 50: Methoden der Unternehmenssteuerung im Zeitablauf 63

Abbildung 51: Entwicklung der Strategieorientierung im Zeitablauf 63

Abbildung 52: Einfluss der Erfolgsfaktoren: „Heute" 65

Abbildung 53: Werbeträger als Störfaktor 66

Abbildung 54: Einfluss der Erfolgsfaktoren: „Früher" 70

Abbildung 55: Entwicklung der Erfolgsfaktoren 71

Abbildung 56: Beutung und Ausprägung der Erfolgfaktoren 75

Abbildung 57: Systematik erfolgreicher Handelsstrategien 79

Abbildung 58: Erfolgreiche Handelsstrategien: Optimierer 81

Abbildung 59: Erfolgreiche Handelsstrategien: Modifizierer 82

Abbildung 60: Erfolgreiche Handelsstrategien: Multiplizierer 83

Abbildung 61: Erfolgreicher Handelsstrategien: Diversifizierer 84

Abbildung 62: Zusammenfassende Übersicht zur Systematik
erfolgreicher Handelsstrategien 85

Abbildung 63: Verteilung der Strategiecluster zum Zeitpunkt „Heute" 86

Abbildung 64: Entwicklungspfade: Optimierer 87

Abbildung 65: Entwicklungsmuster: Optimierer 89

Abbildung 66: Ausprägung des Erfolgsfaktors „guter Standort":
Optimierer 91

Abbildung 67: Ausprägung des Erfolgsfaktors „intensive Kooperationen":
Optimierer 92

Abbildung 68: Ausprägung des Erfolgsfaktors „ hohe Innovativität":
Optimierer 93

Abbildung 69:. Ausprägung des Erfolgsfaktors „profiliertes Sortiment":
Optimierer 94

Abbildung 70: Ausprägung des Erfolgsfaktors „hohes Serviceniveau":
Optimierer 95

Abbildung 71: Ausprägung des Erfolgsfaktors „qualifiziertes Personal":
Optimierer 96

Abbildung 72: Ausprägung des Erfolgsfaktors „flexible Organisation":
Optimierer 97

Abbildung 73: Entwicklungspfade: Modifizierer 98

Abbildung 74: Entwicklungsmuster: Modifizierer 100

Abbildung 75: Ausprägung des Erfolgsfaktors „guter Standort":
Modifizierer 102

Abbildung 76: Ausprägung des Erfolgsfaktors „intensive Kooperationen":
Modifizierer 103

Abbildung 77: Ausprägung des Erfolgsfaktors „hohe Innovativität":
Modifizierer 104

Abbildung 78: Ausprägung des Erfolgsfaktors „profiliertes Sortiment":
Modifizierer 105

Abbildung 79: Ausprägung des Erfolgsfaktors „hohes Serviceniveau":
Modifizierer 106

Abbildung 80: Ausprägung des Erfolgsfaktors „qualifiziertes Personal":
Modifizierer 107

Abbildung 81: Ausprägung des Erfolgsfaktors „flexible Organisation":
Modifizierer 108

Abbildung 82: Entwicklungspfade: Multiplizierer 109

Abbildung 83: Entwicklungsmuster: Multiplizierer 110

Abbildung 84: Ausprägung des Erfolgsfaktors „gute Standorte":
Multiplizierer 113

Abbildung 85: Ausprägung des Erfolgsfaktors „intensive Kooperationen":
Multiplizierer 114

Abbildung 86: Ausprägung des Erfolgsfaktors „hohe Innovativität":
Multiplizierer 115

Abbildung 87: Ausprägung des Erfolgsfaktors „profiliertes Sortiment":
Multiplizierer 116

Abbildung 88: Ausprägung des Erfolgsfaktors „hohes Serviceniveau": Multiplizierer 117

Abbildung 89: Ausprägung des Erfolgsfaktors „qualifiziertes Personal": Multiplizierer 118

Abbildung 90: Ausprägung des Erfolgsfaktors „flexible Organisation": Multiplizierer 120

Abbildung 91: Entwicklungspfade: Diversifizierer 121

Abbildung 92: Entwicklungsmuster: Diversifizierer 123

Abbildung 93: Ausprägung des Erfolgsfaktors „gute Standorte": Diversifizierer 126

Abbildung 94: Ausprägung des Erfolgsfaktors „intensive Kooperationen": Diversifizierer 127

Abbildung 95: Ausprägung des Erfolgsfaktors „hohe Innovativität": Diversifizierer 128

Abbildung 96: Ausprägung des Erfolgsfaktors „profiliertes Sortiment": Diversifizierer 129

Abbildung 97: Ausprägung des Erfolgsfaktors „hohes Serviceniveau": Diversifizierer 130

Abbildung 98: Ausprägung des Erfolgsfaktors „qualifiziertes Personal": Diversifizierer 132

Abbildung 99: Ausprägung des Erfolgsfaktors „flexible Organisation": Diversifizierer 133

Abbildung 100: Vergleich der Ausprägung der Erfolgsfaktoren im Zeitraum Früher: Optimierer vs. Modifizierer 135

Abbildung 101: Vergleich der Ausprägung der Erfolgsfaktoren im Zeitraum Heute: Optimierer vs. Modifizierer 138

Abbildung 102: Vergleich der Ausprägung der Erfolgsfaktoren im Zeitraum Zukunft: Optimierer vs. Modifizierer 140

Abbildung 103: Vergleich der Ausprägung der Erfolgsfaktoren im Zeitraum Früher: Multiplizierer vs. Diversifizierer 143

Abbildung 104: Vergleich der Ausprägung der Erfolgsfaktoren im Zeitraum Heute: Multiplizierer vs. Diversifizierer 145

Abbildung 105: Vergleich der Ausprägung der Erfolgsfaktoren im Zeitraum Zukunft: Multiplizierer vs. Diversifizierer 147

Abbildung 106: Subjektive Erfolgseinschätzung: Optimierer 150

Abbildung 107: Subjektive Erfolgseinschätzung: Modifizierer 151

Abbildung 108: Subjektive Erfolgseinschätzung: Multiplizierer 152

Abbildung 109: Subjektive Erfolgseinschätzung: Diversifizierer 153

Abbildung 110: Vergleich der subjektiven Erfolgseinschätzungen
erfolgreicher Handelsstrategien 154

Abbildung 111: Key-Facts „Optimierer" 156

Abbildung 112: Key-Facts „Modifizierer" 157

Abbildung 113: Key-Facts „Multiplizierer" 157

Abbildung 114: Key-Facts „Diversifizierer" 158

Abbildung 115: Das Bekleidungshaus Wibbel in Leonberg-Eltingen 161

Abbildung 116: Moderne Ladengestaltung und ein Textil-Paternoster
im Bekleidungshaus Wibbel 163

Abbildung 117: Entwicklungspfad des Bekleidungshauses Wibbel 164

Abbildung 118: Küchenreich Schmitt – Gründung und 100-jähriges
Firmenjubiläum 166

Abbildung 119: Küchenreich Schmitt – Kochvorführung 168

Abbildung 120: Entwicklungspfad des Küchenreich Schmitt 169

Abbildung 121: Entwicklungsmuster des Küchenreich Schmitt 169

Abbildung 122: Parfümerie Albrecht 172

Abbildung 123: Entwicklungspfad der Parfümerie Albrecht 174

Abbildung 124: Entwicklungsmuster der Parfümerie Albrecht 175

Abbildung 125: dm drogeriemarkt – Umsatz- und Mitarbeiterentwicklung .. 177

Abbildung 126: Ergebnisse Bundeswahl Kundenmonitor 2009 178

Abbildung 127: Ausgewählte dm-Eigenmarken 180

Abbildung 128: dm-Warenkorbvergleich mit relevanten Wettbewerbern 181

Abbildung 129: Filialentwicklung von dm in Deutschland 182

Abbildung 130: Entwicklungspfad von dm 183

Abbildung 131: Entwicklungsmuster von dm 184

Abbildung 132: Der Rock Shop in Karlsruhe 185

Abbildung 133: Der Online-Auftritt von Rock Shop mit angeschlossenem
E-Commerce-Kanal 186

Abbildung 134: Hochregalsystem des Backline-Verleihs 187

Abbildung 135: Die Rock Shop Veranstaltungstechnik: Crystal Sound 188

Abbildung 136: Entwicklungspfad von Rock Shop 189

Abbildung 137: Entwicklungsmuster von Rock Shop 190

Abbildung 138: Die NBB-Systemzentrale in Rodenberg 192

Abbildung 139: Anzahl der NBB-Franchisenehmerstandorte 193

Abbildung 140: Die NBB-Gruppe 2010 193

Abbildung 141: Beispiel eines bauSpezi-Marktes 194

Abbildung 142: Franchisenehmerentwicklung bauSpezi Bau- und
Heimwerkermärkte 195

Abbildung 143: Beispiel eines egesa garten Gartencenters 196

Abbildung 144: Franchisenehmerentwicklung egesa garten, gartenSpezi
und Garten Insel 197

Abbildung 145: Beispiel eines Kiebitzmarktes 198

Abbildung 146: Franchisenehmerentwicklung Kiebitzmarkt 199

Abbildung 147: Beispiel eines AngelSpezi-Fachgeschäfts 199

Abbildung 148: Franchisenehmerentwicklung AngelSpezi 200

Abbildung 149: Haushaltswaren im „Sherlock – Das kleine Warenhaus" 201

Abbildung 150: „Modul – Schreibwaren" im „Sherlock – Das kleine
Warenhaus" 201

Abbildung 151: Beispiel eines reiterwelt Fachgeschäfts 202

Abbildung 152: Beispiel eines holzSpezi-Marktes 203

Abbildung 153: Franchisenehmerentwicklung MDH 203

Abbildung 154: Entwicklungspfad der NBB Dienstleistungssysteme AG 206

Abbildung 155: Entwicklungsmuster der NBB Dienstleistungssysteme AG. 207

Abbildung 156: Erfolgsentwicklung im Zeitverlauf 211

Abbildung 157: Herausforderungen für den Einzelhandel: Personalakquise. 212

Abbildung 158: Herausforderungen für den Einzelhandel auf
Strategieebene: Personalakquise 213

Abbildung 159: Herausforderungen für den Einzelhandel:
Unternehmensfinanzierung 214

Abbildung 160: Herausforderungen für den Einzelhandel auf
Strategieebene: Unternehmensfinanzierung 215

Abbildung 161: Herausforderungen für den Einzelhandel: Prozesseffizienz. 216

Abbildung 162: Herausforderungen für den Einzelhandel auf
Strategieebene: Prozesseffizienz 217

Abbildung 163: Herausforderungen für den Einzelhandel: Antizipation
von Kundenbedürfnissen 218

Abbildung 164: Herausforderungen für den Einzelhandel auf
Strategieebene: Antizipation von Kundenbedürfnissen 219

Abbildung 165: Herausforderungen für den Einzelhandel: Erfüllung von
Kundenbedürfnissen 220

Abbildung 166: Herausforderungen für den Einzelhandel auf
Strategieebene: Erfüllung von Kundenbedürfnissen 221

Abbildung 167: Herausforderungen für den Einzelhandel: Ökologische
Verantwortung 222

Abbildung 168: Herausforderungen für den Einzelhandel auf
Strategieebene: Ökologische Verantwortung 223

Abbildung 169: Herausforderungen für den Einzelhandel: Soziale
Verantwortung 224

Abbildung 170: Herausforderungen für den Einzelhandel auf
Strategieebene: Soziale Verantwortung 225

Abbildung 171: Meistgenannte Forderungen der Einzelhändler an die
Politik 226

Tabellenverzeichnis

Tabelle 1: Struktur der standardisierten Befragung nach
            Einzelhandelsbranchen 4

Tabelle 2: Struktur der standardisierten Befragung nach Betriebstyp 5

Tabelle 3: Struktur der standardisierten Befragung nach
            Umsatzgrößenklassen 5

Tabelle 4: Struktur der exploratorischen Befragung nach
            Einzelhandelsbranchen 6

Tabelle 5: Struktur der exploratorischen Befragung nach Betriebstyp 7

Tabelle 6: Aufbau der Gewichtungsfaktoren 29

Abkürzungsverzeichnis

AG	Aktiengesellschaft
Bill.	Billion(en)
bspw.	beispielsweise
bzw.	beziehungsweise
CSR	Corporate Social Responsibility
DFH	Dienstleistungs- und Vertriebssysteme für den Handel GmbH
d.h.	das heißt
DIY	Do It Yourself
EUR	Euro
f.	folgende
ff.	fortfolgende
Frankfurt a.M.	Frankfurt am Main
HDE	Handelsverband Deutschland
H.I.MA.	Institut für Handel und Internationales Marketing
i.d.R.	in der Regel
KMU	kleine und mittlere Unternehmen
Kfz	Kraftfahrzeug(e)
MDH	Marketingverbund für deutsche Holzfachhändler
Mio.	Million(en)
Mrd.	Millarde(n)
NBB	Norddeutsche Betriebsberatung
PwC	PricewaterhouseCoopers
sog.	sogenannte
u.a.	und andere/unter anderem
USD	US-Dollar
usw.	und so weiter
vgl.	vergleiche
vs.	versus
z.B.	zum Beispiel
z.T.	zum Teil

Einführung:

Zur Konzeption der Studie

A. Zielsetzung der Studie

Mit knapp 400 Mrd. EUR Gesamtumsatz und mehr als 2,8 Mio. Beschäftigten ist der Einzelhandel eine wesentliche Triebkraft der wirtschaftlichen Entwicklung in Deutschland. Gleichzeitig zeichnet sich kaum ein Wirtschaftszweig durch eine vergleichbare Dynamik aus. Entwicklungen wie der Aufstieg des Discounting-Formats, der „Electronic Commerce" (E-Commerce) bzw. „Mobile Commerce" (M-Commerce), die absatzmarktorientierte Vertikalisierung der Hersteller oder die globale Beschaffung im Sinne eines „Global Sourcing" lassen sich als Belege anführen. All diesen Herausforderungen zum Trotz haben es Handelsunternehmen in Deutschland, die schon seit Jahrzehnten existieren und bis heute noch mittelständisch geprägt bzw. inhabergeführt sind geschafft, nicht nur noch am Markt präsent zu sein, sondern sich im Laufe der Zeit zu führenden Akteuren in der Wettbewerbsarena zu entwickeln. Diese Unternehmen, ihre Strategien und Konzepte, stehen im Mittelpunkt dieser Studie.

Ziel ist die Analyse von Handelsstrategien, die in den vergangenen Jahrzehnten nicht nur das Überleben, sondern den wirtschaftlichen Erfolg sicherten. Ansatzpunkt der Untersuchung sind Handelsunternehmen, die nach dem Zweiten Weltkrieg gegründet bzw. wieder gegründet wurden und die bis heute erfolgreich sind. Dies schließt kleine und mittlere Unternehmen (KMU) sowie (heutige) Großunternehmen ein. Gesamthaft erstreckt sich die Studie auf einen Zeitraum von 75 Jahren, wobei zwischen drei Phasen unterschieden wird (siehe Abbildung 1).

Abbildung 1:   Zeithorizont der Studie

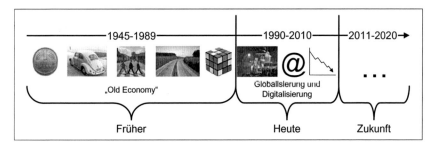

Die Phase „Früher" fasst den Zeitraum zwischen dem Ende des Zweiten Weltkriegs und dem Jahr 1989 zusammen. Diese Zeitspanne war geprägt durch die Zeit des Wiederaufbaus, das darauf folgende Wirtschaftswunder, die „Beatlemania" sowie den Wandel vom Verkäufer- zum Käufermarkt. Die zweite Phase, die nachfolgend als „Heute" bezeichnet wird, beginnt mit der Deutschen Wiedervereinigung und reicht bis ins Jahr 2010. Begleitet wird diese Epoche vom Phänomen der zunehmenden Globalisierung und einem steigenden Grad weltweiter Vernetzung durch digitalen Datenaustausch. Die dritte Phase, zusammengefasst unter dem Schlagwort „Zukunft", umfasst die Zeitspanne von 2011 bis zum Jahr 2020. Hinsichtlich dieses Zeitraums wurden die Respondenten bezüglich ihrer Einschätzungen für die kommenden zehn Jahre befragt. Entsprechend des Untersuchungsziels gehörten Handelsunternehmen, in denen die Respondenten in der Lage waren, die Situation in den Zeiträumen „Früher", „Heute" und „Zukunft" einzuschätzen, zur Experimentalgruppe (vgl. Swoboda 2002, S. 301 ff.).

B. Aufbau der Befragung

I. Überblick

Die vorliegende Studie basiert zum einen auf einer standardisierten, primärstatistischen Erhebung und zum anderen auf einer Vielzahl von exploratorischen Experteninterviews mit Inhabern und Geschäftsführern erfolgreicher deutscher Einzelhandelsunternehmen. Abbildung 2 fasst die Eckdaten der standardisierten sowie der exploratorischen Befragung überblicksartig zusammen.

Abbildung 2: Eckdaten der standardisierten und exploratorischen Befragung

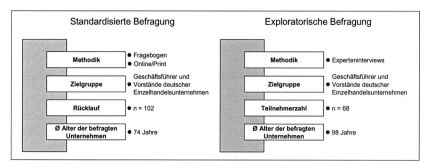

II. Struktur der standardisierten Befragung

Die standardisierte Befragung wurde im Zeitraum von Januar 2010 bis Mai 2010 durch das Institut für Handel & Internationales Marketing (H.I.MA.) in Zusammenarbeit mit dem Handelsverband Deutschland (HDE) sowie diversen Landesverbänden des HDE durchgeführt. Im Rahmen der standardisierten Befragung wurden Einzelhandelsunternehmen mittels eines schriftlichen Fragebogens sowie eines Online-Fragebogens adressiert. Ingesamt konnten 102 gültige Fragebogen in die Auswertungen miteinbezogen werden. Davon entfallen 45 % auf den schriftlichen Fragebogen und 55 % auf den Online-Fragebogen. Das Durchschnittsalter der befragten Unternehmen betrug 74 Jahre, wobei das älteste Unternehmen im Jahr 1780 gegründet wurde. Die Verteilung der Respondenten auf Einzelhandelsbranchen ist Tabelle 1 zu entnehmen. Diese Einteilung, wie auch alle folgenden Übersichten in diesem Kapitel, basieren auf der heutigen Einzelhandelsbranche der befragten Unternehmen (Zeitraum: „Heute").

Tabelle 1: Struktur der standardisierten Befragung nach Einzelhandelsbranchen

Einzelhandelsbranche	Anteil der Respondenten
Textil/Bekleidung/Schuhe/Lederwaren	27%
Lebensmittel	12%
Möbel/Einrichtungsgegenstände	10%
Sonstige	9%
Bücher/Schreibwaren	7%
Sport/Outdoor/Spiel	7%
Schmuck/Accessoires	6%
DIY (Bau- und Gartenbedarf)	5%
Drogerieartikel/Parfümerie	4%
Weiße Ware/Elektrohaushaltsgeräte	4%
Haushaltsbedarf	4%
Unterhaltungselektronik	3%
Gesundheitsbedarf (Augenoptiker, Apotheken)	2%

Im Hinblick auf die Zahl der Respondenten bilden die Textil-, Bekleidungs-, Schuh- und Lederwarenbranche den Schwerpunkt der standardisierten Befragung. Die Verteilung der Respondenten nach Betriebstypen zeigt eine deutliche

Dominanz des Fachgeschäfts. So bezeichnen 71% der Respondenten das Fachgeschäft als ihren einzigen bzw. wichtigsten Betriebstyp (siehe Tabelle 2).

Tabelle 2: Struktur der standardisierten Befragung nach Betriebstyp

Betriebstyp	Anteil der Respondenten
Fachgeschäft	71%
Kauf-/Warenhaus	10%
Versandhandel/E-Commerce	8%
Fachmarkt	4%
Sonstiger	7%

Die Dominanz von Fachgeschäften in der Stichprobe zeigt sich auch bei der Verteilung der Respondenten auf Umsatzgrößenklassen (siehe Tabelle 3). Der Schwerpunkt der Stichprobe liegt eindeutig bei kleineren/mittleren Unternehmen mit einem Jahresumsatz von bis zu 10 Mio. EUR.

Tabelle 3: Struktur der standardisierten Befragung nach Umsatzgrößenklassen

Betriebstyp	Anteil der Respondenten
bis 2 Mio. EUR	49%
2 bis 10 Mio. EUR	34%
10 bis 50 Mio. EUR	7%
50 bis 500 Mio. EUR	9%
mehr als 500 Mio. EUR	1%

III. Struktur der exploratorischen Befragung

Die exploratorischen Experteninterviews wurden durch Mitarbeiter des H.I.MA. im Zeitraum Januar bis Mai 2010 durchgeführt. Insgesamt wurden bundesweit 68 persönliche Interviews mit Inhabern, Geschäftsführern und Vorständen von Einzelhandelsunternehmen geführt. Bei den Interviews handelte es sich um nicht standardisierte, mündliche Befragungen. Das Durchschnittsalter der befragten Unternehmen betrug 98 Jahre, wobei das älteste Unternehmen im Jahr 1714 gegründet wurde. Abbildung 3 gibt einen Überblick über die Teilnehmer an der exploratorischen Befragung.

5

Abbildung 3: Teilnehmer der exploratorischen Befragung

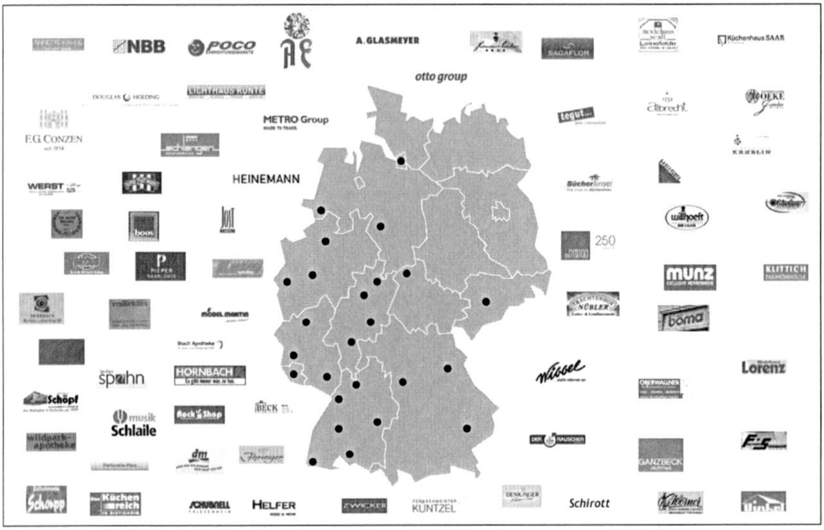

Tabelle 4 verdeutlicht die Branchenverteilung.

Tabelle 4: Struktur der exploratorischen Befragung nach Einzelhandelsbranchen

Einzelhandelsbranche	Anteil der Teilnehmer
Textil/Bekleidung/Schuhe/Lederwaren	40%
Sonstige	15%
Drogerieartikel/Parfümerie	10%
Lebensmittel	9%
Möbel/Einrichtungsgegenstände	9%
Schmuck/Accessoires	6%
Sport/Outdoor/Spiel	4%
DIY (Bau- und Gartenbedarf)	4%
Gesundheitsbedarf	3%

Analog der standardisierten Befragung sind die meisten Teilnehmer der exploratorischen Befragung in der Textil-, Bekleidungs-, Schuh- und Lederwarenbran-

6

che tätig. Auch hinsichtlich der Verteilung der Betriebstypen ähnelt die Stichprobe der exploratorischen Befragung der Stichprobe der standardisierten Befragung. So ist das Fachgeschäft mit 72 % der klar dominierende Betriebstyp (siehe Tabelle 5).

Tabelle 5: Struktur der exploratorischen Befragung nach Betriebstyp

Betriebstyp	Anteil der Teilnehmer
Fachgeschäft	72%
Kauf-/Warenhaus	9%
Supermarkt	6%
Fachmarkt	6%
Sonstiger	4%
Drogeriemarkt	3%

C. Aufbau der Studie

Die Studie gliedert sich inhaltlich in fünf Kapitel (siehe Abbildung 4).

Abbildung 4: Aufbau der Studie

1. Rahmenbedingungen und Erfolgsfaktoren im Einzelhandel
2. Erfolgsstrategien im Einzelhandel
3. Good Practices
4. Herausforderungen für Einzelhandel und Politik
5. Zusammenfassung und Ausblick

Im Ersten Kapitel werden als Einführung in die Thematik zunächst die sich wandelnden und verschärfenden Rahmenbedingungen des Einzelhandels in Deutschland aufgezeigt. Im Anschluss daran werden die Studienergebnisse der exploratorischen und standardisierten Befragung hinsichtlich der Erfolgsfaktoren im Einzelhandel präsentiert und interpretiert.

7

Im Zweiten Kapitel wird, anhand der Dimensionen „Wachstum" und „Wandel", eine Systematisierung von Einzelhandelsstrategien vorgenommen. Auf Grundlage der beiden Dimensionen können vier generische Handelsstrategien identifiziert werden. Diese Strategiemuster werden hinsichtlich ihrer Entwicklungspfade, Entwicklungsmuster sowie der Ausprägung der im Zweiten Kapitel identifizierten Erfolgsfaktoren näher beschrieben.

Das Dritte Kapitel dient der Präsentation von insgesamt sechs Unternehmen als „Good Practice"-Beispiele für eine gelungene Umsetzung der vier identifizierten Strategien.

Im Vierten Kapitel werden unter Berücksichtigung der vier Handelsstrategien zukünftige Herausforderungen für Einzelhandelsunternehmen in Deutschland vorgestellt sowie, darauf aufbauend, Forderungen an die Politik abgeleitet.

Das Fünfte Kapitel dient schließlich dazu, die zentralen Ergebnisse der Studie im Sinne einer Zusammenfassung zu rekapitulieren.

Erstes Kapitel:

Rahmenbedingungen und Erfolgsfaktoren im Einzelhandel

A. Überblick

Das Erste Kapitel besteht aus zwei aufeinander aufbauenden Themenblöcken. Der erste Themenblock charakterisiert die wichtigsten Rahmenbedingungen des Einzelhandels in Deutschland.

Vor dem Hintergrund der im Zeitablauf zunehmend kompetitiver werdenden Wettbewerbsarena des Einzelhandels werden, im zweiten Abschnitt des ersten Kapitels, grundlegende Erfolgsfaktoren im Einzelhandels identifiziert und analysiert. Im Mittelpunkt der Analyse steht zunächst die eigentliche Identifikation von Erfolgsfaktoren im Einzelhandel. Dieser Schritt basiert im Wesentlichen auf den Ergebnissen der exploratorischen Befragung. Anschließend wird, anhand des Datenmaterials der standardisierten Befragung sowie einer multiplen Regressionsanalyse als methodische Grundlage, analysiert, welche Bedeutung die identifizierten Erfolgsfaktoren für den Unternehmenserfolg haben und wie sich deren Einflussstärke seit dem Ende des Zweiten Weltkriegs bis zum Jahr 2010 entwickelt hat.

B. Rahmenbedingungen des Einzelhandels

I. Vorgehensweise

Tief greifende Veränderungen des Unternehmensumfeldes, die gerade in den letzten Jahren zu verzeichnen waren und auch in Zukunft zu erwarten sind, stellen große Herausforderungen für Handelsunternehmen dar. Im Wesentlichen zählen hierzu Veränderungen der politisch-rechtlichen, sozio-ökonomischen, infrastrukturellen und technologischen Rahmenbedingungen (vgl. Liebmann/Zentes/Swoboda 2008, S. 17). Auf generelle Rahmenbedingungen („Makro-Umfeld"), wie z.B. die Liberalisierung und Deregulierung des Welthandels, wird im weiteren Verlauf der vorliegenden Studie nicht näher eingegangen.

Im Mittelpunkt des nachfolgenden Abschnitts steht vielmehr das spezifische Unternehmensumfeld („Mikro-Umfeld") von Einzelhandelsunternehmen (vgl. Zentes/Rittinger 2009, S. 170ff.). Die Analyse orientiert sich vor diesem Hintergrund an dem Porter'schen Modell (1980) der „Triebkräfte des Branchenwettbewerbs". Bei dieser so genannten Branchenstrukturanalyse werden fünf Triebkräfte unterschieden:

- *Kunden*

- *Konkurrenten*

- *Potenzielle neue Konkurrenten*

- *Substitutionen*

- *Lieferanten.*

Auf eine Unterteilung des Mikro-Umfelds in einzelne Einzelhandelsbranchen wird, auf Grund des brachenübergreifenden Studiendesigns der vorliegenden Untersuchung, verzichtet.

II. Kunden

Als zentrales Element des Mikro-Umfeldes können zunächst die Kunden herausgestellt werden. Damit fokussieren die folgenden Ausführungen auf zentrale sozioökonomische und soziodemografische Entwicklungen.

Hinsichtlich der soziokulturellen Entwicklungen wurden die Teilnehmer der standardisierten Befragung um ihre Einschätzung gebeten, wie sich ihrer Erfahrung nach das Anspruchsniveau der Kunden im Zeitablauf entwickelt hat. Die Ergebnisse sind in Abbildung 5 dargestellt.

Abbildung 5: Ausmaß des Anspruchsniveaus der Kunden im Zeitablauf

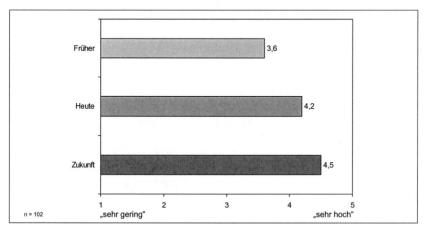

Die Ergebnisse zeigen, dass die befragten Unternehmen das Anspruchniveau ihrer Kunden bereits im Zeitraum „Früher", mit einem Wert von 3,6 als relativ hoch einschätzen. Das Anspruchsniveau der Kunden hat sich bis „Heute" aller-

11

dings maßgeblich erhöht und erreicht einen hohen Wert von 4,2. Für die „Zukunft" erwarten die Unternehmen eine weitere Steigerung auf 4,5, was auf der in der Studie eingesetzten 5er-Skala bereits sehr nah am Maximalwert liegt. Über den gesamten Zeitraum betrachtet, registrieren die befragten Unternehmen somit zunehmend anspruchvollere Kunden.

Erklärt werden kann diese Entwicklung durch ein verändertes Konsumentenverhalten in Folge eines im Zeitablauf zu beobachtenden Wertewandels seitens der Kunden (vgl. hierzu und zu folgendem Liebmann/Zentes/Swoboda 2008, S. 57ff. sowie Foscht/Swoboda 2007). So war das Kundenverhalten „Früher" eher konsistent und die Beweggründe des Kunden, nach denen gekauft wurde, in den unterschiedlichen Sortimentsbereichen relativ einheitlich. Der Konsument folgte einem einzigen Handlungsprinzip und sein Verhalten blieb damit relativ stabil. Treffend wird dieses Verhaltensmuster auch oft als „Otto-Normalverbraucher" bezeichnet. Vorwiegend physiologische Bedürfnisse sowie Sicherheitsbedürfnisse waren in der Nachkriegszeit vorrangig. Ziel war es, einen gewünschten Lebensstandard zu erreichen und das Motto lautete: „Ich bin, was ich habe".

Im Zeitverlauf kennzeichnet sich das Kundenverhalten primär durch zunehmende Hybridität. Dieses äußerte sich durch Gegenläufigkeit und Kontraste: So gibt ein und derselbe Kunde im gleichen Produktfeld einmal viel Geld aus, bei anderen Kaufanlässen fühlt er sich als „Schnäppchen-Jäger" und kauft äußerst günstig ein. Hinter diesem Verhalten stand als treibende Kraft insbesondere die Selbstverwirklichung. So glaubte man, eine bessere, individuellere Lebensplanung in differenzierten Lebensstilen zu finden. Das prägende Motto war: „Ich bin, wie ich lebe".

Die konsequente Weiterentwicklung zum heutigen Kundenverhalten war der Durchbruch in eine Mehrdimensionalität, vereint in ein und derselben Person. Den heutigen Kunden kann man deshalb als multioptionalen Kunden bezeichnen. Der Kunde verfolgt damit mehrere Handlungsprinzipien gleichzeitig. Er hält „für alles alle Optionen" offen und springt zwischen den Alternativen, die er sieht, hin und her. Die primär hinter dieser Entwicklung stehenden Kräfte sind die Prinzipien der Selbstinszenierung und Selbstabgrenzung. Das prägende Motto lautet: „Ich lebe wie ich gerade bin".

Die Multioptionalität als dominantes gegenwärtiges und vermutlich auch zukünftiges Handlungsprinzip kann durch fünf Grundorientierungen charakterisiert werden, die – in unterschiedlichem Ausmaß und unterschiedlicher Intensität – meist kombiniert bei dem Einzelnen auftreten (vgl. auch Eggert 2006):

- *Erlebnis-/Freizeit-/Action-/Fun-Orientierung*

- *Convenience-Orientierung*

- *Marken-Orientierung*

- *Preisorientierung*

- *Öko-/Bio-Orientierung.*

Die von Kunden zum Teil eingeforderte gleichzeitige Erfüllung dieser Grund-prinzipien summiert sich zu einem gestiegenen und weiter ansteigendem An-spruchsniveau auf (siehe Abbildung 5).

Als wesentliche Determinanten der sozioökonomischen Entwicklung, welche die Gesamtnachfrage der Kunden maßgeblich beeinflusst, werden die demogra-fische Entwicklung sowie das verfügbare Einkommen und das (Privat-) Vermö-gen betrachtet. Wesentliche Veränderungen wird die deutsche Bevölkerung in den nächsten Jahrzehnten durch einen dramatischen Bevölkerungsrückgang von heute rund 82 Mio. auf rund 70 Mio. im Jahre 2060 (Variante „mittlere" Be-rechnung, Obergrenze des Statistischen Bundesamtes) und damit eine funda-mentale Änderung der Alterstruktur erfahren (siehe Abbildung 6).

Abbildung 6: Alterstruktur in Deutschland 2008 vs. 2060

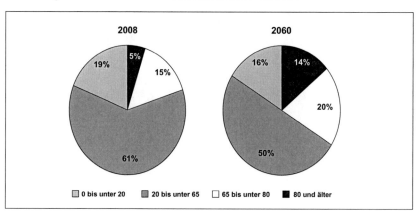

Quelle: Statistisches Bundesamt.

So besteht die Bevölkerung heute zu 19 % aus Kindern, Jugendlichen und jungen Erwachsenen unter 20 Jahren, zu 61 % aus 20- bis unter 65-Jährigen und zu 20 % aus 65-Jährigen und Älteren. Bereits in den kommenden zwei Dekaden werden sich die Gewichte nach Berechnungen des Statistischen Bundesamtes deutlich in Richtung älterer Menschen verschieben, sodass bereits die 65-Jährigen und Älteren im Jahr 2030 etwa 29% der Bevölkerung ausmachen. Im Jahr 2060 wird etwa jeder Dritte Deutsche mindestens 65 Lebensjahre durchlebt haben. Obwohl die Bevölkerung in Deutschland deutlich zurückgehen wird, bedeutet dies nicht automatisch einen Rückgang der Zahl der privaten Haushalte. Die Bevölkerungsentwicklung übt zwar einen wichtigen Einfluss aus, jedoch spielen andere Verhaltensänderungen eine entscheidende Rolle. So dürfte die Zahl der privaten Haushalte bis zum Jahre 2015 um knapp zwei Mio. steigen (vgl. Liebmann/Zentes/Swoboda 2008, S. 42).

Das (Privat-) Vermögen der privaten Haushalte in Deutschland beläuft sich derzeit auf rund 4,64 Bill. EUR (siehe Abbildung 7).

Abbildung 7: Geldvermögen der privaten Haushalte in Deutschland in Bill. EUR

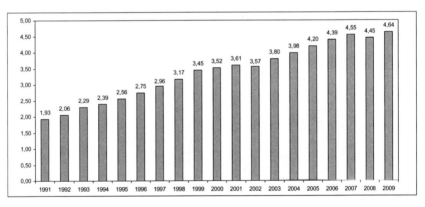

Quelle: Allianz Global Investors.

Die Verteilung des Geldvermögens zeigt allerdings, dass es eine beachtliche Gruppe von Personen gibt, die bei diesem Vermögenszuwachs „leer ausgegangen" ist. Ähnlich wie bei der Verteilung der Arbeit vollzieht sich auch bei der Vermögensverteilung eine deutliche Polarisierung innerhalb der Gesellschaft (vgl. Liebmann/Zentes/Swoboda 2008, S. 44).

III.   Konkurrenten

Die Wettbewerbsarena des Handels kann als äußert kompetitiv eingestuft werden. Dies spiegelt sich beispielsweise in einer starken Preisintensität mit der Folge geringer Umsatzrenditen im Vergleich zu anderen Wirtschaftssektoren wider (vgl. Zentes/Lehnert 2008).

Die zunehmende Wettbewerbsintensität bestätigen sowohl die Teilnehmer der exploratorischen als auch der standardisierten Befragung. Im Rahmen der standardisierten Befragung erreicht das von den Unternehmen eingeschätzte Ausmaß der Rivalität zwischen Wettbewerbern für den Zeitraum „Heute" einen hohen Wert von 3,9 (siehe Abbildung 8). Dies ist eine deutliche Steigerung im Vergleich zum Zeitraum „Früher", wo nur ein Wettbewerbsniveau von 3,3 erreicht wurde. Für die Zukunft erwarten die Respondenten nochmals eine deutliche Steigerung der Wettbewerbsintensität bis auf einen Wert von 4,2.

Abbildung 8: Ausmaß der Rivalität zwischen Wettbewerbern im Zeitablauf

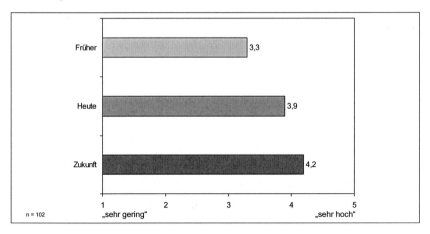

Auslöser – und auch Indikator – ist u.a. die steigende Verkaufsfläche im stationären Handel. So nahm die Einzelhandelfläche in Deutschland in den letzten Dekaden rasant zu. Sie betrug zum Zeitpunkt der Wiedervereinigung 77 Mio. Quadratmeter. Im Jahre 2000 waren es bereits 109 Mio. Quadratmeter. Für das Jahr 2009 wurde eine weitere Steigerung der Einzelhandelfläche auf 120 Mio. Quadratmeter festgestellt (siehe Abbildung 9).

Abbildung 9: Flächenentwicklung im Einzelhandel in Mio. Quadratmetern

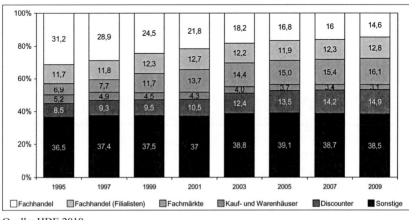

Quelle: HDE 2010.

Der starke Wettbewerb ist zugleich von einem permanenten Strukturwandel begleitet. So wird gerade der traditionelle Fachhandel, der auch einen Großteil der Stichprobe der vorliegenden Studie ausmacht (siehe Tabelle 2), durch das Vordringen der filialisierenden Fachgeschäfte, Fachmärkte sowie der Discounter in die Defensive gedrängt (siehe Abbildung 10).

Abbildung 10: Marktanteilsentwicklung nach Vertriebstypen in Prozent (ohne Kfz, Brennstoffe, Apotheken)

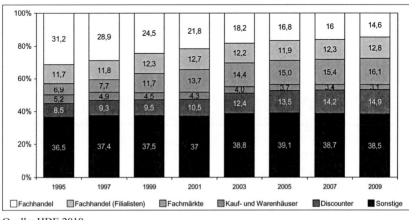

Quelle: HDE 2010.

16

Im Jahr 1995 lag der Marktanteil des traditionellen Fachhandels noch bei 31,2 % und hat sich seitdem um mehr als die Hälfte auf 14,6 % reduziert. Gleichzeitig konnten beispielsweise Fachmärkte ihren Marktanteil von 6,9 % auf 16,1 % ausweiten.

Die hohe Strukturdynamik des Einzelhandels schlägt sich auch in einer steigenden Handelskonzentration nieder. Auslöser dieser Konzentration sind einerseits organisches (endogenes) Wachstum, so insbesondere durch Filialisierung, andererseits exogenes Wachstum, beispielsweise durch Akquisitionen (vgl. Liebmann/Zentes/Swoboda 2008, S. 64f.). Gleichermaßen führt auch der Ausbau horizontaler Kooperationen zwischen Einzelhandelsunternehmen (vgl. hierzu ausführlich Abschnitt C. III. 2. f) des Ersten Kapitels) zu einem Anstieg des Konzentrationsgrades.

IV. Potenzielle Konkurrenten

Viele neue Konkurrenten im Wettbewerbsumfeld des Einzelhandels resultieren aus der absatzmarktorientierten Vertikalisierung der Hersteller (vgl. Zentes/Neidhart/Scheer 2006, Zentes/Morschett/Schramm-Klein 2007, S. 53ff.). So versucht die Industrie durch die absatzmarktorientierte Vertikalisierung und dem damit einhergehenden Ausbau ihrer Wertschöpfungstiefe direkten Einfluss auf die Kunden zu gewinnen und damit zugleich einem drohenden Machtverlust im Distributionskanal entgegenzuwirken. Die Industrie kennzeichnet sich also durch eine down-stream orientierte Insourcing-Tendenz (vgl. Zentes/Swoboda/ Morschett 2005, S. 678).

Die Erscheinungsformen bzw. Ausprägungen der absatzmarktorientierten Vertikalisierung lassen sich danach differenzieren, ob ein Hersteller die Distribution vollständig in seine Wertschöpfungskette integriert (integrative Distribution/„Secured Distribution") oder ob er mit Vertriebspartnern kooperiert, dabei jedoch – je nach kontraktuellem Arrangement – weit gehenden Einfluss auf die Marketingaktivitäten gegenüber Endabnehmern nimmt (vertikal-kooperative Distribution/„Controlled Distribution"). Innerhalb dieser beiden Ausprägungsformen existieren zahlreiche Varianten, so bezüglich der vertraglichen bzw. finanzwirtschaftlichen Ausgestaltung. Darüber hinaus können integrative und vertikal-kooperative Formen auch kombiniert auftreten (vgl. Zentes/Neidhart/ Scheer 2006, S. 21).

Nach einer empirischen Studie von Zentes/Swoboda/Morschett (2005) verfolgt die Industrie mit der Vertikalisierung drei wesentliche Zielsetzungen:

- *die Sicherung der distributiven Präsenz am Markt*

- *die Ausschöpfung von Effektivitäts- und Effizienzpotenzialen*

- *die Sicherung der distributiven Präsenz am Markt.*

Abbildung 11 zeigt die Zielsetzungen der Industrie im Hinblick auf die Vertikalisierung.

Abbildung 11: Ziele der Vertikalisierung

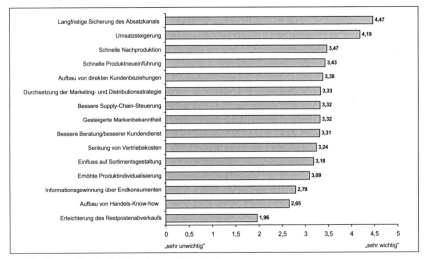

Quelle: Zentes/Swoboda/Morschett 2005, S. 692.

Die „langfristige Sicherung des Absatzkanals", die in Abbildung 11 an erster Stelle rangiert, gewinnt in vielen Konsumgüterbranchen geradezu eine existenzielle Bedeutung. So weisen mittlerweile viele Branchen (beispielhaft kann hier der Bereich der Haushaltwaren angeführt werden) eine bedrohliche Entwicklung auf (vgl. Zentes/Schramm-Klein/Neidhart 2005). Marktanteilsverluste etablierter Betriebs- und Vertriebstypen, z.B. des mittelständischen Fachhandels und der Kauf- und Warenhäuser (siehe Abbildung 10), führen zu einer dramatischen Ausdünnung der Distributionspunkte der Industrie („Point of Sale"). Vor diesem Hintergrund kann die absatzmarktorientierte Vertikalisierung vieler Hersteller durchaus als überlebensnotwendig angesehen werden.

Wenngleich heute bereits zahlreiche Hersteller vertikal-kooperativ oder integrativ distribuieren, so ist künftig mit einem weiteren Anstieg dieser Vermarktungsform zu rechen; insofern handelt es sich um „potenzielle neue Konkurrenten" (vgl. Liebmann/Zentes/Swoboda 2008, S. 69). Nach Einschätzung der Teilnehmer der standardisierten Befragung sehen sich potenzielle Konkurrenten allerdings auch zunehmenden Markteintrittsbarrieren ausgesetzt. So wird ein Markteintritt „Früher" mit einem Wert von 2,9 deutlich einfacher eingeschätzt als im Zeitraum „Heute" (siehe Abbildung 12). Auch für die „Zukunft" prognostizieren die befragten Unternehmen zunehmende Markteintrittsbarrieren.

Abbildung 12: Ausmaß der Markteintrittsbarrieren für potenzielle Konkurrenten im Zeitablauf

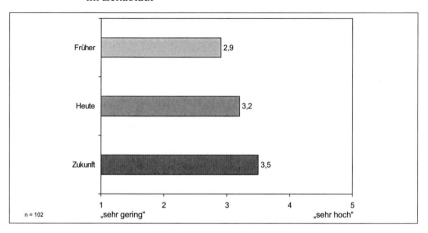

Ursächlich für diese Einschätzung dürfte in erster Linie die steigende Rivalität in der Wettbewerbsarena des Handels sein (siehe Abbildung 8).

V. Substitutionen

Die Substitutionsgefahren nehmen nach Einschätzung der befragten Unternehmen im Zeitablauf zu. So beurteilen sie die Gefahr, aus dem Wertschöpfungskreislauf zu fallen, „Früher" mit einem Wert von 2,2 als eher gering. Dieser Wert ist bis „Heute" allerdings deutlich, auf mittlere 3,0, angestiegen (siehe Abbildung 13). Begründet werden kann dieser Anstieg in erster Linie durch das Aufkommen und den Markterfolg der sog. „Pure Player" im Rahmen des E-Commerce. Als Beispiel für solch einen „reinen Online-Händler" kann das amerikanische Unternehmen Amazon angeführt werden. Auch für die „Zukunft" bescheinigen die befragten Unternehmen diesem Geschäftsmodell mit einem Wert von 3,4 ein zunehmendes Gefährdungs- bzw. Substitutionspotenzial.

Abbildung 13: Ausmaß der Bedrohung durch Substitute im Zeitablauf

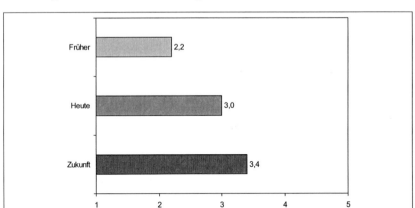

Als Reaktion auf diese Bedrohung integrierten und integrieren viele der befragten Unternehmen elektronische Vertriebsformen in ihr Distributionsportfolio. Sie werden damit zu „Multi-Channel-Retailern" (vgl. Schramm-Klein 2003) und versuchen, dadurch am wachsenden E-Commerce Markt in Deutschland zu partizipieren (siehe Abbildung 14).

Abbildung 14: E-Commerce-Umsatz im Einzelhandel in Mrd. EUR

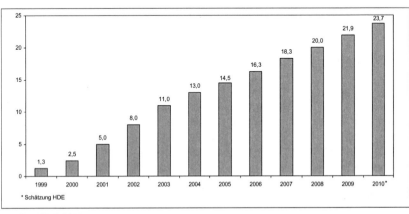

Quelle: HDE 2010.

Laut der aktuellen „Global Online Survey" des Marktforschungsinstituts AC Nielsen sind die Top-Produkte beim Online-Shopping eindeutig Bücher. So geben 52 % der Befragten in Deutschland an, in den nächsten sechs Monaten den Online-Kauf von Büchern zu planen. An zweiter Stelle liegen Kleidung, Schuhe und Accessoires (40%), gefolgt von Reisen und Hotelreservierungen sowie Videos, DVDs und Spielen (jeweils 27%).

VI. Lieferanten

Wesentlichen Einfluss auf das Wettbewerbsumfeld des Einzelhandels üben auch die Lieferanten, in erster Linie die Hersteller, aber auch der Großhandel aus (vgl. Liebmann/Zentes/Swoboda 2008, S. 70). Die Verhandlungsmacht der Lieferanten ist nach Einschätzung der befragten Unternehmen vergleichsweise stabil geblieben und hat sich im Zeitablauf nur marginal erhöht. So schwanken die Werte zwischen den analysierten Zeiträumen zwischen 3,2 ("Früher") und 3,3 („Heute") (siehe Abbildung 15).

Abbildung 15: Verhandlungsmacht der Lieferanten im Zeitablauf

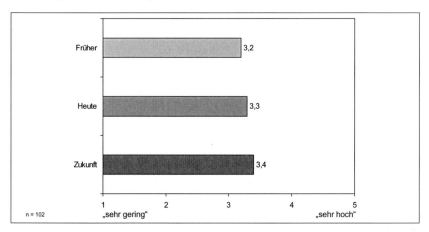

Der wenn auch nur geringfügig wachsende Einfluss der Industrie resultiert zum einen aus der bereits angesprochenen absatzmarktorientierten Vertikalisierung, zum anderen aus der fortschreitenden Konzentration. So ist die Marktbedeutung der Global Player in der Konsumgüterindustrie in den letzten Jahren insbesondere durch Akquisitionen deutlich gestiegen. Als Beispiel sei hier auf die 57 Mrd. USD teure Akquisition von Gillette durch Procter & Gamble im Jahre 2005 verwiesen. Das durch Akquisitionen gewachsene und optimierte Markenportfolio vieler Hersteller schafft gewissermaßen ein Gegengewicht zur steigenden Nachfragemacht des Handels (siehe hierzu Abschnitt B. III. des Ersten Kapitels).

Auf Grund der zunehmenden Konzentrationstendenzen, sowohl auf Seiten des Handels als auch auf Seiten der Industrie, kann heutzutage gewissermaßen von einer „balance of power" (Zentes/Rittinger 2009, S. 172) zwischen dem Handel und der Industrie gesprochen werden.

VII. Zusammenfassung

Die dargestellten Rahmenbedingungen können gesamthaft als Beleg für die zunehmend kompetitiver werdende Wettbewerbsarena des Handels angesehen werden. In diesem Kontext stellen auch Zentes/Rittinger (2009) fest: „Germany has always been, still is, and, considering recent developments in the macro and micro environment, will remain a highly competitive marketplace".

Um in diesem herausfordernden Wettbewerbsumfeld überleben bzw. prosperieren zu können, sind Einzelhandelsunternehmen, unabhängig von Branche und Größenordnung, gezwungen, sich eindeutig im Markt zu profilieren und zu differenzieren. Vor diesem Hintergrund hat es sich die vorliegende Studie zum Ziel gesetzt, Ansatzpunkte für Einzelhandelsunternehmen zu identifizieren, mit denen eine Differenzierung im Wettbewerb möglich ist. Die Ergebnisse der Analyse im Hinblick auf die „Erfolgsfaktoren im Einzelhandel" werden im folgenden Abschnitt präsentiert.

C. Erfolgsfaktoren des Einzelhandels

I. Vorgehensweise

Im folgenden Abschnitt werden die Erfolgsfaktoren des Einzelhandels identifiziert und im Zeitverlauf analysiert.

In einem ersten Schritt werden die begrifflichen und methodischen Grundlagen der Erfolgsfaktorenuntersuchung erläutert. Im Vordergrund steht dabei erstens die Methodik zur Identifikation und Erfassung der Erfolgsfaktoren, zweitens die Methodik zur Erfassung des Unternehmenserfolgs und drittens die Methodik zur Analyse der Einflussstärke der Erfolgfaktoren auf den Unternehmenserfolg, die in der vorliegenden Untersuchung zur Anwendung kommen.

In einem zweiten Schritt werden die Ergebnisse der exploratorischen und standardisierten Befragung erläutert. Auf Grundlage der exploratorischen Befragung werden die wichtigsten Erfolgsfaktoren zunächst identifiziert (Analyseschritt A) und anhand des quantitativen Datenmaterials der standardisierten Befragung näher beschrieben. Dabei werden auch wesentliche Trends innerhalb der einzelnen Faktoren aufgezeigt (Analyseschritt B). Anschließend werden die identifizierten Erfolgsfaktoren für den Zeitraum „Heute" hinsichtlich ihrer Einflussstärke auf den Unternehmenserfolg untersucht (Analyseschritt C). Methodisch basiert dieser Analyseschritt auf einer multiplen Regressionsanalyse mit dem Unternehmenserfolg als Regressand und den Erfolgsfaktoren als Regressoren. Abschließend wird die Entwicklung der Bedeutung der Erfolgsfaktoren für den Unternehmenserfolg im Zeitverlauf aufgezeigt. Verglichen wird dabei die Einflussstärke der Erfolgsfaktoren im Zeitraum „Heute" mit der Einflussstärke der Erfolgsfaktoren „Früher" (Analyseschritt D).

II. Grundlagen der Untersuchung

1. Zielsetzung und begriffliche Grundlagen

Grundlegendes Ziel der Erfolgsfaktorenforschung ist es, die Determinanten zu ermitteln, die den Erfolg bzw. den Misserfolg eines Unternehmens langfristig wirksam beeinflussen. Dabei ist die Grundannahme, dass einige wenige Variablen über den Erfolg bzw. den Misserfolg eines Unternehmens entscheiden (vgl. Haenecke 2002, S. 166). Im Gegensatz zum Benchmarking, bei dem schwerpunktmäßig erfolgreiche Einzelpraktiken betrachtet werden, geht es bei der Erfolgsfaktorenforschung darum, einzelfallübergreifend kritische Variablen zu entdecken, durch die sich exzellente Unternehmen von weniger exzellenten signifikant unterscheiden (vgl. Ahlert/Hesse/Kruse 2008, S. 8). Diese kritischen Variablen werden im Folgenden als „Erfolgsfaktoren" bezeichnet.

Seit seinen ersten Entwicklungsansätzen, zu Beginn der 1960er Jahre, und der eigentlichen Begründung durch die Arbeit von Rockart (1979), gegen Ende der 1970er Jahre, hat das Konzept der Erfolgsfaktorenforschung in Theorie und Praxis stark an Interesse gewonnen und wird seitdem an einer Vielzahl von Forschungsobjekten angewandt (vgl. Ahlert/Hesse/Kruse 2008, S. 8). Gegenstand der meisten Untersuchungen ist die Ermittlung der Ursachen des Erfolgs auf Unternehmensebene (vgl. Janz 2004, S. 55). Erfolgsfaktoren und ihre Zusammenhänge sind jedoch auf unterschiedlichen Analyseebenen von Relevanz. So unterscheidet beispielsweise Seibert (1987, S. 10):

- *branchenübergreifende generelle Erfolgsfaktoren*

- *branchenspezifische Erfolgsfaktoren*

- *Erfolgsfaktoren spezifischer Gruppen innerhalb einer Branche*

- *unternehmensspezifische Erfolgsfaktoren*

- *geschäftsfeldspezifische Erfolgsfaktoren.*

Die vorliegende Untersuchung hat das Ziel, unter Berücksichtigung eines Zeithorizonts von 75 Jahren, branchenübergreifende generelle Erfolgsfaktoren des Einzelhandels zu identifizieren und die Entwicklung ihrer Bedeutung für den Unternehmenserfolg zu untersuchen.

2. Methodische Grundlagen

a) Methodik zur Identifikation und Analyse der Erfolgsfaktoren

In der empirischen Erfolgsfaktorenforschung können fünf methodische Herangehensweisen unterschieden werden (siehe Abbildung 16).

Abbildung 16: Methoden zur Identifikation und Analyse von Erfolgsfaktoren

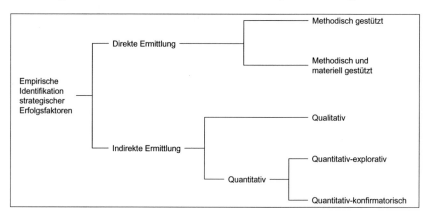

Quelle: Haenecke 2002, S. 168.

Empirische Erfolgsfaktorenstudien werden zunächst nach der Art der Ermittlung der Erfolgsfaktoren differenziert (vgl. Haenecke 2002, S. 167ff.; Haenecke/Forsmann 2006, S. 46ff.). Bei der direkten Ermittlung wird in Expertenbefragungen direkt nach den erfolgsbeeinflussenden Variablen gefragt. Diese kann methodisch gestützt (z.b. durch Kreativitätstechniken) oder methodisch und materiell gestützt (z.b. durch einen strukturierten Fragebogen) erfolgen. Bei der indirekten Ermittlung wird hingegen mittels statistischer Verfahren untersucht, welche Faktoren den Erfolg wirksam beeinflussen. Es wird also nicht direkt nach den Ursachen des Erfolgs gefragt. Qualitative Studien untersuchen keine Unternehmensdaten, sondern stellen qualitative Aussagen in den Mittelpunkt. In quantitativen Studien werden Unternehmensdaten erhoben und ihr Anteil am Unternehmenserfolg mit dem Einsatz von mathematischen Analyseverfahren gemessen. Quantitativ-explorative Studien versuchen unter einer Vielzahl von möglicherweise erfolgswirksamen Variablen diejenigen zu identifizieren, die den Erfolg tatsächlich beeinflussen. In quantitativ-konfirmatorischen Studien werden bereits theoretisch und empirisch untersuchte Wirkungszusammenhänge mit Hilfe kausalanalytischer Verfahren überprüft.

Die vorliegende Untersuchung kombiniert Verfahren der direkten und indirekten Ermittlung von Erfolgsfaktoren. Insgesamt lassen sich vier aufeinander aufbauende Untersuchungsschritte unterscheiden (siehe Abbildung 17).

Abbildung 17: Aufbau der Erfolgsfaktorenuntersuchung

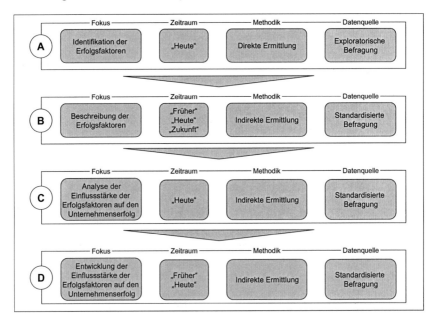

- *Analyseschritt A: Identifikation der Erfolgsfaktoren (Abschnitt C. III. 1. des Ersten Kapitels)*

Im Rahmen der explorativen Befragung wurden die Unternehmensvertreter direkt nach den erfolgsbeeinflussenden Faktoren in ihrem Unternehmen befragt. Die Identifikation der Erfolgsfaktoren im Rahmen der Experteninterviews erfolgte methodisch gestützt und bezog sich primär auf den Zeitraum „Heute".

- *Analyseschritt B: Beschreibung der Erfolgsfaktoren (Abschnitt C. III. 2. des Ersten Kapitels)*

Aufbauend auf den Ergebnissen der explorativen Befragung zielt dieser Analyseschritt auf eine nähere Beschreibung der identifizierten Erfolgsfaktoren mit quantitativem Datenmaterial sowie dem Aufzeigen wesentlicher Trends hinsichtlich des Faktors ab. Im Fokus stehen insbesondere die Ausprägungen der Faktoren in den Zeiträumen „Früher", „Heute" und „Zukunft". Hierfür werden die den jeweiligen Erfolgsfaktor beschreibenden Fragebogenelemente („Items") mittels Mittelwertbildung zu in sich geschlossenen Werten verdichtet und über die einzelnen Phasen hinweg verglichen.

- *Analyseschritt C: Analyse der Einflussstärke der Erfolgsfaktoren auf den Unternehmenserfolg (Abschnitt C. III. 3. des Ersten Kapitels)*

Neben der Beschreibung der Erfolgsfaktoren (Analyseschritt B), zielt die Untersuchung auf die mathematisch gestützte Analyse des Einflusses der Erfolgsfaktoren auf den Unternehmenserfolg ab. Methodisch basiert Analyseschritt C auf einer quantitativ-explorativen Analyse der Erfolgsfaktoren mittels multipler Regression. Dieser Analyseschritt bezieht sich auf den Zeitraum „Heute".

- *Analyseschritt D: Entwicklung der Einflussstärke der Erfolgsfaktoren auf den Unternehmenserfolg (Abschnitt C. III. 4. des ersten Kapitels)*

Abschließend wird die Entwicklung des Einflusses der Erfolgsfaktoren im Zeitverlauf betrachtet. Verglichen werden dabei die Ergebnisse der multiplen Regressionsanalysen für die Phasen „Früher" und „Heute", um daraus etwaige Veränderungen in der Bedeutung einzelner Erfolgsfaktoren für den Unternehmenserfolg ableiten zu können.

b)   Methodik zur Erfassung des Unternehmenserfolgs

Als eines der schwierigsten Probleme im Rahmen der quantitativen Erfolgsfaktorenforschung gilt die Erfassung des Erfolgskonstrukts (Janz 2004, S. 62). Aus diesem Grund wird im Folgenden die Methodik zur Konzeptualisierung und Operationalisierung des Erfolgskonstrukts in der vorliegenden Untersuchung näher erläutert.

Der Unternehmenserfolg wird in der Erfolgsfaktorenforschung auf Grund seiner Komplexität und Multidimensionalität zunächst als eine abstrakte, nicht direkt messbare Größe, d.h. als „Konstrukt", verstanden (vgl. Hesse 2004, S. 53). Unter einem Konstrukt versteht man „ein abstraktes Ganzes, welches den wahren, nicht beobachtbaren Zustand eines Phänomens" (Homburg/Giering 1996, S. 6) beschreibt. Die Verwendung von Konstrukten erfordert zwingend deren Konzeptualisierung und Operationalisierung. Im Rahmen der Konzeptualisierung werden die inhaltlichen Dimensionen des Konstrukts beschrieben. Zur weiteren Analyse ist das Konstrukt anschließend zu operationalisieren, d.h., es muss eine Messvorschrift auf empirischer Sprachebene identifiziert werden, die alle als relevant erachteten Aspekte des Konstrukts möglichst exakt zu messen vermag (vgl. Ahlert/Hesse/Kruse 2008, S. 27).

In der betriebswirtschaftlichen Praxis wird Erfolg vorwiegend anhand betrieblicher Kennzahlen, wie z.b. Gewinn oder Umsatz, gemessen. Viele Erfolgsfaktorenuntersuchungen beschränken sich auch auf die Erhebung quantitativer Indikatoren. Ein zentrales Problem, das sich im Zusammenhang mit der Verwendung des Gewinns, des Umsatzes oder vergleichbarer quantitativer Indikatoren ergibt ist, dass es sich dabei ausschließlich um periodisch erhobene, statistische Größen mit kurzfristigem Aussagegehalt handelt. Damit werden nicht die von einem betrachteten Erfolgspotenzial ausgehenden Wirkungen auf das Unternehmen erfasst, sondern lediglich die von allen Erfolgspotenzialen mehr oder weniger zufällig in den Betrachtungszeitraum fallenden Erfolgswirkungen. Auf Grund dieser Problematik wird die vielfach erhobene Forderung, die Erhebung dürfe sich nur auf objektive statistische Kenngrößen stützen, zu Gunsten einer im Rahmen von schriftlichen oder mündlichen Befragungen anwendbaren Methode der subjektiven Selbsteinschätzung von Unternehmensexperten relativiert. Diese können über einen längeren Zeitraum die Wirkungen verschiedener Erfolgsfaktoren auf den gesamten Unternehmenserfolg abschätzen. Diese Methode bietet damit den Vorteil, dass mit ihr tatsächlich der im Rahmen der Erfolgsfaktorenforschung primär interessierende, strategisch langfristige Unternehmenserfolg, erhoben wird (vgl. Janz 2004, S. 62f.).

Darüber hinaus weisen Erkenntnisse aus der empirischen Zielforschung darauf hin, dass klassische ökonomische Zielvorstellungen, wie Umsatz oder Gewinn, keine dominanten Zielsetzungen mehr darstellen. Vielmehr treten stattdessen Ziele wie die Sicherung des Unternehmensbestands oder die Sicherung der Unabhängigkeit in den Vordergrund. Unternehmen verfolgen damit gewissermaßen ein pluralistisches Zielsystem (vgl. Hurth 1998, S. 122f.). Der Erfolg eines Unternehmens lässt sich demnach nicht nur durch einen Erfolgsindikator beschreiben. Der geschilderten Problematik der Erfassung des Erfolgskonstrukts wird im Rahmen der vorliegenden Studie durch die Operationalisierung des Erfolgskonstrukts als subjektiv bewertetes Zielbündel Rechnung getragen.

Abgeleitet aus Ergebnissen der empirischen Zielforschung wurden insgesamt vier Unternehmensziele zur Bewertung des Unternehmenserfolgs herangezogen und von den Respondenten in eine Rangfolge hinsichtlich ihrer Bedeutung gebracht (vgl. Hurth 1998, S. 126f.). Die vier Unternehmensziele umfassen:

- *Umsatz*

- *Gewinn*

- *Sicherung des Unternehmensbestands*

- *Sicherung der Unabhängigkeit.*

Entsprechend des Rangplatzes des Unternehmensziels wurden zur Berechnung des Unternehmenserfolgs korrespondierende Gewichtungsfaktoren gebildet. Die dem jeweiligen Rangfolgewert entsprechenden Gewichtungsfaktoren lassen sich Tabelle 6 entnehmen.

Tabelle 6: Aufbau der Gewichtungsfaktoren

Rangfolge der Unternehmensziele	Gewichtungsfaktor
Unternehmensziel mit Rangplatz 1	0,4
Unternehmensziel mit Rangplatz 2	0,3
Unternehmensziel mit Rangplatz 3	0,2
Unternehmensziel mit Rangplatz 4	0,1

Zur Berechnung des Unternehmenserfolgs als gewichteter Grad der Zielerreichung wurde von den Respondenten, neben der Bedeutung der Unternehmensziele, die Zielerreichung als subjektiver Grad der Zufriedenheit anhand einer 5er-Skala für die Zeiträume „Früher", „Heute" und „Zukunft" abgefragt. Der Zielerreichungsgrad für die Phase „Zukunft" entspricht dabei dem antizipierten Zielerreichungsgrad.

Abbildung 18: Operationalisierung von Erfolg

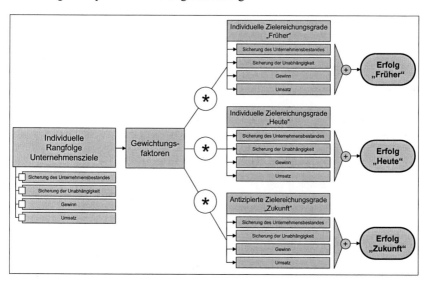

Der gewichtete Grad der Zielerreichung berechnet sich aus der Multiplikation des Zielerreichungsgrads mit dem jeweiligen Gewichtungsfaktor. Es ergeben sich damit vier unternehmensspezifische Werte, die als gewichtete Zielerreichung von Umsatz, Gewinn, Sicherung des Unternehmensbestands und Sicherung der Unabhängigkeit interpretiert werden können (Hurth 1998, S. 128). Der Unternehmenserfolg als statistische Größe berechnet sich in dem jeweiligen Zeitraum aus der additiven Verknüpfung dieser vier Werte (siehe Abbildung 18).

Abbildung 19 verdeutlicht die Berechnung des Unternehmenserfolgs anhand eines exemplarischen Beispiels für die Zeitraum „Heute".

Abbildung 19: Operationalisierung von Erfolg – exemplarisches Beispiel

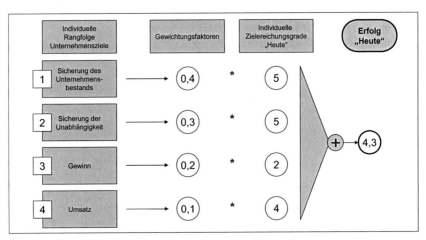

Das Beispiel in Abbildung 19 zeigt einen exemplarischen Respondenten, für den die Sicherung des Unternehmensbestands, gefolgt von der Sicherung der Unabhängigkcit, das dominante Unternehmensziel darstellt. Gewinn und Umsatz folgen auf den Plätzen 3 und 4. Entsprechend geht in diesem Beispiel die Sicherung des Unternehmensbestands mit dem höchsten Gewichtungsfaktor in Höhe von 0,4, und der Umsatz mit dem geringsten Gewichtungsfaktor in Höhe von 0,1, in der Berechung des Unternehmenserfolgs ein.

Hinsichtlich des individuellen Zielerreichungsgrads ist der Respondent mit der Sicherung des Unternehmensbestands sowie seiner wirtschaftlichen Unabhängigkeit sehr zufrieden (siehe Abbildung 19). Insgesamt zufrieden zeigt er sich mit seinem Umsatz, während er mit seinem Gewinn eher weniger zufrieden ist.

Durch die Multiplikation der Gewichtungsfaktoren mit den jeweiligen Zielerreichungsgraden sowie der additiven Verknüpfung der resultierenden Produkte ergibt sich in diesem Beispiel ein Unternehmenserfolg von 4,3.

c) Methodik zur Analyse der Einflussstärke der Erfolgfaktoren auf den Unternehmenserfolg

Die Analyse der Einflussstärke der Erfolgfaktoren auf den Unternehmenserfolg beruht auf einer multiplen Regression mit dem Unternehmenserfolg als Regressand und den zehn Erfolgsfaktoren als Regressoren. Die Werte für die Erfolgsfaktoren entsprechen dabei der Gesamtausprägung des Faktors, d.h. dem Mittelwert über die einzelnen Items des Faktors.

Neben den Phasen „Früher" und „Heute" wurde im Rahmen der Auswertung der Studienergebnisse ebenfalls versucht, die Einflussstärke der Erfolgsfaktoren für die Phase „Zukunft" zu prognostizieren. Das Regressionsmodell erfüllte jedoch hinsichtlich wesentlicher Gütekriterien, so z.b. dem Bestimmtheitsmaß, nicht die erforderlichen Kriterien. Auf eine weiter gehende multivariate Analyse der Phase „Zukunft" wird daher verzichtet

Zur Analyse der Einflussstärke der Erfolgsfaktoren wurde im Rahmen der Regressionsanalyse auf die standardisierten Regressionskoeffizienten zurückgegriffen. Durch die Standardisierung der Regressionskoeffizienten werden die unterschiedlichen Messdimensionen, die sich in den Regressionskoeffizienten niederschlagen, eliminiert. Die standardisierten Regressionskoeffizienten können somit als Maß für die Einflussstärke des betreffenden Faktors angesehen werden (vgl. Backhaus u.a. 2008, S. 65f.).

III. Ergebnisse der Untersuchung

1. Identifikation der Erfolgsfaktoren

Die Erfolgsfaktoren im Einzelhandel wurden in der vorliegenden Untersuchung zunächst direkt, im Rahmen der 68 exploratorischen Experteninterviews mit Inhabern, Geschäftsführern und Vorständen deutscher Einzelhandelsunternehmen, ermittelt. Die Teilnehmer wurden im Rahmen der Interviews ungestützt nach den Erfolgsfaktoren ihres Unternehmens befragt. Dabei konnten mehr als 50 verschiedene Erfolgsfaktoren identifiziert werden. Abbildung 20 fasst die meistgenannten Erfolgsfaktoren zusammen.

Abbildung 20: Ungestützt genannte Erfolgsfaktoren in der exploratorischen Befragung

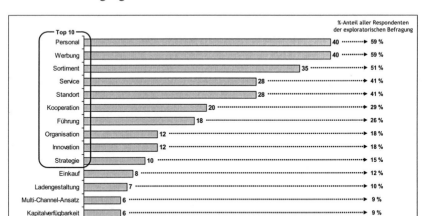

Die standardisierte Befragung sowie die weiteren Analyseschritte basieren auf den zehn am häufigsten genannten Erfolgsfaktoren der exploratorischen Befragung, d.h. auf Erfolgsfaktoren, die von mindestens 15 % der Interviewpartner explizit genannt wurden. Bevor Entwicklungstrends sowie der Erfolgsbeitrag der Faktoren im Rahmen der Analysschritte B-D (vgl. Abschnitt C. des Ersten Kapitels) genauer untersucht werden, wird im Folgenden kurz erläutert, was im Rahmen der vorliegenden Untersuchung unter den einzelnen Faktoren verstanden wird.

- *Personal*

„Ein System ist leichter zu kopieren als Menschen"
(Thomas Gutberlet, Vorstandsvorsitzender, tegut, Fulda)

Der Faktor „Personal" fasst die Erfolgspotenziale, die sich durch die Mitarbeiter in einem Handelsunternehmen ergeben, zusammen. Der Faktor wurde von 59 % der Experten im Rahmen der exploratorischen Befragung als Erfolgsfaktor explizit genannt. In der standardisierten Befragung wurden zwei wesentliche Erfolgsbausteine des Faktors berücksichtigt: zum einen das Qualifikationsniveau und zum anderen das Motivationsniveau der Mitarbeiter.

• *Werbung*

„Die beste Werbung macht der Kunde"
(Wolfgang Schmidt, Geschäftsführer, Bekleidungshaus Wibbel, Leonberg-
Eltingen)

Zusammen mit dem Personal bildet die Werbung den meistgenannten Erfolgsfaktor in der exploratorischen Befragung. Werbung umfasst im Rahmen der vorliegenden Untersuchung alle Arten „down-stream" gerichteter, d.h. endkunden-
gerichteter, Kommunikation sowie sonstige Verkaufsförderungsaktionen. In die
standardisierte Befragung wurden insbesondere die im Vergleich zu den Wettbewerbern eingeschätzte Werbeintensität sowie die eingesetzten Werbeträger
einbezogen.

• *Sortiment*

„1945-1960 wurde gegessen, um satt zu werden.
Seit 1970 haben wir die Aufgabe, satte Menschen hungrig zu machen"
(Hans Jürgen Bönsch, Geschäftsführer, Böhma Feinkost Lebensmittelfrisch-
märkte, Ansbach)

Das Sortiment umfasst die Menge aller Absatzobjekte, die ein Handelsunternehmen in einer bestimmten Zeitspanne physisch oder auf andere Weise anbietet, wobei es idealtypisch beschaffte Güter sind (vgl. Liebmann/Zentes/Swoboda
2008, S. 456). Als erfolgsrelevante Größen wurden in die standardisierte Befragung sowohl quantitative als auch qualitative Sortimentskriterien einbezogen.
Die Sortimentsbreite und Sortimentstiefe repräsentieren die quantitativen Dimensionen. Als qualitative Dimension wurde die Produktqualität abgefragt.

• *Service*

„Wir leben von und mit dem Service"
(Ernst-Werner Rummel, Geschäftsführer, Elektronik-Modellbahntechnik
Rummel, Saarbrücken)

Der Begriff Service bzw. Dienstleistung ist mit einer gewissen Unschärfe behaf-
tet, da darunter eine Vielzahl von Maßnahmen und Instrumenten verstanden
wird (vgl. Zentes/Janz/Morschett 1999, S. 27). Unter Berücksichtigung der Ergebnisse der exploratorischen Befragung werden unter dem Erfolgsfaktor Service intangible Leistungen, „die ein Handelsunternehmen seinen Kunden zur Förderung des Absatzes seiner Waren anbietet" (Fassnacht 2003, S. 1), verstanden.

In der standardisierten Befragung wurden mit produktbezogenen (z.b. Warenzustellung), konditionenbezogenen (z.b. Ratenzahlung) und kundenbezogenen (z.b. Beratung) Services drei verschiedene Leistungsbereiche abgefragt.

- *Standort*

„Der Standort ist alles für ein Einzelhandelsgeschäft"
(Frank Albrecht, Geschäftsführer, Parfümerie Albrecht, Frankfurt a.M.)

Ein betrieblicher Standort wird als geografischer Ort verstanden, an dem ein Unternehmen Produktionsfaktoren einsetzt, um Leistungen zu erstellen (vgl. Tietz 1993, S. 200). Als erfolgsdeterminierende Variablen hinsichtlich des Standorts wurden in der standardisierten Befragung die Dimensionen Kaufkraft, Agglomeration und Erreichbarkeit miteinbezogen.

- *Kooperation*

„Netzwerk: Zauberwort der Zukunft"
(Charlotte Schubnell, Geschäftsführerin, Schuh-Sport-Moden Schubnell,
Friesenheim)

Kooperation wird verstanden als (unternehmerische) Zusammenarbeit mit dem Kennzeichen der Harmonisierung oder der gemeinsamen Erfüllung von betrieblichen Aufgaben durch selbstständige Wirtschaftseinheiten zur Erreichung übergeordneter Ziele (vgl. Tietz/Mathieu 1979, S. 9). In der Untersuchung wurde zwischen zwei Kooperationsrichtungen unterschieden: horizontale und vertikale Kooperationen. Horizontale Kooperationen umfassen Kooperationen zwischen Einzelhandelsunternehmen, so z.B. im Rahmen von Verbundgruppen. Vertikale Kooperationen umfassen dagegen Formen der Zusammenarbeit zwischen Handel und Industrie.

- *Führung*

„Ich verlange nie etwas von meinen Mitarbeitern, das ich selber nie gemacht habe"
(Arnold Senft, Geschäftsführer, Modehaus Senft, Leinefelde)

Als Führungsstil wird in der Untersuchung die grundsätzliche Handlungsmaxime des Vorgesetzten verstanden, die im Gegensatz zum modifizierbaren Führungsverhalten über einen längeren Zeitraum als konstant anzusehen ist. Die Untersuchung orientiert sich dabei an der traditionellen Führungsstiltypologie von Tannenbaum/Schmidt (1958). Neben dem Führungsstil des Inhabers bzw. Geschäftsführers werden auch die Führungskräfte in der standardisieren Befragung berücksichtigt.

- *Organisation*

„Man muss versuchen, die Franchise-Familie zusammenzuhalten"
(Tony Arthur Farkas, Vorstand, NBB Dienstleistungssysteme AG, Rodenberg)

Mit der Bildung von Organisationseinheiten in einem Unternehmen ist die Verteilung von Aufgaben und Kompetenzen an die Mitarbeiter verbunden. Die Verteilung von Aufgaben an verschiedene Mitarbeiter erfordert in weiterer Folge Maßnahmen zur Koordination der Tätigkeiten (vgl. Liebmann/Zentes/Swoboda 2008, S. 780). Die standardisierte Befragung hatte vor diesem Hintergrund das Ziel, die Effizienz der organisatorischen Abläufe in Handelsunternehmen zu erfassen und zu hinterfragen.

- *Innovation*

„Otto hat es geschafft, sich immer wieder neu zu erfinden"
(Frederik Pohl, Leiter Unternehmens- und Markenkommunikation, Otto-Group, Hamburg)

In hochindustrialisierten Ländern wie Deutschland kann nur durch Innovationen ein langfristiges und nachhaltiges Wachstum erzielt werden. Dies gilt auf der Makroebene sowohl volkswirtschaftlich als auch für einzelne Unternehmen (vgl. PwC/H.I.Ma. 2008, S. 13). In der standardisierten Befragung wurde die Innovationskultur und Innovationsleistung der befragten Unternehmen erfasst.

- *Strategie*

„Wir kommen über Leistung, nicht über den Preis"
(Bernd Enge, Prokurist , Glani Verwaltungs GmbH, Hamburg)

Von 15% der Teilnehmer der explorativen Befragung wurde der Aspekt des strategischen Vorgehens als weiterer Erfolgsfaktor genannt. In der standardisierten Befragung umfasst der Faktor, neben der grundsätzlichen Unternehmensstrategie, auch das Ausmaß der strategischen Planung von Aktivitäten in einzelnen Geschäftsbereichen.

Im Folgenden werden die Erfolgsfaktoren, auf Basis der quantitativen Daten der standardisierten Befragung, detailliert beschrieben.

2. Beschreibung und Ausprägung der Erfolgsfaktoren

a) Qualifiziertes Personal

Nach Einschätzung der befragten Unternehmen hat die Qualifikation der Mitarbeiter als Erfolgsfaktor im Mittel von „Früher" bis „Heute" zugenommen und es wird erwartet, dass sich dieser Faktor auch in „Zukunft" weiter positiv entwickeln wird. Abbildung 21 verdeutlicht die Ausprägung des Erfolgsfaktors Personal in den einzelnen Analysephasen. Die Ausprägungen repräsentieren den aggregierten Mittelwert über die den Erfolgsfaktor beschreibenden Items aus der standardisierten Befragung für die gesamte Stichprobe.

Abbildung 21: Gesamtausprägung des Erfolgsfaktors „qualifiziertes Personal" im Zeitablauf

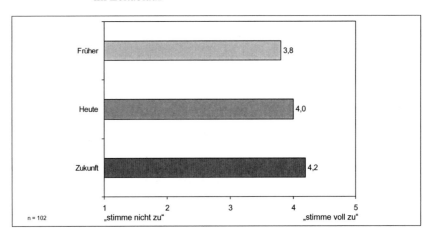

Die Qualifikationsanforderungen an die Mitarbeiter im Einzelhandel, so z.B. im Bereich der Dienstleistungs- und Kundenorientierung, steigen stetig. Die Unternehmen reagieren jedoch auch entsprechend. So waren die Mitarbeiter der befragten Unternehmen „Früher" mit einem Wert von 3,8 zwar bereits gut ausgebildet, bis „Heute" hat sich das Qualifikationsniveau nach Einschätzung der befragten Unternehmen allerdings auf einen Wert von 4,0 gesteigert. In „Zukunft" wird dieses Niveau weiter auf 4,2 anwachsen. Vor diesem Hintergrund argumentieren Abicht u.a. (2003, S. 64 f.): „Freundlichkeit, Höflichkeit, Hilfsbereitschaft, Freude an der Arbeit und am Umgang mit Menschen, Einfühlungsvermögen, Sinn für Ordnung, Systematik, Kommunikationsfähigkeit usw. – all das ist nicht neu, wird aber wieder in deutlich stärkerem Umfang nachgefragt (...).

So wird unter Entgegenkommen und Höflichkeit gegenüber Kunden heute etwas ganz anderes verstanden als etwa noch in der ersten Hälfte des vorigen Jahrhunderts. Damals wurden solche Begrifflichkeiten oft und ganz selbstverständlich mit Attributen wie devot, ehrerbietig, ehrfurchtsvoll oder auch servil in Verbindung gebracht. Heute wird eine Zuvorkommendheit vom Verkaufspersonal erwartet, die sich grundsätzlich auf gleicher Augenhöhe mit dem Kunden realisiert." Vor diesem Hintergrund unterstreicht Helga Neumann-Seiwert, Geschäftsführerin der Stadtapotheke Saarbrücken: „Der Kunde ist Partner nicht König".

Die befragten Unternehmen reagieren im Wesentlichen mit zwei Maßnahmen auf diese Entwicklung. Zum einen stellen sie höhere Ansprüche an neue und bestehende Mitarbeiter, zum anderen sind sie auch bereit, zunehmend in Weiterbildungsmaßnahmen zur Steigerung des Qualifikationsniveaus zu investieren (siehe Abbildung 22).

Abbildung 22: Qualifikationsanforderungen und Relevanz von Weiterbildungsmaßnamen im Zeitablauf

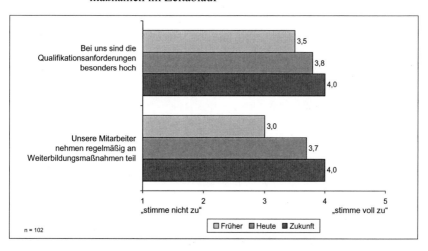

Qualifiziertes Personal äußert sich allerdings nicht nur in einer hohen fachlichen Kompetenz, sondern auch in einer hohen Identifikation der Mitarbeiter mit dem Unternehmen und einer damit zusammenhängenden, hohen Mitarbeitermotivation. Der insgesamt gestiegene Druck auf die Mitarbeiter, der mit den gestiegenen Qualifikationsanforderungen einhergeht, hat sich im Rahmen der vorliegenden Untersuchung nicht negativ auf die Mitarbeitermotivation ausgewirkt. Vielmehr zeigen sich viele Mitarbeiter zunehmend stolz auf „ihr" Unternehmen und die Unternehmensphilosophie. Dies äußert sich z.B. in der Bereitschaft, auch außerhalb der regulären Öffnungszeiten für das Unternehmen zu arbeiten. Für die „Zukunft" erwarten die Respondenten nochmals einen deutlichen Motivationsschub seitens der Mitarbeiter (siehe Abbildung 23).

Abbildung 23: Mitarbeitermotivation im Zeitablauf

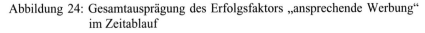

b) **Ansprechende Werbung**

Die befragten Unternehmen geben an, dass die Werbequalität im Mittel von „Früher" bis „Heute" ingesamt deutlich, von 3,3 auf 3,7, zugenommen hat. Auch für die „Zukunft" wird grundsätzlich von einer weiteren Verbesserung der Werbung auf 4,0 Punkte ausgegangen (siehe Abbildung 24).

Abbildung 24: Gesamtausprägung des Erfolgsfaktors „ansprechende Werbung" im Zeitablauf

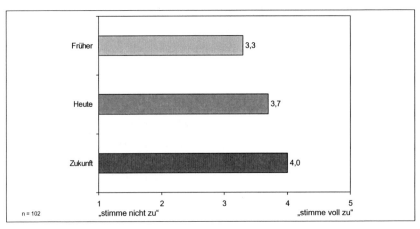

Im Detail betrachtet, haben alle Items des Erfolgsfaktors „Werbung" im Zeitablauf zugenommen (siehe Abbildung 25).

Abbildung 25: Dimensionen der Werbung im Zeitablauf

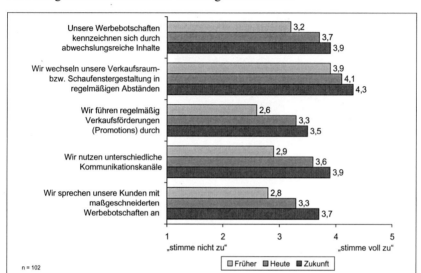

Grundsätzlich bezeichnen die Respondenten ihre Werbebotschaften „Heute" als deutlich abwechslungsreicher im Vergleich zu „Früher". So hat der Wert für dieses Item von 3,2 für den Zeitraum „Früher" auf 3,7 für den Zeitraum „Heute" zugenommen (siehe Abbildung 25). Auch für die „Zukunft" wird eine weitere Verbesserung angestrebt. Ursächlich für diese Verbesserung sind sicherlich auch die neuen technologischen Möglichkeiten, die sich für Handelsunternehmen, z.B. durch das Internet, ergeben. Die Unternehmen sorgen allerdings nicht nur durch neue Technologien für Abwechslung, sondern sind gleichzeitig bestrebt, ihre reale Verkaufsraum- bzw. Schaufenstergestaltung in regelmäßigen Abständen zu wechseln. Diese Maßnahme war zwar bereits „Früher", mit einem Wert von 3,9, sehr ausgeprägt und hat sich bis „Heute" weiter auf einen Wert von 4,1 ausgeweitet. In „Zukunft" wird dieser Wert weiter auf 4,3 anwachsen. Dies kann als Versuch der Unternehmen angesehen werden, ihre Werbeinhalte und Standorte für die Kunden insgesamt attraktiver zu gestalten, um so der zunehmenden Informationsüberflutung der Konsumenten entgegenzuwirken.

Bezüglich des Werbeinhalts zeigt sich, dass der Preis bei einem Großteil der befragten Unternehmen keine dominante Rolle spielt (siehe Abbildung 26). So war die Preisorientierung der Werbung „Früher" mit einem Wert von 2,6 bereits eher gering. Während dieser Wert für den Zeitraum „Heute" konstant geblieben ist, wird er in „Zukunft" nach Einschätzung der befragten Unternehmen auf 2,4 abnehmen.

Abbildung 26: Preisorientierung der Werbebotschaften im Zeitablauf

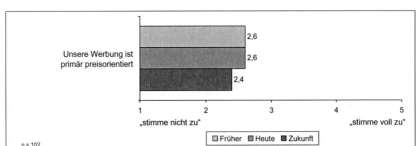

Dies ist auf die große Anzahl an Fachgeschäften in der Stichprobe zurückzuführen (siehe Tabelle 5), deren Werbebotschaften traditionell weniger preisorientiert gestaltet sind als beispielsweise die Werbung von filialisierten Discountern. Für die „Zukunft" planen die Unternehmen die Preisinhalte in den Werbebotschaften sogar noch zurückzufahren und die Werbeinhalte stärker an eigentlichen Kernkompetenzen auszurichten. Die stärkere Orientierung der Werbebotschaften an qualitativen Aspekten wird der zunehmenden Qualitätsorientierung der Konsumenten in Deutschland gerecht (vgl. Zentes/Rittinger 2009, S. 177).

Hinsichtlich der Verkaufsförderung zeigt sich eine deutliche Ausweitung der Aktivität von „Früher" auf „Heute" (siehe Abbildung 25). Spielten Promotions „Früher" mit einem Wert von 2,6 eine eher untergeordnete Rolle, haben sie sich im Zeitraum „Heute" mit einem Wert von 3,3 als Marketinginstrument etabliert. Dieser Sprung ist primär dem vermehrten Einsatz von preisorientierter Verkaufsförderung (Preispromotions), wie z.B. Sonderangeboten oder Coupons, geschuldet. Für die „Zukunft" unterstreichen die Respondenten allerdings die zunehmende Bedeutung von nicht-preisorientierter Verkaufsförderung, wie beispielsweise Events. Als Beispiel für ein äußerst erfolgreiches Einzelhandelsunternehmen, das gewissermaßen eine Eventkultur initiiert hat, lässt sich die „Bücherinsel" in Dieburg anführen. Im Rahmen des Events „Einschließen und Genießen" können sich Kunden der „Buchhandlung des Jahres 2004" an bestimmten Tagen ohne Mitarbeiter, aber mit entsprechender Verpflegung, zwischen 19.00 und 22.00 Uhr in der Buchhandlung einschließen lassen. Am Ende der Veranstaltung können die begutachteten Bücher gekauft werden. Auf Grund des großen Erfolgs der Veranstaltung testet das Unternehmen mit dem Konzept der „PianoBar" derzeit eine zusätzliche Eventidee.

Als weiterer Trend von „Früher" auf „Heute" lässt sich die vermehrte Nutzung unterschiedlicher Kommunikationskanäle festhalten (siehe Abbildung 25). So lag der Wert im Zeitraum „Früher" eher schwach ausgeprägt bei 2,9. „Heute" hat er sich deutlich auf 3,6 erhöht und wird in „Zukunft" weiter auf 3,9 ansteigen. Zurückzuführen ist diese Entwicklung auf den rasanten Bedeutungsgewinn des Internets, der u.a. dazu geführt hat, dass die sog. „Multi-Channel-Communication", d.h. die gleichzeitige Nutzung mehrerer Kommunikationskanäle, stark zugenommen hat und noch weiter zunehmen wird.

Das Internet ermöglicht es Unternehmen darüber hinaus, Kunden mit vergleichsweise geringem Aufwand mit individuellen, maßgeschneiderten Werbebotschaften zu kontaktieren. So können z.B. archivierte Kundenstammdaten aus Kundenkarten dazu genutzt werden, Konsumenten schnell und individuell via E-Mail über Sortimentsneuheiten und interessante Angebote zu informieren. Entsprechend hat sich der Wert von 2,8 für den Zeitraum „Früher" auf 3,3 für den Zeitraum „Heute", erhöht. Auch diese Methodik planen die befragten Unternehmen in „Zukunft" vermehrt einzusetzen. So wird der Wert des entsprechenden Items in „Zukunft" auf 3,7 ansteigen. Darüber hinaus haben die befragten Unternehmen im Zeitablauf auch die Werbeintensität im Vergleich zum Wettbewerb massiv erhöht (siehe Abbildung 27).

Abbildung 27: Werbeintensität im Zeitablauf

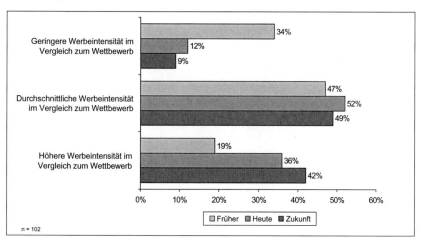

Während „Früher" 34 % der befragten Unternehmen angeben, eine geringere Werbeintensität als der Wettbewerb aufzuweisen, so sind es „Heute" nur noch 12 % (siehe Abbildung 27). Für die „Zukunft" wird dieser Prozentsatz weiter auf 9 % sinken. Gleichzeitig hat sich der Prozentsatz der Unternehmen, die angeben eine höhere Werbeintensität als der Wettbewerb aufzuweisen, im Vergleich von „Früher" im Gegensatz zu „Heute" erheblich gesteigert. In „Zukunft" steigt dieser Wert sogar auf 42 % der befragten Unternehmen. Der Anteil der Unternehmen mit einer durchschnittlichen Werbeintensität ist über die drei analysierten Zeiträume hinweg betrachtet als relativ konstant, bei 47 % bis 52 %, anzusehen.

Zusammenfassend lässt sich damit festhalten, dass die Werbeintensität von „Früher" auf „Heute" deutlich gestiegen ist und in „Zukunft" nochmals moderat wachsen wird. Die Unternehmen sehen also auch in „Zukunft" die Notwendigkeit, den Werbedruck weiter zu erhöhen. Als Werbeträger setzen die meisten Unternehmen über alle Zeitphasen hinweg auf die klassische Medienwerbung (z.B. Anzeigen in Zeitungen) (siehe Abbildung 28). So nutzen im Zeitraum „Früher" rund 59% der befragten Unternehmen primär die Form der Medienwerbung. Für den Zeitraum „Heute" hat sich dieser Wert deutlich auf 78 % der Stichprobe erhöht. Auch in „Zukunft" zeigt sich eine deutliche Dominanz dieses Werbeträgers.

Abbildung 28: Primär eingesetzte Werbeträger im Zeitablauf

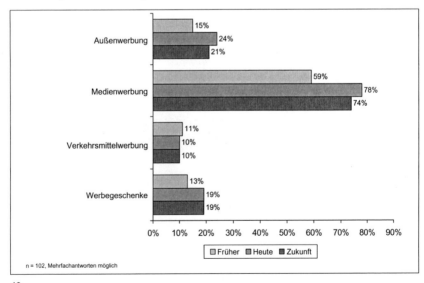

Eine deutlich geringere Rolle spielen die Außenwerbung (z.B. Werbung auf Litfaßsäulen), Verkehrsmittelwerbung (z.B. Bus-Reklame) sowie Werbegeschenke (z.B. Kugelschreiber) (siehe Abbildung 28). Die neben der Medienwerbung häufigste Verbreitung als Werbeträger findet dabei noch die Außenwerbung. So nutzen im Zeitraum „Früher" rund 15 % der befragten Unternehmen diesen Werbeträger. Dieser Anteil hat sich im Zeitraum „Heute" auf 24 % erhöht, wird allerdings in „Zukunft" leicht auf 21 % abnehmen.

Für die Zeiträume „Heute" und „Zukunft" betonen die Unternehmen darüber hinaus die zunehmende Bedeutung von Direct Mailings via E-Mail.

c)   Profiliertes Sortiment

Nach Einschätzung der befragten Unternehmen hat sich die Sortimentsqualität von „Früher" bis „Heute" deutlich verbessert. So stieg der entsprechende Wert über die gesamte Stichprobe von 3,6 auf 4,0. Für die „Zukunft" sehen sie gesamthaft allerdings kein weiteres Steigerungspotenzial und planen, die Sortimentsqualität auf dem hohen Niveau zu halten (siehe Abbildung 29).

Abbildung 29: Gesamtausprägung des Erfolgsfaktors „profiliertes Sortiment" im Zeitablauf

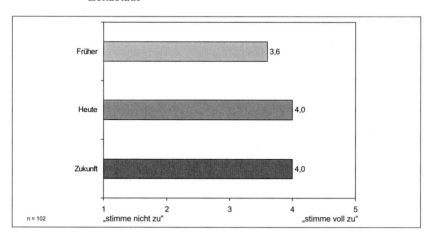

Ein profiliertes Sortiment erfüllt Kundenansprüche sowohl in quantitativer als auch in qualitativer Hinsicht. In quantitativer Hinsicht haben die befragten Unternehmen im Mittel sowohl die Sortimentstiefe als auch die Sortimentsbreite von „Früher" bis „Heute" erweitert (siehe Abbildung 30). So hat die Sortimentsbreite im besagten Zeitraum von 3,6 auf 3,9 zugenommen. Nochmals prägnanter hat sich die Sortimentstiefe von 3,4 auf 4,0 im Zeitablauf vergrößert. Für beide Dimensionen der quantitativen Sortimentsqualität sehen die befragten Unternehmen allerdings für die „Zukunft" keinen weiteren Spielraum nach oben (siehe Abbildung 30). Die Unternehmen planen vielmehr, die Sortimentsbreite moderat auf 3,7 zu reduzieren und sich damit tendenziell eher zu konzentrieren.

Abbildung 30: Quantitative und qualitative Sortimentsdimensionen im Zeitablauf

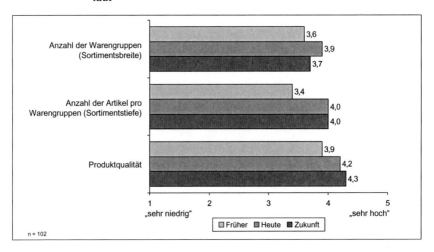

Die qualitative Sortimentsdimension, im Rahmen der vorliegenden Untersuchung vertreten durch die Produktqualität, wird von den befragten Unternehmen in allen Phasen höher eingeschätzt als die quantitativen Sortimentsdimensionen. Analog zu den quantitativen Sortimentsdimensionen zeigt sich ein deutlicher Anstieg in der Bewertung von einem ohnehin bereits hohen Niveau in der Phase „Früher" auf den Zeitraum „Heute". So hat sich der Wert des entsprechenden Items von 3,9 auf 4,2 erhöht (siehe Abbildung 30). Für die „Zukunft" sehen die Respondenten hinsichtlich der Produktqualität des Sortiments allerdings nochmals ein moderates Steigerungspotenzial auf einen Wert von 4,3.

Als weitere Profilierungsdimension sehen Handelsunternehmen verstärkt das Feld der Eigenmarken und investieren deshalb gezielt in diesen Sortimentsbaustein (siehe Abbildung 31).

Abbildung 31: Bedeutung von Eigenmarken im Zeitablauf

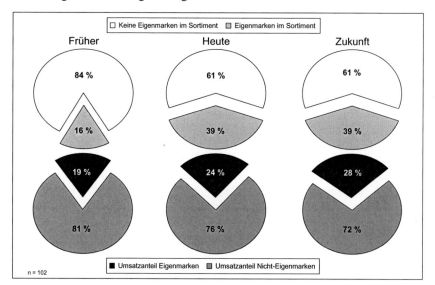

So führten „Früher" lediglich 16 % der befragten Unternehmen Eigenmarken im Sortiment. „Heute" hat sich der Anteil der Unternehmen, die Eigenmarken führen, auf 39 % der Stichprobe erhöht (siehe Abbildung 31). Für die „Zukunft" geben 39 % der befragten Unternehmen an, Eigenmarken führen zu wollen.

Nicht nur die Anzahl der Unternehmen, die Eigenmarken anbieten, hat sich erhöht, auch die umsatzmäßige Bedeutung von Eigenmarken hat im Zeitablauf deutlich zugenommen. So lag der durchschnittliche Umsatzanteil bei Unternehmen, die Eigenmarken führen, „Früher" bei 19 % (siehe Abbildung 31). Im Zeitraum „Heute" hat sich dieser Wert auf 24 % erhöht und wird in „Zukunft", nach Einschätzung der befragten Unternehmen, weiter auf rund 28 % ansteigen. Insgesamt bestätigt die vorliegende Untersuchung damit den in der Handelsforschung oftmals aufgezeigten Trend des mengen- und wertmäßigen Wachstums von Eigenmarken im Einzelhandel (vgl. Hilt 2009, S. 41ff.).

Vor diesem Hintergrund treiben Einzelhandelsunternehmen in jüngster Zeit immer umfassendere und professionellere Eigenmarken-Konzepte voran, wobei mehrere Tendenzen ausgemacht werden können (vgl. PwC/H.I.MA. 2008, S. 17f.). Beispielsweise findet zunehmend eine Verknüpfung der Eigenmarke mit der Unternehmensmarke des Händlers, der Retail-Brand (vgl. Morschett 2002, S. 107ff.), statt. Ein prominentes Beispiel für diese Entwicklung stellt das

Eigenmarkenkonzept der REWE Group dar. So nutzen die Eigenmarken der REWE Group die Unternehmensmarke als Dachmarke. Ein Beispiel ist die Eigenmarke „REWE Feine Welt". Eine weitere Tendenz ist die Herausbildung von Eigenmarken mit einem klaren Zusatznutzen (Mehrwert). Diese Eigenmarken sind nicht primär durch ihren Preiseinstiegscharakter gekennzeichnet, sondern in gewissen Bereichen klar profiliert und auf Grund ihres Zusatznutzens im Premiumsegment angesiedelt, sodass sie als Alternative für etablierte Markenprodukte anzusehen sind (vgl. PwC/H.I.MA. 2008, S. 18). Somit nehmen Handelsmarken einen exklusiven Charakter an und tragen verstärkt zur Profilierung des Unternehmens bei (Liebmann/Zentes/Swoboda 2008, S. 521; Zentes/Hilt 2007, S. 487 ff.). Als Beispiel kann wiederum die REWE Eigenmarke „REWE Feine Welt" angeführt werden. Weitere Profilierungsbereiche ergeben sich aus nachhaltigen Trends. Profilierte Eigenmarken finden sich etwa mit dem Zusatznutzen Bio bzw. Öko oder Gesundheit bzw. Wellness (vgl. Zentes/Morschett/Krebs 2008, S. 81ff.). Als Beispiel kann die REWE Eigenmarke „REWE Bio" genannt werden.

d)   Hohes Serviceniveau

Nach Einschätzung der befragten Unternehmen hat sich das Gesamtserviceniveau im Zeitverlauf von „Früher" bis „Heute" gesteigert. In diesem Zeitraum hat sich das Serviceniveau von 3,4 auf 3,7 erhöht (siehe Abbildung 32). Für die „Zukunft" sehen die Unternehmen weiteres, moderates Steigerungspotenzial auf einen Wert von 3,9.

Abbildung 32: Gesamtausprägung des Erfolgsfaktors „hohes Serviceniveau" im Zeitablauf

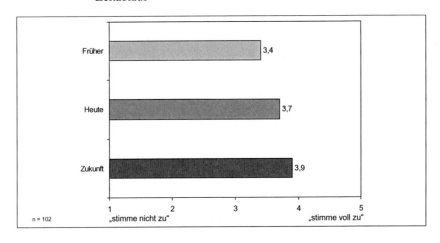

Hinsichtlich der drei in der standardisierten Befragung untersuchten Leistungs-bereiche zeigt sich ein unterschiedliches Bild. Klar im Fokus der befragten Un-ternehmen stehen die produktbezogenen und kundenbezogenen Serviceleistun-gen (siehe Abbildung 33). So haben die produktbezogenen Serviceleistungen von einem bereits überdurchschnittlichen Niveau von 3,6 im Zeitraum „Früher" deutlich auf 4,0 im Zeitraum „Heute" zugelegt. Eine ähnliche Tendenz zeigt sich bei den kundenbezogenen Serviceleistungen. Diese haben im selben Zeitraum ebenfalls von einem bereits sehr hohen Niveau von 4,1 im Zeitraum „Früher" mit einem Wert von 4,6 im Zeitraum „Heute" nahezu den Maximalwert erreicht. In „Zukunft" nähern sich die befragten Unternehmen diesem Maximalwert wei-ter an und erreichen ein Niveau von 4,7.

Eine eher untergeordnete Rolle spielen die konditionenbezogenen Serviceleis-tungen. Zwar konnte auch dieser Servicebereich im Zeitverlauf an Bedeutung gewinnen, allerdings, im Vergleich zu den produktbezogenen und kundenbezo-genen Serviceleistungen, auf einem deutlich niedrigeren Niveau im Zeitraum „Früher" in Höhe von 2,4 (siehe Abbildung 33). Auch in „Zukunft" wird ledig-lich ein Wert von 2,8 erreicht. Hier unterscheiden sich die in der Stichprobe ver-tretenen Fachhändler klar von den großen Filialisten, bei denen die tendenziell eher „anonymen", konditionenbezogenen Serviceleistungen oftmals im Mittel-punkt des Serviceangebots stehen.

Abbildung 33: Entwicklung unterschiedlicher Serviceleistungen im Zeitablauf

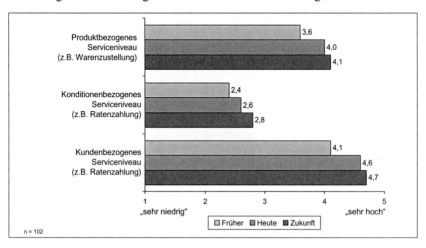

Grundsätzlich können der Ausbau des Serviceniveaus und insbesondere der Ausbau der produktbezogenen und kundenbezogenen Serviceleistungen als Gegenstrategie des mittelständischen Einzelhandels zu den aggressiven Preisstrategien von Filialisten und Discountern angesehen werden. Besonders prägnant ist hier die Bewertung der kundenbezogenen Serviceleistungen, so z.b. der Kundenberatung, ausgefallen (siehe Abbildung 33). So geben 65 % der Respondenten für die Phase „Heute" an, bereits über ein sehr hohes kundenbezogenes Serviceniveau (entspricht dem Maximalwert fünf) zu verfügen. In „Zukunft" planen 71 % der Unternehmen, ein sehr hohes kundenbezogenes Serviceniveau anzubieten.

e)   Gute Standorte

Nach Einschätzung der befragten Unternehmen hat sich die Standortqualität im Zeitvergleich von „Früher" auf „Heute" nicht wesentlich geändert und wird auch in Zukunft relativ stabil bleiben. So pendeln die Werte über alle drei Zeiträume hinweg betrachtet zwischen 3,8 und 3,9 (siehe Abbildung 34).

Abbildung 34: Gesamtausprägung des Erfolgsfaktors „guter Standort" im Zeitablauf

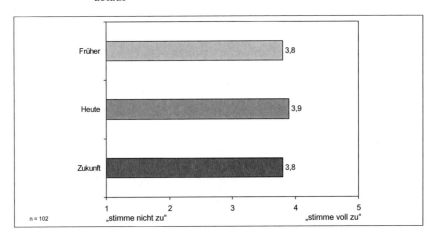

Diese Ergebnisse reflektieren die hohe Anzahl an standorttreuen Fachgeschäften in der Stichprobe. So geben 85 % der befragten Unternehmen an, ihrem Einzugsgebiet im Wesentlichen treu geblieben zu sein und nicht zwischen einem Standort in Agglomerations- (Shopping-Center, Fußgängerzone) bzw. Einzella-

48

ge gewechselt zu haben. Selbst viele der Unternehmen, die angeben über einen weniger guten Standort zu verfügen, scheuen sich oft auf Grund von emotionalen (z.B. Familientradition) oder finanziellen Gründen (z.B. hohe Kosten) vor einem Standortwechsel.

Die hohe Stabilität des Faktors Standorts zeigt sich auch in der detaillierten Analyse der einzelnen Fragebogenelemente (Items). So beträgt die Abweichung zwischen den Mittelwerten der einzelnen Zeiträume innerhalb eines Items jeweils nur maximal 0,1 Punkte (siehe Abbildung 35). Entsprechend hat sich keiner der Mittelwertunterschiede innerhalb eines Items als signifikant erwiesen.

Abbildung 35: Entwicklung der Standortqualität im Zeitablauf

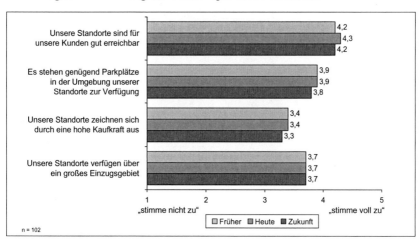

f)   Intensive Kooperationen

Horizontale bzw. vertikale Kooperationen sind seit jeher ein wesentlicher Aspekt im Geschäftsmodell der befragten Unternehmen. So geben 79 % der Respondenten an, bereits „Früher" zumindest einer horizontalen bzw. vertikalen Kooperation angehört zu haben. Bis „Heute" hat sich dieser Anteil auf 83 % erhöht und wird in „Zukunft" noch moderat auf 84 % steigen.

Bezüglich horizontaler Kooperation geben 53 % der Respondenten an, „Heute" einer horizontalen Einkaufskooperation mit anderen Einzelhändlern anzugehören. „Früher" waren es hingegen lediglich 37 %. In „Zukunft" wird der Anteil der Unternehmen mit einer horizontalen Einkaufskooperation leicht auf 49 % abnehmen. Trotz dieses leichten Rückgangs ist die Einkaufskooperation für alle

Zeitphasen die am häufigsten anzutreffende horizontale Kooperationsart (siehe Abbildung 36).

Abbildung 36: Horizontale Kooperationsarten im Zeitablauf

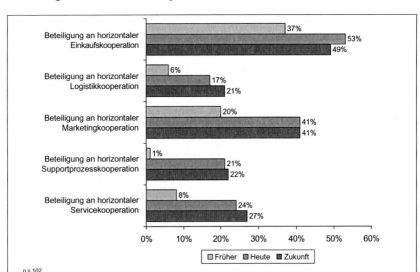

Während die Einkaufskooperation über alle Zeiträume hinweg die dominierende Kooperationsart dargestellt, gewinnen „Heute" auch andere Kooperationsbereiche massiv an Bedeutung. Zu nennen sind hier insbesondere die Bereiche Logistik, Marketing, Supportprozesse und Service, die alle massiv an Verbreitung zugelegt haben. So erreichen beispielsweise Marketingkooperationen „Heute" mit einem Anteil von 41 % bereits annähernd das Niveau von Einkaufskooperationen. Eine ähnlich prägnante Entwicklung zeigen Supportprozesskooperationen, die „Früher" gewissermaßen keine Rolle spielten, „Heute" allerdings eine höhere Verbreitung haben als beispielsweise Logistikkooperationen.

In allen „neuen" Bereichen wird nach Einschätzung der befragten Unternehmen auch in „Zukunft" ein verstärktes, bzw. bezüglich der Marketingkooperation gleich bleibendes Ausmaß an Kooperation vorzufinden sein. Damit verfolgen die „neuen" Kooperationsbereiche einen gegenläufigen Trend zur Einkaufskooperation, die in „Zukunft" etwas an Verbreitung verlieren wird.

Zusammenfassend kann demnach festgehalten werden, dass Unternehmen bereits „Heute" zunehmend Kooperationsarten jenseits der Einkaufskooperation umsetzen. Frank Albrecht, Geschäftsführer der Parfümerie Albrecht in Frankfurt a.m., bestätigt diese Einschätzung: „Jemand, der keine Kooperation nutzt, hat keine große Zukunft".

Neben dem stärkeren Ausmaß an horizontaler Kooperation zeigt sich in der Untersuchung auch eine verstärkte vertikale Kooperation zwischen Einzelhandelsunternehmen und vorgelagerten Wertschöpfungsstufen, so insbesondere mit Großhändlern und Industrieunternehmen. Das Ausmaß an vertikaler Kooperation ist allerdings insgesamt etwas geringer ausgeprägt als das Ausmaß an horizontaler Kooperation (siehe Abbildung 37).

Abbildung 37: Vertikale Kooperationsarten im Zeitablauf

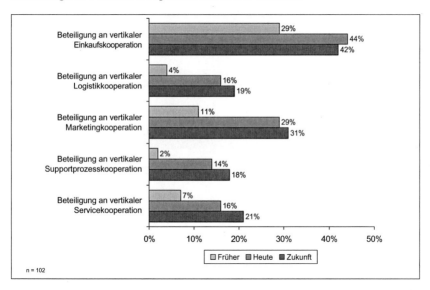

Auch bei dieser Kooperationsrichtung ist die Einkaufskooperation über alle Zeitphasen hinweg der dominierende Kooperationstyp, verliert aber, vergleichbar mit der horizontalen Variante, in „Zukunft" leicht an Bedeutung. Ebenfalls analog zur horizontalen Variante ist mit einer Verstärkung der Kooperationsaktivitäten in den nachgelagerten Kooperationsbereichen, die allesamt an Bedeutung gewonnen haben, zu rechnen. Besonders prägnant sind die Steigerungsraten bei der Marketingkooperation, die „Früher" von lediglich 11 % der befragten Unternehmen eingesetzt wurde, im Zeitraum „Heute" dagegen von 29 % der Respondenten eingesetzt wird. Eine ähnlich exponentielle Entwicklung im besagten Zeitraum zeigen auch die Logistik-, Supportprozess-, und Servicekooperation.

Neben dem Ausmaß an Kooperation hat sich im Zeitablauf auch die Intensität der Beziehung mit den beteiligten Partnern deutlich erhöht. So wurde die Kooperationsintensität von den befragten Unternehmen von „Früher" bis „Heute" deutlich von 3,6 auf 4,2 gesteigert (siehe Abbildung 38).

Abbildung 38: Gesamtausprägung des Erfolgsfaktors „intensive Kooperationen" im Zeitablauf

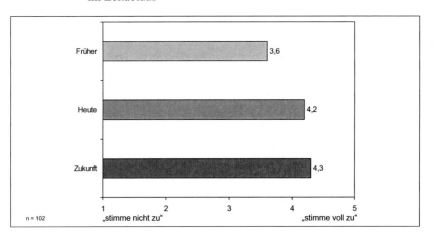

Im Detail betrachtet arbeiten die Unternehmen „Heute" im Vergleich zu „Früher" enger, langfristiger sowie zielgerichteter mit den Kooperationspartnern zusammen (siehe Abbildung 39). Bezüglich der Enge der Zusammenarbeit erreichen die befragten Unternehmen im Zeitraum „Früher" ein mittleres Niveau von 3,4. Dieses Verhältnis wurde für den Zeitraum „Heute" deutlich auf den Wert 4,0 ausgebaut. Ein ähnlicher Verlauf zeigt sich hinsichtlich der zeitlichen Perspektive der Kooperation. So arbeiten die Unternehmen verstärkt langfristig mit den Kooperationspartnern zusammen. Letztlich fällt die Zusammenarbeit „Heute", im Vergleich zu „Früher", auch deutlich zielgerichteter aus. So hat sich das Niveau des entsprechenden Items von 3,6 auf 4,2 deutlich erhöht.

Die Beziehungen sollen dabei in „Zukunft" weiter moderat intensiviert werden (siehe Abbildung 38). So wollen die befragten Unternehmen insbesondere versuchen, in „Zukunft" nochmals zielgerichteter mit den Kooperationspartnern zusammenzuarbeiten.

Abbildung 39: Entwicklung der Kooperationsintensität im Zeitablauf

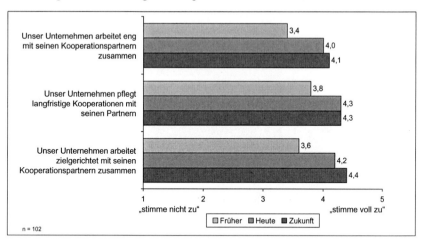

n = 102

Zusammengefasst zeigt sich im Zeitverlauf sowohl eine intensivere als auch umfangreichere Kooperation über mehrere Kooperationsbereiche hinweg. Diese Entwicklung kann, in Verbindung mit dem Ausbau des Serviceniveaus, als Antwort des mittelständischen Einzelhandels auf den immer intensiver werdenden Wettbewerb mit großen Filialisten und Konzernen betrachtet werden.

g) Vernetzte Führungskräfte

Hinsichtlich des Führungsstils lässt sich im Zeitverlauf ein klarer Trend festhalten. So waren im Zeitraum „Früher" mehr als 70 % der befragten Unternehmen durch einen eher autoritären bzw. patriarchalisch geprägten Führungsstil gekennzeichnet (siehe Abbildung 40). Beide Führungsstile zeichnen sich primär dadurch aus, dass Entscheidungen von oben nach unten („top-down") getroffen werden, d.h., der Großteil der unternehmensbezogenen Entscheidungen wird direkt vom Geschäftsführer bzw. Inhaber getroffen. Die Entscheidung wird den Mitarbeitern anschließend lediglich kommuniziert. Gegenargumente der Mitarbeiter werden in der Regel nicht berücksichtigt. „Heute" sind die Unternehmen dagegen zu fast 80 % durch einen konsultativen bzw. partizipativen Führungsstil geprägt (siehe Abbildung 40). Viele Entscheidungen werden hier unter Einbeziehung sämtlicher Mitarbeiter im Team erarbeitet und nur die wichtigsten strategischen Entscheidungen „von oben herab" getroffen, d.h., der Geschäftsführer bzw. Inhaber bindet seine Mitarbeiter aktiv in die Entscheidungsfindung mit ein.

Abbildung 40: Führungsstile im Zeitablauf

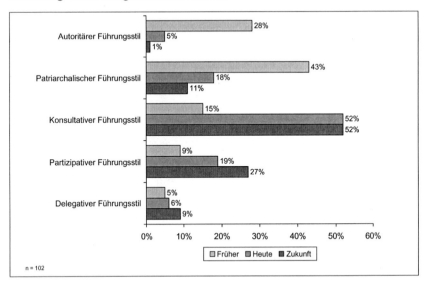

n = 102

Im Zeitverlauf hat also gewissermaßen eine Art „Demokratisierungsprozess" stattgefunden, der sich nach Einschätzung der befragten Unternehmen in „Zukunft" weiter fortsetzen wird. So wird beispielsweise ein autoritärer Führungsstil im besagten Zeitraum nur noch von 1 % der befragten Unternehmen gesehen. Ein delegativer Führungsstil, bei dem der Geschäftsführer eher die Rahmenbedingungen setzt bzw. eine Koordinationsfunktion einnimmt, und die Mitarbeiter für die eigentliche Problemlösung verantwortlich sind, wird dagegen von 9 % der Unternehmen angestrebt.

Neben den Mitarbeitern werden auch zunehmend unternehmensexterne Berater, z.B. Anbieter von Seminarveranstaltungen oder Marketingberater, zumindest indirekt in die Entscheidungsfindungsprozesse der Unternehmen eingebunden. So geben 44 % der befragten Unternehmen an, „Früher" nie auf externe Berater zurückgegriffen zu haben (siehe Abbildung 41). „Heute" hat sich dieser Anteil auf 29 % reduziert. Gleichzeitig stieg im selben Zeitraum der Anteil der Unternehmen, die häufig auf die Dienste von Unternehmensberatern zurückgreifen, von 12 % auf 27 %. In „Zukunft" wird der Anteil der beratungsaffinen Unternehmen nach Einschätzung der befragten Unternehmen weiter auf 32 % ansteigen. Der Anteil derer, die gelegentlich auf Berater zurückgreifen, bleibt im Zeitverlauf dagegen vergleichsweise konstant bei rund 40 %.

Abbildung 41: Einsatz von externen Unternehmensberatern im Zeitablauf

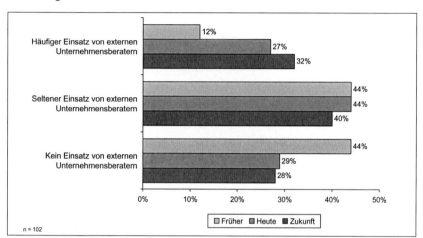

n = 102

Mitverantwortlich für diese Trends ist u.a. der in vielen mittelständischen Einzelhandelsbetrieben bereits durchgeführte, bzw. zumindest geplante und eingeleitete, Generationenwechsel. So werden viele der an der Untersuchung beteiligten Unternehmen bereits in der zweiten oder dritten Generation von derselben Inhaberfamilie geführt. Mit dem Wechsel an der Unternehmensspitze geht häufig auch ein Wandel in der Führungskultur des Unternehmens einher. Die neue Führungskultur kann dabei durchaus gewollt und dementsprechend aktiv vorangetrieben, oder aber auch als „notwendiges Übel" in Kauf genommen werden. So mag der neue Geschäftsführer das notwendige Allgemein- bzw. Fachwissen besitzen sowie über die notwendigen technischen Fähigkeiten verfügen, oftmals mangelt es dem „Junior" allerdings noch an der für diesen Führungsstil sprichwörtlich notwendigen Autorität im Unternehmen. Ist die Autorität des Vorgesetzten unter den Mitarbeitern nicht gewährleistet bzw. wird die Autorität des Vorgesetzten angezweifelt, hat dies in der Regel negative Konsequenzen für das gesamte Arbeitsumfeld. Eine neue Führungskultur wird damit gewissermaßen erzwungen.

Hinsichtlich der Führungskräfte, als zweiter wesentlicher Baustein des Erfolgsfaktors „Führung", wird in der vorliegenden Studie deren Vernetzungsgrad mit internen Kollegen und externen Partnern gemessen. Als Ergebnis lässt sich festhalten, dass der Vernetzungsgrad der Führungskräfte im Zeitablauf insgesamt deutlich, von einem mittleren Niveau von 3,2 im Zeitraum „Früher", auf einen

Wert von 3,7 im Zeitraum „Heute", zugenommen hat. Für die Zukunft wird eine weitere Steigerung auf einen Wert von 3,9 antizipiert (siehe Abbildung 42).

Abbildung 42: Gesamtausprägung des Erfolgsfaktors „vernetzte Führungskräfte" im Zeitablauf

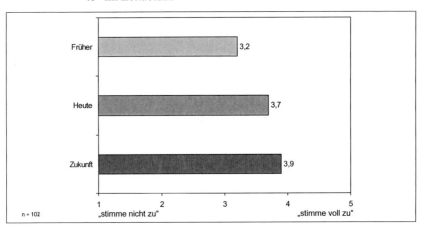

Im Detail zeigt sich, dass sowohl ein intensiverer Austausch zwischen Führungskräften im Unternehmen als auch mit externen Partnern stattfindet (siehe Abbildung 43).

Abbildung 43: Interne und externe Vernetzung der Führungskräfte im Zeitablauf

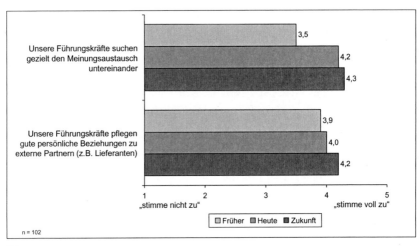

Insbesondere ausgeweitet hat sich im Vergleich zu „Früher" der Meinungsaustausch von Führungskräften untereinander. So hat sich das Ausmaß interner Kommunikation massiv auf einen Wert von 4,2 ausgeweitet und soll in Zukunft noch moderat auf 4,3 zunehmen (siehe Abbildung 43). Dies kann als direkte Folge des „Heute" eher partizipativ orientierten Führungsstils angesehen werden. Auch die Beziehungsqualität zu externen Partnern hat von einem bereits hohen Niveau im Zeitraum „Früher" im Zeitverlauf nochmals moderat zugenommen.

Zum Knüpfen von neuen bzw. zum Auffrischen bestehender Kontakte nutzen die Führungskräfte in den befragten Unternehmen primär Fachveranstaltungen wie Tagungen und Kongresse. Das Gesamtniveau verbleibt allerdings mit einem Wert von 3,4 für den Zeitraum „Heute" bzw. 3,6 für den Zeitraum „Zukunft" auf einem eher mittleren Niveau (siehe Abbildung 44). Auch reale (z.B. Alumni-Treffen) bzw. virtuelle (z.B. „Xing") Netzwerkplattformen werden zwar zunehmend als Mittel zur Kontaktakquise eingesetzt, finden aber, mit einem Wert von 3,0 für den Zeitraum „Heute" bzw. 3,2 für den Zeitraum „Zukunft", ebenso allenfalls mittleren Anklang.

Abbildung 44: Methoden der Kontaktakquise im Zeitablauf

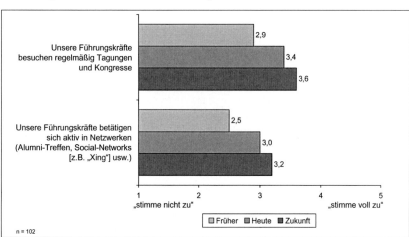

Zusammengefasst zeigt die Untersuchung hinsichtlich des Vernetzungsgrades von Führungskräften des mittelständischen Einzelhandels allerdings dennoch, dass der Megatrend „Networking" auch hier angekommen ist. Als Treiber dieser

Entwicklung können insbesondere moderne Informations- und Kommunikationstechnologien angesehen werden, so z.B. das Internet.

h) Flexible Organisation

Nach Einschätzung der befragten Unternehmen kennzeichnen sich die Organisationsstrukturen zeitraumübergreifend durch eine sehr hohe Flexibilität. Ursächlich hierfür sind insbesondere die geringe Anzahl unterschiedlicher Hierarchieebenen in den Unternehmen sowie die damit einhergehenden sehr straffen Organisationsstrukturen. Insgesamt operieren mehr als 90 % der befragten Unternehmen über alle Zeiträume hinweg mit lediglich drei oder weniger Hierarchieebenen. Dies ist wiederum primär auf die hohe Anzahl an mittelständischen Unternehmen in der Stichprobe zurückzuführen.

Gesamthaft bewegt sich der Faktor Organisation auf einem sehr stabilen Niveau. Über alle Erfolgsfaktoren hinweg zeigt der Erfolgsfaktor die wertmäßig höchste Gesamtausprägung. So wurde im Zeitraum „Früher" bereits ein extrem hoher Wert für die Organisationsflexibilität von 4,5 erreicht. Im Zeitraum „Heute" hat sich diese nach Einschätzung der befragten Unternehmen auf einen Wert von 4,4 etwas verringert, erreicht in „Zukunft" allerdings wieder ein höheres Niveau von 4,6 (siehe Abbildung 45).

Abbildung 45: Gesamtausprägung des Erfolgsfaktors „flexible Organisation" im Zeitablauf

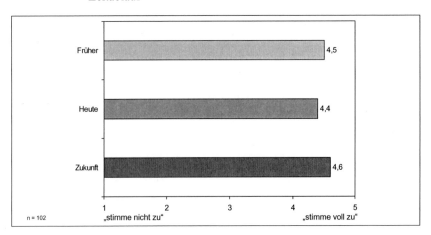

Im Detail betrachtet, ermöglicht die Organisation der befragten Unternehmen sowohl eine sehr schnelle Entscheidungsfindung als auch eine schnelle Reaktionsgeschwindigkeit, d.h. eine hohe Anpassungsfähigkeit an sich verändernde wirtschaftliche oder politische Rahmenbedingungen, beispielsweise im Fall von Wirtschaftsauf- oder -abschwüngen (siehe Abbildung 46).

Abbildung 46: Flexibilität der Organisationsstruktur im Zeitablauf

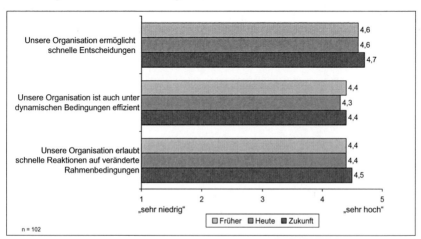

Vergleichbar mit dem Faktor „Standort" sind die Unterschiede innerhalb der einzelnen Items marginal. So beträgt die Abweichung zwischen den Mittelwerten der einzelnen Zeiträume innerhalb eines der Fragebogenelemente des Faktors jeweils nur 0,1 Punkte (siehe Abbildung 46). Entsprechend hat sich keiner der Mittelwertunterschiede innerhalb eines Items als signifikant erwiesen.

i)   Hohe Innovativität

Die befragten Unternehmen geben an, dass sie sich im Zeitablauf zunehmend zu innovativeren Unternehmen gewandelt haben. Besonders ausgeprägt ist der Anstieg der Innovationsleistung von „Früher" auf „Heute". So wurde im Zeitraum „Früher" lediglich ein mittlerer Wert von 3,1 erreicht (siehe Abbildung 47). Im Zeitraum „Heute" hat die Gesamtausprägung höchst signifikant auf einen Wert von 3,8 zugenommen. Auch für die „Zukunft" sehen die Unternehmen noch ein moderates Steigerungspotenzial auf einen Wert von 4,0.

Abbildung 47: Gesamtausprägung des Erfolgsfaktors „ hohe Innovativität" im Zeitablauf

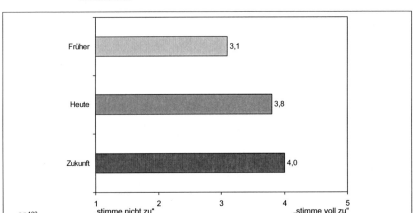

Differenziert betrachtet zeigt sich, dass die Unternehmen verstärkt dazu bereit sind, auch die notwendigen Rahmenbedingungen für eine aktive Innovationskultur zu bieten. Die befragten Unternehmen geben an, „Heute" weitaus regelmäßiger als „Früher" neue Ideen und Konzepte zu entwickeln. So hat sich der Wert des entsprechenden Items von 3,0 auf 3,8 erhöht und wird in „Zukunft" noch auf 4,2 steigen (siehe Abbildung 48).

Abbildung 48: Entwicklung der Rahmenbedingungen für Innovationen im Zeitablauf

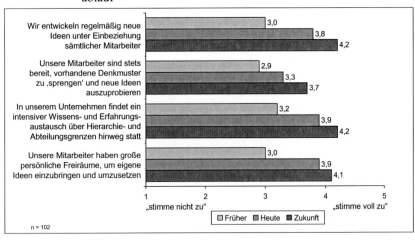

Entsprechend sind die Mitarbeiter der befragten Unternehmen auch zunehmend bereit, vorhandene Denkmuster zu sprengen und sich aktiv am Ideenfindungsprozess zu beteiligen. In diesem Kontext hat der eher unterdurchschnittliche Wert von 2,9 für den Zeitraum „Früher" auf 3,3 für den Zeitraum „Heute" zugenommen. Auch für die „Zukunft" erwarten die befragten Unternehmen eine zunehmende Offenheit und Innovationsfreudigkeit der Mitarbeiter.

Dabei legen die Unternehmen auch verstärkt Wert darauf, alle Mitarbeiter in die Ideenfindung miteinzubinden, um sich die Kreativität sowie das Spezialwissen der Mitarbeiter zu Nutze zu machen. Somit findet „Heute" mit einem Wert von 3,9 ein wesentlich ausgeprägterer Wissens- und Erfahrungsaustausch über Hierarchie- und Abteilungsgrenzen hinweg statt als „Früher" (siehe Abbildung 48). In „Zukunft" werden die Hierarchiegrenzen nach Einschätzung der befragten Unternehmen weiter verschwimmen und ein Wert von 4,2 erreicht werden.

Zusammenfassend lässt sich festhalten, dass Innovationen im Einzelhandel „Heute" nicht mehr das Ergebnis von „Geistesblitzen" eines Einzelnen sind. Vielmehr entstehen neue Ideen und Konzepte durch gegenseitige Inspiration in interdisziplinären Teams. Als Voraussetzung hierfür räumen die befragten Unternehmen ihren Mitarbeitern „Heute" deutlich mehr Freiraum zur Verwirklichung eigener Ideen ein. So hat sich der Wert des entsprechenden Items von 3,0 auf 3,9 erhöht und wird in Zukunft weiter auf 4,1 steigen (siehe Abbildung 48).

Der stärkere Einbezug der Mitarbeiter in die Innovationsprozesse im Unternehmen kann als Folge des eher konsultativ- bzw. partizipativ-orientierten Führungsstils, den viele der befragten Unternehmen im Zeitraum „Heute" verfolgen, angesehen werden. Dieser demokratische Führungsstil trägt nach Meinung zahlreicher Interviewpartner der exploratorischen Befragung wesentlich zu einer innovationsförderlichen Unternehmenskultur bei.

Als die größten Innovationshemmnisse, mit denen Einzelhandelsunternehmen konfrontiert sind, wurden im Rahmen der exploratorischen Befragung primär mangelnde personelle und zeitliche Ressourcen genannt. Auch hohe finanzielle Belastungen für die Realisierung von Innovationen, so z.B. für die Entwicklung, Umsetzung und Einführung von Eigenmarken, wurden als wesentliche Innovationshindernisse genannt. Viele Unternehmen sind deshalb oftmals nicht in der Lage, vorhandene Ideen in marktfähige Innovationen umzusetzen (vgl. PwC/H.I.Ma. 2008, S. 43).

j) Strategische Unternehmensführung

Nach Einschätzung der befragten Unternehmen werden Unternehmensaktivitäten in zunehmendem Maße strategisch gesteuert. Insbesondere in der Zeitspanne von „Früher" bis „Heute" hat das Ausmaß an strategisch orientierter Unternehmensführung deutlich zugenommen und es wird erwartet, dass dieses Ausmaß in „Zukunft" weiter auf einen Wert von 3,8 steigen wird (siehe Abbildung 49).

Abbildung 49: Gesamtausprägung des Erfolgsfaktors „strategische Unternehmensführung" im Zeitablauf

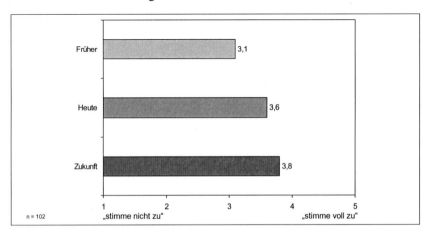

Die Untersuchung zeigt, dass mittelständische Einzelhandelsbetriebe, vor dem Hintergrund der steigenden Wettbewerbsintensität in der Wettbewerbsarena des Einzelhandels sowie knapper Ressourcen, ihre Unternehmensaktivitäten zunehmend strategisch hinterfragen. Deutlich wird dies insbesondere bei der Analyse der Unternehmenssteuerung. So geben 53 % der Respondenten an, das Unternehmen „Früher" in erster Linie intuitiv, auf Basis von Erfahrungswerten, gesteuert zu haben (siehe Abbildung 50). Lediglich 4 % haben die Steuerung des Unternehmens primär auf Kennzahlen basieren lassen. Rund 43 % der befragten Unternehmen nutzten eine Kombination aus Erfahrungswerten und Kennzahlen. „Heute" verlassen sich dagegen nur noch 14 % der Befragten primär auf das Bauchgefühl. In „Zukunft" wird dieser Anteil weiter auf 7 % sinken. In erster Linie wird sowohl „Heute" als auch in „Zukunft" eine Kombination aus Erfahrungswerten und Kennzahlen zur Steuerung des Unternehmens eingesetzt. Zusammengefasst zeigt sich hinsichtlich der Unternehmensführung im mittelständischen Einzelhandel eine Professionalisierungstendenz hin zu einer eher faktenbasierten und strategisch ausgerichteten Unternehmenssteuerung.

Abbildung 50: Methoden der Unternehmenssteuerung im Zeitablauf

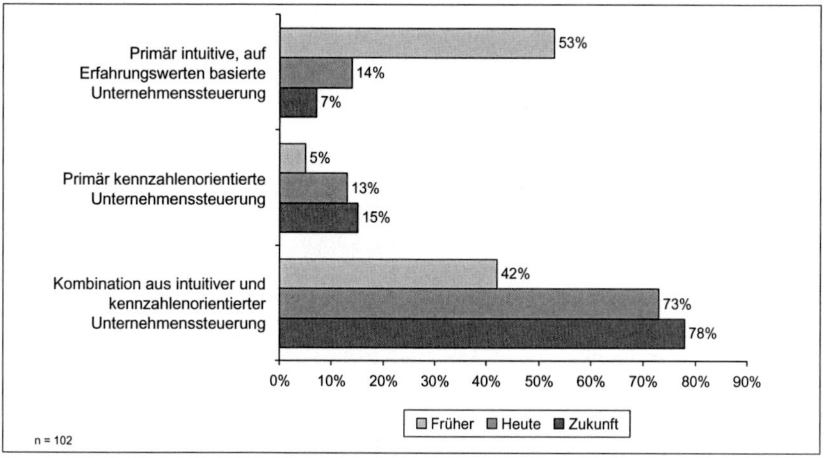

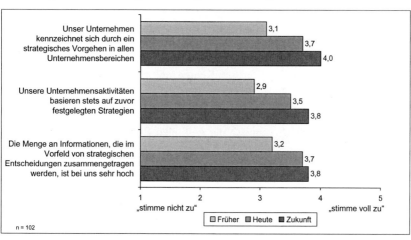

Die befragten Unternehmen kennzeichnen sich dabei auch durch ein verstärktes strategisches Vorgehen über mehrere Unternehmensbereiche hinweg (siehe Abbildung 51).

Abbildung 51: Entwicklung der Strategieorientierung im Zeitablauf

63

Der Wert des entsprechenden Items hat sich von 3,1 auf 3,7 erhöht und wird in Zukunft auf 4,0 steigen. Ein strategisches Vorgehen ist also nicht nur auf die oberste Hierarchieebene in Einzelhandelsunternehmen beschränkt, sondern erstreckt sich auch auf eher operative Unternehmensbereiche, wie z.B. die Logistik. So ist die in der vorliegenden Untersuchung bereits aufgezeigte, verstärke Bildung von strategischen Allianzen in Kooperationsbereichen jenseits der „klassischen" Einkaufskooperation als Beleg für die zunehmende strategische Ausrichtung verschiedener Unternehmensbereiche zu werten.

Entsprechend basieren die Unternehmensaktivitäten „Heute" auch im zunehmenden Maße auf zuvor festgelegten Strategien. Während dies „Früher" mit einem Wert von 2,9 eher eingeschränkt der Fall war, hat sich die Strategieorientierung im Zeitraum „Heute" auf ein mittleres Niveau von 3,5 gesteigert und wird in Zukunft weiter auf einen Wert von 3,8 zunehmen (siehe Abbildung 51).

Strategische Unternehmensführung hängt dabei in hohem Maße von der Verfügbarkeit, Passgenauigkeit und Zuverlässigkeit von Informationen ab. Voraussetzung für eine effektive strategische Unternehmensteuerung ist demnach die Sammlung und Verdichtung von unternehmensinternen und externen Daten. „Heute" sind die befragten Unternehmen mit einem Wert von 3,7 im Vergleich zu „Früher" verstärkt bereit, entsprechende Ressourcen einzusetzen, um so die Entscheidungsqualität zu erhöhen (siehe Abbildung 51).

3. Analyse der Einflussstärke der Erfolgsfaktoren auf den Unternehmenserfolg

Während im vorherigen Abschnitt die Entwicklung und Ausprägung der Erfolgsfaktoren im Zeitablauf beschrieben wurde, hat der folgende Abschnitt das Ziel, die identifizierten Erfolgsfaktoren hinsichtlich ihres Beitrags zum Unternehmenserfolg im Zeitraum „Heute" zu untersuchen (Analyseschritt C). Methodisch basiert dieser Analyseschritt auf einer multiplen Regressionsanalyse mit dem Unternehmenserfolg als Regressand und den Erfolgsfaktoren als Regressoren.

Abbildung 52 fasst die Ergebnisse der multiplen Regression für den Zeitraum „Heute" zusammen. Die Abfolge der Erfolgsfaktoren in Abbildung 52 entspricht dabei deren Abfragereihenfolge in der standardisierten Befragung.

Abbildung 52: Einfluss der Erfolgsfaktoren: „Heute"

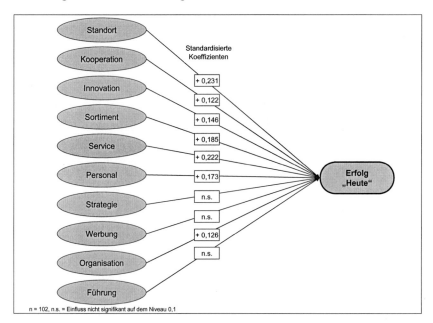

n = 102, n.s. = Einfluss nicht signifikant auf dem Niveau 0,1

Als ein Ergebnis der Regression kann zunächst festgehalten werden, dass keiner der identifizierten Erfolgsfaktoren einen negativen standardisierten Regressionskoeffizienten aufweist, d.h., keiner der Faktoren hat einen negativen Einfluss auf den Unternehmenserfolg. Vielmehr konnte bei sieben Faktoren ein positiver Zusammenhang ausgemacht werden. Bei drei Faktoren (Strategie, Werbung und Führung) konnte kein signifikanter Zusammenhang festgestellt werden, d.h., es kann nicht ausgeschlossen werden, dass die Ergebnisse rein zufällig zustande gekommen sind. Bemerkenswert ist dieses Ergebnis insbesondere hinsichtlich des Faktors „Werbung", der zusammen mit dem Faktor „Personal" in der exploratorischen Befragung den meistgenannten Erfolgsfaktor darstellt (siehe Abbildung 20). Es kann festgehalten werden, dass Werbung, entgegen der Einschätzung vieler Unternehmensvertreter, kein eindeutiges Differenzierungskriterium für Einzelhandelsunternehmen darstellt. Klassische Werbung gehört vielmehr zum Standardrepertoire von Einzelhandelsunternehmen und kann nicht als Unterscheidungsmerkmal von erfolgreichen und weniger erfolgreichen Akteuren herangezogen werden.

Aus der permanenten Konfrontation mit Werbeinhalten resultiert vielmehr das wirkungslose Verpuffen vieler Werbemaßnahmen bzw. die zunehmende Verärgerung der Konsumenten (Reaktanz) (vgl. Schweiger 2007, S. 47). Als Werbeträger mit dem höchsten Störfaktor sind in diesem Zusammenhang das Mobiltelefon sowie das Internet zu nennen (siehe Abbildung 53).

Abbildung 53: Werbeträger als Störfaktor

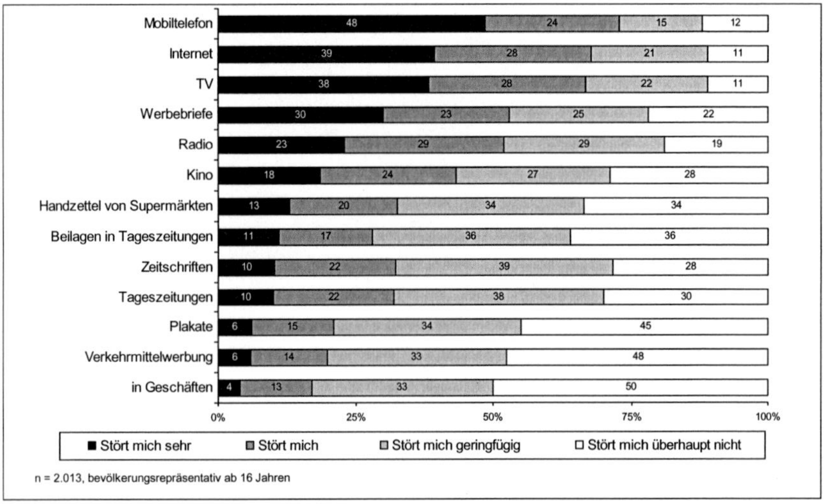

Quelle: in Anlehnung an IMAS (2008).

Auch für den Faktor „Strategie" konnte kein eindeutiger Zusammenhang mit dem Unternehmenserfolg nachgewiesen werden. So ist „Heute" nach wie vor zum einen ein nicht unerheblicher Prozentsatz der befragten Unternehmen durch „Macher" gekennzeichnet, die strategische Entscheidungen häufig „aus dem Bauch heraus", d.h. intuitiv richtig treffen, und damit sehr erfolgreich am Markt agieren (siehe Abbildung 50). Zum anderen existieren in der Stichprobe Unternehmen, die trotz eines sehr strategischen Vorgehens nicht nachweislich erfolgreich am Markt operieren. Ein wesentlicher Grund hierfür ist, dass die Unternehmen, bzw. die Geschäftsführer oder Inhaber, Entscheidungen oftmals auf Basis fehlerhafter bzw. wenig zuverlässiger Hintergrundinformationen treffen.

Hinsichtlich des Faktors „Führung" hat sich keiner der Führungsstile als eindeutig überlegen erwiesen. Einerseits existieren im Zeitraum „Heute" nach wie vor einige sehr erfolgreiche autoritär bzw. patriarchalisch geführte Unternehmen, daneben existieren aber auch zahlreiche sehr erfolgreiche Unternehmen, die durch einen konsultativen bzw. partizipativen Führungsstil geprägt sind. Ein signifikanter Zusammenhang zwischen dem Führungsstil und dem Unternehmenserfolg konnte damit nicht nachgewiesen werden. Darüber hinaus konnte auch keine signifikante Beziehung zwischen der Vernetztheit der Führungskräfte und dem Unternehmenserfolg festgestellt werden. Dies zeigt, dass die Aussage „gut vernetzt zu sein" per se keinen Erfolgsgarant darstellt. Vielmehr sollten Einzelhändler darauf ausgerichtet sein, wirtschaftlichen Nutzen aus bestehenden und neuen Beziehungen zu ziehen und nicht nur den Kontakt als solchen als Erfolg zu werten.

Hinsichtlich der Faktoren Standort, Kooperation, Innovation, Sortiment, Service, Personal und Organisation konnte in der vorliegenden Untersuchung hingegen ein positiver Zusammenhang mit dem Unternehmenserfolg festgestellt werden. Aus der eher geringen Schwankungsbreite der standardisierten Regressionskoeffizienten – so liegt der höchste Wert bei 0,231 (Standort) und der geringste Wert immer noch bei 0,122 (Kooperation) – kann gefolgert werden, dass alle signifikanten Erfolgsfaktoren auch einen wesentlichen Erfolgsbeitrag liefern. Neben dem Standort hat der Service in der vorliegenden Untersuchung die höchste Einflussstärke auf den Unternehmenserfolg. Eine hohe Bedeutung kommt darüber hinaus den Faktoren Sortiment und Personal zu. Durch einen mittleren Einfluss sind die Faktoren Innovation, Organisation und Kooperation geprägt (siehe Abbildung 52).

Die „Ausnahmebedeutung" des Standorts spiegelt die hohe Anzahl an Fachgeschäften in der Stichprobe wider, deren unternehmerische Tätigkeit oftmals auf nur eine Verkaufsstelle beschränkt und deren Erfolg damit auf das Engste mit dem Standort dieser Verkaufsstelle verknüpft ist. Die prägnante Aussage von Frank Albrecht, Geschäftsführer der Parfümerie Albrecht in Frankfurt a.M., wonach der Standort „Alles" für ein Einzelhandelsgeschäft ist, kann demnach, vor dem Hintergrund der Ergebnisse der standardisierten Befragung, mit Einschränkungen, durchaus zugestimmt werden.

Neben dem Standort hat sich der Faktor „Service" als zweites wesentliches Standbein für erfolgreiche Einzelhandelsunternehmen in der vorliegenden Untersuchung erwiesen (siehe Abbildung 52). Besonders erfolgreiche Unternehmen kennzeichnen sich durch ein gut ausbalanciertes Servicebündel aus produkt-, konditionen- und kundenbezogenen Services, und weniger durch die Fokussierung auf nur eine oder zwei extrem umfangreiche Servicebausteine.

Auch die Faktoren Personal und Sortiment können zu den wichtigsten Erfolgsfaktoren gezählt werden (siehe Abbildung 52). Die hohe Relevanz beider Faktoren konnte bereits in der exploratorischen Befragung identifiziert werden. In der Anzahl der Nennungen liegt der Faktor „Personal" auf Platz 1 und der Faktor „Sortiment" auf Platz 3. Der Service und gerade die Qualität des kundenbezogenen Serviceniveaus sind naturgemäß sehr eng mit dem Erfolgsfaktor „Personal" verknüpft. So setzt ein überdurchschnittliches Serviceniveau in erster Linie eine hohe Mitarbeiterqualifikation und -motivation voraus. Die Faktoren Personal und Service sind deshalb nicht als komplett unabhängig voneinander zu betrachten.

Die Bedeutung eines qualifizierten Personals ist auch in der Literatur unbestritten. So bezeichnet Zentes (2005, S. 29) „Mitarbeiter als die eigentliche Quelle der Exzellenz". Darüber hinaus identifizieren Liebmann/Angerer/Gruber (2003, S. 155) die Mitarbeiter in Krisenzeiten als klare Stärke von Krisengewinnern: „Gerade in Krisenzeiten zeigt sich ganz besonders, wie fit die Mitarbeiter für diese besonderen Herausforderungen sind. Stärkerer persönlicher Einsatz, um Ziele doch noch zu erreichen, oder eine Persönlichkeit, die konstruktiv mit Veränderungen umgehen kann, sind nur zwei Merkmale, die von hoher Bedeutung für die Krisenbewältigung von Unternehmen sein können."

Hinsichtlich des Erfolgsfaktors „Sortiment" lassen sich gewisse Parallelen zum Faktor Service ziehen. Auch beim Sortiment kennzeichnen sich besonders erfolgreiche Unternehmen durch eine gut ausbalancierte Sortimentsleistung. Diese Unternehmen fokussieren nicht primär auf eine sehr hohe Sortimentsbreite oder Sortimentstiefe, sondern bieten eine überdurchschnittliche Leistung in beiden Bereichen. Eine Ausnahmestellung nimmt hier der Aspekt der Produktqualität ein. So bieten die erfolgreichsten Unternehmen eine kompromisslos hohe Produktqualität. Dies legt den Schluss nahe, dass Konsumenten zum Teil bereit sind, Abstriche bei der Sortimentstiefe bzw. Sortimentsbreite zu machen, jedoch unter keinen Umständen bei der Produktqualität. Dies gilt insbesondere auch im Hinblick auf Eigenmarken.

Auch hinsichtlich der Faktoren Innovation, Organisation und Kooperation konnte ein eindeutig positiver, wenn auch etwas weniger bedeutsamer, Zusammenhang mit dem Unternehmenserfolg festgestellt werden (siehe Abbildung 52). So zeichnen sich besonders erfolgreiche Unternehmen vor allem dadurch aus, regelmäßig neue Ideen zu entwickeln und Mitarbeitern die dafür notwendigen Freiheiten einzuräumen, d.h., die notwendigen Rahmenbedingungen für eine aktive Innovationsatmosphäre zu schaffen. Innovationsleistungen sind in diesen Unternehmen keine „Eintagsfliegen", sondern Resultate eines aktiven Innovationsmanagements. In der Untersuchung bestätigte sich vor diesem Hintergrund auch der positive Erfolgsbeitrag eines aktiven Wissens- und Erfahrungsaustauschs über Hierarchie- und Abteilungsgrenzen hinweg.

Obwohl die Flexibilität der „Organisation" stichprobenübergreifend von den befragten Unternehmen durchgehend als sehr hoch eingeschätzt wird (siehe Abbildung 46), kennzeichnen sich die Organisationsstrukturen in überdurchschnittlich erfolgreichen Unternehmen nochmals in besonderem Maße dadurch, dass sie sehr schnelle Entscheidungen und gerade in Krisenzeiten schnelle Reaktionen ermöglichen.

Hinsichtlich des Faktors „Kooperation" zeichnen sich besonders erfolgreiche Unternehmen nicht notwendigerweise durch eine besonders enge bzw. langfristige Zusammenarbeit mit den Kooperationspartnern aus, sondern vielmehr durch eine sehr zielgerichtete Zusammenarbeit. Das Kooperationsverständnis in diesen Unternehmen lässt sich am ehesten mit Kooperation als „Mittel zum Zweck" beschreiben. Dieser Grundsatz zeigt sich sowohl bei horizontalen als auch bei vertikalen Kooperationen.

4. Entwicklung der Einflussstärke der Erfolgsfaktoren auf den Unternehmenserfolg

Analog zum Vorgehen für den Zeitraum „Heute" wurden die Top-10 Erfolgsfaktoren der exploratorischen Befragung auch für die Phase „Früher" mittels multipler Regression hinsichtlich ihres Beitrags zum Unternehmenserfolg untersucht. Als Regressand wurde die operationalisierte Erfolgsvariable „Erfolg-Früher" verwendet (siehe Abschnitt C. II. 2. b) des ersten Kapitels). Als Regressoren dienten wiederum die Erfolgsfaktoren. Die Werte für die Erfolgsfaktoren ergeben sich entsprechend aus der durchschnittlichen Bewertung des jeweiligen Faktors („Gesamtausprägung") durch den Respondenten für die Phase „Früher".

Als ein Kernergebnis der Regression kann wiederum festgehalten werden, dass keiner der identifizierten Erfolgsfaktoren einen negativen standardisierten Regressionskoeffizienten aufweist, d.h., auch in der Phase „Früher" keiner der Faktoren einen negativen Einfluss auf den Unternehmenserfolg hat. Signifikante Ergebnisse konnten in dieser Phase allerdings nur für sechs Erfolgsfaktoren erzielt werden. Für die Faktoren Strategie, Werbung und Führung konnte, wie schon in der Phase „Heute", kein signifikanter Zusammenhang mit dem Unternehmenserfolg festgestellt werden. Abbildung 54 fasst die Ergebnisse der multiplen Regression für den Zeitraum „Früher" zusammen.

Abbildung 54: Einfluss der Erfolgsfaktoren: „Früher"

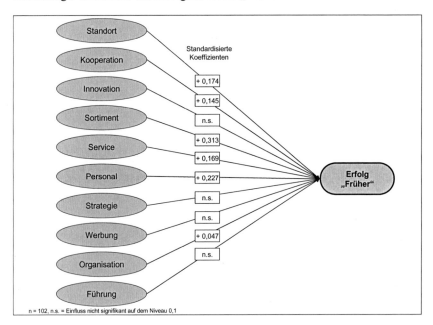

Die mangelnde Signifikanz der Faktoren Strategie und Führung erklärt sich analog der Situation „Heute". Die mangelnde Signifikanz des Faktors „Werbung" für den Zeitraum „Früher" ist dagegen nicht durch eine Überforderung der Konsumenten mit Werbung zu erklären, wie dies in der Phase „Heute" der Fall ist. Zahlreiche zu dieser Zeit höchst erfolgreiche Unternehmen waren vielmehr nicht auf Werbemaßnahmen angewiesen. Hierfür spricht die wesentlich geringere Werbeintensität. So geben 34 % der befragten Unternehmen an, im Zeitraum „Früher" eine geringere Werbeaktivität im Vergleich zum Wettbewerb gehabt zu haben. In diesen 34 % finden sich zum großen Teil überdurchschnittlich erfolgreiche Unternehmen. Das Geschäft war zu dieser Zeit für viele damit gewissermaßen ein „Selbstläufer". Ein weiterer Faktor, für den – anders als im Zeitraum „Heute" – „Früher" kein signifikanter Zusammenhang mit dem Unternehmenserfolg nachzuweisen ist, ist die Innovation (siehe Abbildung 54).

Hinsichtlich der Faktoren Standort, Kooperation, Sortiment, Service, Personal und Organisation konnte im betrachteten Zeitraum ein positiver Zusammenhang mit dem Unternehmenserfolg festgestellt werden. Dabei fällt auf, dass die Schwankungsbreite der standardisierten Regressionskoeffizienten „Früher" im

Vergleich zu „Heute" wesentlich höher ist. So liegt der höchste Wert bei 0,313 (Sortiment) und der geringste Wert, mit 0,047 (Organisation), deutlich darunter. Die Erfolgsfaktoren im Einzelhandel waren damit „Früher" deutlich prägnanter ausgeprägt. Abbildung 55 stellt die Ergebnisse der multiplen Regression für die Phasen „Früher" und „Heute" einander gegenüber.

Abbildung 55: Entwicklung der Erfolgsfaktoren

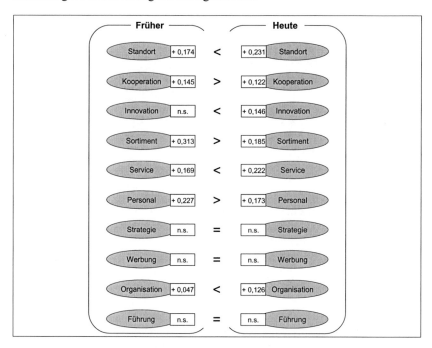

Im Folgenden wird nun die Entwicklung der Erfolgsfaktoren näher beschrieben und versucht, Erklärungsansätze für Bedeutungsgewinne bzw. Bedeutungsverluste einzelner Erfolgsfaktoren zu geben. Die weitere Analyse beschränkt sich dabei ausschließlich auf Erfolgsfaktoren, die sich in mindestens einem der Zeiträume als signifikant erwiesen haben.

- *Standort*

Der Erfolgsfaktor Standort hat in seiner Bedeutung deutlich zugenommen. Während er „Früher", nach dem Sortiment und dem Personal, an Position 3 platziert war, hat er sich „Heute" zum dominanten Erfolgsfaktor entwickelt. Konsumenten sind „Heute" auch vor dem Hintergrund der zunehmenden Zeitknappheit im Berufs- und Privatleben nicht mehr bereit, Erschwernisse hinsichtlich des Standorts in Kauf zu nehmen. So hat insbesondere der Aspekt der guten Erreichbarkeit („Convenience") massiv an Einflussstärke gewonnen.

- *Kooperation*

Der Erfolgsfaktor Kooperation hat im Laufe der Zeit an Einfluss auf den Unternehmenserfolg verloren. Dies ist allerdings nicht mit einem geringer werdenden Ausmaß an horizontaler bzw. vertikaler Kooperation gleichzusetzen. Vielmehr sind beide Kooperationsrichtungen für den Einzelhandel, und hier insbesondere für den Facheinzelhandel, im Zeitraum „Heute" in vielen Fällen überlebensnotwendig, und untrennbar mit dem eigentlichen Geschäftsmodell verknüpft. Ein intensives Kooperationsmanagement liefert nach wie vor einen positiven Erfolgsbeitrag, stellt aber, „Heute" noch weniger als „Früher", einen wirklichen Ansatzpunkt zur Differenzierung im Wettbewerb dar. Horizontale und vertikale Kooperationen über mehrere Unternehmensbereiche stellen eher eine wirtschaftliche Notwendigkeit dar.

- *Innovation*

Der Erfolgsfaktor Innovation repräsentiert einen Sonderfall in der vorliegenden Studie. Während er „Heute", noch vor der Organisation und der Kooperation, nicht nur als signifikanter, sondern als durchaus bedeutsamer Erfolgsfaktor anzusehen ist, liefert der Faktor für die Phase „Früher" kein eindeutiges Ergebnis. Der Faktor Innovation kann „Heute" im Vergleich zu „Früher" also als zusätzlicher Erfolgsfaktor angesehen werden. Als wesentliche Erklärung für diesen Bedeutungsgewinn können die zunehmende Wettbewerbsintensität, sich stetig verkürzende Produktlebenszyklen sowie das gestiegene Anspruchsniveau der Konsumenten angeführt werden. Um den genannten Entwicklungen entgegenzuwirken, kennzeichnet erfolgreiche Einzelhandelsunternehmen „Heute" mehr als „Früher" die Fähigkeit, nutzenstiftende Ideen zu entwickeln und erfolgreich umzusetzen.

Die zunehmende Bedeutung des Faktors Innovation für den Unternehmenserfolg konnte auch in der Kooperationsstudie „Genug frische Ideen? - Wie innovativ sind deutsche Händler und Konsumgüterhersteller", die das Institut für Handel & Internationales Marketing in Zusammenarbeit mit der Wirtschaftsprüfungsgesellschaft PriceWaterhouseCoopers durchgeführt hat, nachgewiesen werden. Eine besonders hohe Innovationsdynamik in Einzelhandelsunternehmen zeigt sich demnach auf der Sortiments- und Serviceebene (vgl. PwC/H.I.MA.2008, S. 17).

Sortimentsinnovationen im Handel können zweierlei bedeuten: Zum einen sind hierunter Produktinnovationen seitens der Industrie zu verstehen, d.h., die von der Industrie neu entwickelten Produkte finden sich als Innovationen im Sortiment der Handelsunternehmen wieder. Zum anderen gehören zu Sortimentsinnovationen im Einzelhandel auch Eigenmarken, bei deren Entwicklung und Produktion die Handelsunternehmen z.T. selbst als Hersteller tätig werden. Auf die zunehmende Bedeutung von Eigenmarkenkonzepten für den Einzelhandel wurde im Rahmen der vorliegenden Untersuchung bereits eingegangen (vgl. Abschnitt C. II. 3. c) des ersten Kapitels).

Noch wichtiger als Sortimentsinnovationen werden von Handelsunternehmen Serviceinnovation eingeschätzt. Ein Beispiel für eine erfolgreiche Serviceinnovation ist der im METRO Future Store getestete, elektronische mobile Einkaufshelfer (Personal Shopping Assistant), der am Einkaufswagen befestigt wird und dem Kunden u.a. Produktinformationen und Preise anzeigt (vgl. PwC/H.I.MA. 2008, S. 18).

• *Sortiment*

Das Sortiment stellte im Zeitraum „Früher" mit deutlichem Abstand vor dem Personal den dominierenden Erfolgsfaktor dar. In diesem Kontext formuliert Dieter Hollnack, Geschäftsführer von Juwelier Oeke in Weimar: „Früher hat der verkauft, der Ware hatte". Ähnlich beschreibt Porzellanhändler Ulrich Dinkel von der Wilhelm Dinkel KG in Tübingen die Situation: „Der Kunde hatte einen Bedarf und wollte einfach wissen, wo er ihn decken kann". „Früher" zeichneten sich erfolgsreiche Handelsunternehmen also primär dadurch aus, dass sie Ware verfügbar hatten. Besonders erfolgreiche Unternehmen boten dabei bereits in diesem Zeitraum eine überdurchschnittliche Auswahl an Produkten innerhalb der Warengruppen („Sortimentstiefe") an und legten Wert auf eine gute Produktqualität.

Die Situation hinsichtlich des Sortiments hat sich zum Teil grundlegend geändert. Auch „Heute" ist das Sortiment ein wesentlicher Erfolgsfaktor, wenngleich es auf Grund der in zahlreichen Einzelhandelsbranchen zum Teil bedenklichen Angleichung von Angeboten nicht mehr den dominierenden Erfolgsfaktor darstellt. Die reine Differenzierung über das Angebot ist heutzutage kaum mehr möglich. Gleichzeitig wird die reine Verfügbarkeit der Ware den heutigen Kundenansprüchen bei Weitem nicht mehr gerecht. Die Ansprüche der Konsumenten an die Sortimentsleistung sind vielmehr sowohl in quantitativer als auch in qualitativer Hinsicht deutlich gestiegen. So betont Wolfgang Schmidt, Geschäftsführer des Bekleidungshaus Wibbel in Leonberg: „Heute muss man das Zehnfache zeigen im Vergleich zu früher". Doch nicht nur in Bezug auf ein möglichst breites und tiefes Sortiment und den damit einhergehenden umfangreichen Auswahlmöglichkeiten stehen Einzelhandelsunternehmen „Heute" vor neuen Herausforderungen. Vielmehr erwarten Konsumenten auch in qualitativen

Sortimentsdimensionen Bestleistung. Diese beinhaltet insbesondere eine hohe Produktqualität, einen nachvollziehbaren Warengruppen- und Preislagenaufbau sowie eine ansprechende Warenpräsentation.

• *Service*

Zusammen mit dem Standort hat sich der Service im Zeitraum „Heute" als der wichtigste Erfolgsfaktor in der vorliegenden Untersuchung erwiesen. Im Vergleich zu „Früher" konnte der Faktor seine Einflussstärke damit deutlich ausbauen. Profilierungsmöglichkeiten bieten sich Einzelhandelsunternehmen „Heute" noch weniger als im Zeitraum „Früher" in den Muss-Serviceleistungen, die auf Grund gesetzlicher und produktspezifischer Anforderungen zu erbringen sind (vgl. Liebmann/Zentes/Swoboda 2008, S. 530), sondern vielmehr in „Kann-Serviceleistungen", die den Einkaufsvorgang für den Konsumenten angenehmer gestalten. Während Service-Leader in früheren Zeiten primär durch ein hohes kundenbezogenes Serviceniveau punkteten, verbinden die heutigen Service-Leader hohe kundenbezogene Serviceleistungen mit überdurchschnittlichen produkt- und konditionenbezogenen Serviceleistungen.

• *Personal*

Obgleich eine hohe Mitarbeiterqualifikation und -motivation auch im Zeitraum „Heute" nach wie vor als wichtige Erfolgsbausteine anzusehen sind, hat die Einflussstärke des Personals mit der Zeit abgenommen. Dies ist damit zu erklären, dass die Qualität der Mitarbeiter stichprobenübergreifend zugenommen hat. Vergleichbar mit den Faktoren Sortiment und Kooperation zählt ein qualifiziertes und motiviertes Personal „Heute" gewissermaßen zu den Grundvoraussetzungen, um sich erfolgreich am Markt behaupten zu können. Eine wesentliche Herausforderung liegt deshalb insbesondere darin, das Personal für den Konsumenten möglichst nutzenmaximierend, so z.B. im Rahmen der Services, einzusetzen.

• *Organisation*

Der Einfluss des Faktors „Organisation" auf den Unternehmenserfolg ist im Zeitraum „Früher" zwar signifikant und positiv, allerdings als sehr gering einzuschätzen. „Früher" musste die Organisation primär funktionieren, sie stellte aber keine wirkliche Differenzierungsmöglichkeit oder Profilierungsdimension für Handelsunternehmen dar. Durch die zunehmende Komplexität der Geschäftsabläufe, so z.B. auf Grund des vermehrt anzutreffenden partizipativen Führungsstils (siehe Abbildung 40), steigen die Herausforderungen an die Organisationsstrukturen und damit der potenzielle Erfolgsbeitrag des Faktors.

Die im Rahmen dieses Kapitels analysierten signifikanten Erfolgsfaktoren von Einzelhandelsunternehmen bilden im Folgenden die Grundlage zur Beschreibung von erfolgreichen Strategien für Einzelhandelsunternehmen.

5. Gegenüberstellung von Bedeutung und Ausprägung der Erfolgsfaktoren

Abbildung 56 setzt die Gesamtausprägungen der signifikanten Erfolgsfaktoren für den Zeitraum „Heute" mit der Bedeutung der Erfolgsfaktoren für den Unternehmenserfolg im Zeitraum „Heute" ins Verhältnis. Die Bedeutung der Erfolgsfaktoren für den Unternehmenserfolg ergibt sich aus den standardisierten Regressionskoeffizienten der multiplen Regression für den Zeitraum „Heute".

Abbildung 56: Beutung und Ausprägung der Erfolgfaktoren

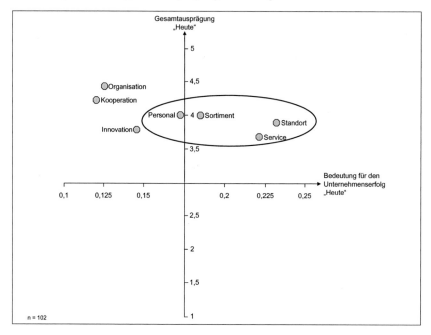

Wie Abbildung 56 verdeutlicht, streuen die Gesamtausprägungen der Erfolgsfaktoren relativ eng um den Wert 4 und befinden sich damit auf einem hohen Gesamtniveau. Im Mittel sehen sich die Respondenten hinsichtlich der identifizierten Erfolgsfaktoren damit gut aufgestellt.

Im Detail betrachtet weisen die Erfolgsfaktoren mit den höchsten Gesamtausprägungen, „flexible Organisation" sowie „intensive Kooperationen", gleichzeitig die relativ geringste Bedeutung für den Unternehmenserfolg auf. Demgegenüber kennzeichnet die Faktoren „qualifiziertes Personal", „profiliertes Sortiment", „gute Standorte" sowie „hohes Serviceniveau", die in Abbildung 56 in einem Cluster zusammengefasst sind, zwar eine sehr hohe Bedeutung für den Unternehmenserfolg, sie werden hinsichtlich ihrer Gesamtausprägung von den Respondenten im Mittel allerdings schlechter eingeschätzt. Das gilt insbesondere für den Standort und den Service, die zusammen mit der Innovation die niedrigsten Gesamtausprägungen aufweisen. Hier besteht teilweise noch großes Verbesserungspotenzial im Hinblick auf die Ausprägung der genannten Faktoren.

Vor dem Hintergrund dieser Ergebnisse sollten Handelsunternehmen bestrebt sein, in Zukunft verstärkt Ressourcen zur Optimierung dieser Erfolgsfaktoren einzusetzen.

Zweites Kapitel:

Erfolgsstrategien im Einzelhandel

A. Überblick

Das Zweite Kapitel beschreibt zunächst die Vorgehensweise bei der Systematisierung erfolgreicher Handelsstrategien im Rahmen der Untersuchung. Hierbei wird in einem ersten Schritt die grundsätzliche Systematisierung vorgestellt, die dazu dient, Unternehmensstrategien im Zuge einer dynamischen Betrachtung nach bestimmten Merkmalen zu kategorisieren. Die hieraus resultierenden vier Strategien bilden die Grundlage für die weitere Analyse.

In einem zweiten Schritt werden die vier identifizierten Strategien im Hinblick auf ihre Entwicklung im Zeitverlauf analysiert, wobei sich die Analyse sowohl auf deren Entwicklungspfade als auch auf deren Entwicklungsmuster bezieht. Entwicklungspfade beschreiben in diesem Kontext Wechsel in der grundlegenden Unternehmensstrategie, die seit der Unternehmensgründung stattgefunden haben, während die Entwicklungsmuster deren zeitliche Abfolge berücksichtigen.

In einem dritten Schritt findet dann eine Analyse der Ausprägungen der spezifischen Erfolgsfaktoren der einzelnen Strategien statt, die auf den Überlegungen des Ersten Kapitels aufbaut und jene Erfolgsfaktoren, denen ein signifikant positiver Einfluss auf den Unternehmenserfolg nachgewiesen werden konnte, in einem strategiespezifischen Zusammenhang untersucht.

Schließlich findet in einem vierten Schritt ein Vergleich der vier Handelsstrategien statt. Dabei werden zunächst die Ausprägungen der einzelnen Erfolgsfaktoren einem Vergleich auf Strategieebene unterzogen, bevor der Erfolg der einzelnen Strategien selbst, basierend auf den subjektiven Einschätzungen der befragten Unternehmen, einem Vergleich unterzogen wird.

B. Systematik erfolgreicher Handelsstrategien

Die vorliegende Studie hat sich zum Ziel gesetzt, die Strategien deutscher Handelsunternehmen sowie deren Entwicklung seit ihrer Unternehmensgründung zu analysieren und zu systematisieren. Dies dient dazu, Gemeinsamkeiten und Unterschiede aufzuzeigen und deren strategische Eckpfeiler sowie die mit den einzelnen Strategievarianten einhergehenden Erfolgsfaktoren vergleichbar zu machen.

Hierzu wurde eine Systematik gewählt, die eine Analyse der Strategieentwicklung im Zeitverlauf zulässt und mittels der beiden Dimensionen Wachstum und Wandel sowohl strategische Entscheidungen im Hinblick auf eine Veränderung der Unternehmensgröße als auch einen Wechsel der strategischen Grundausrichtung von Unternehmen berücksichtigt.

Beiden Dimensionen liegen wiederum zwei Grundausprägungen zu Grunde. Die Dimension Wachstum umfasst dabei die Ausprägungen Stabilität und Expansion, während die Dimension Wandel durch die beiden Ausprägungen Adaption und Mutation beschrieben werden kann (siehe Abbildung 57).

Abbildung 57: Systematik erfolgreicher Handelsstrategien

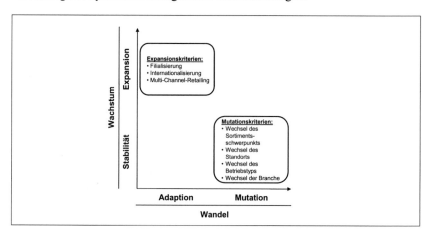

Die Ausprägung Stabilität der Dimension Wachstum bringt zum Ausdruck, dass die hier strategisch zugeordneten Unternehmen seit ihrer Gründung kein Wachstum im Sinne einer Expansion vollzogen haben, bzw. falls dies einmal der Fall war, so haben sie zum Zeitpunkt der Analyse dieses Wachstum bereits wieder rückgängig gemacht. Sie sind größenordnungsmäßig im Wesentlichen so aufgestellt wie zum Zeitpunkt der Unternehmensgründung.

Der Faktor Expansion hingegen impliziert, dass sich die hier zugeordneten Unternehmen im Laufe ihrer Unternehmensgeschichte merklich vergrößert haben. Die Einordnung eines Unternehmens in die Ausprägung Stabilität bedeutet dabei jedoch keineswegs, dass sich nicht beispielsweise die Verkaufsfläche seit der Gründung verändert haben darf.

79

Um eine eindeutige Zuordnung und somit eine Abgrenzung zwischen den beiden Ausprägungen Stabilität und Wachstum zu ermöglichen, wurden drei Expansionskriterien definiert, bei deren Zutreffen eine Einordnung in die Ausprägung Expansion erfolgt (siehe Abbildung 57): Filialisierung, Internationalisierung und Multi-Channel-Retailing. Filialisierung bedeutet in diesem Kontext eine Expansion im Sinne einer Vervielfältigung des Unternehmenskonzeptes, sodass mindestens eine weitere Verkaufsstelle hinzugekommen sein muss, um das Expansionskriterium zu erfüllen. Internationalisierung impliziert eine Expansionsform, bei der eine Vervielfältigung des Unternehmenskonzeptes über die Landesgrenzen hinaus stattgefunden hat. Multi-Channel-Retailing bezieht sich auf die Expansion der Unternehmenstätigkeit durch einen parallel betriebenen E-Commerce- Kanal, in dem zusätzlich zum stationären Geschäft Sortimentsbestandteile online angeboten werden. Ebenfalls denkbar wäre eine Expansion, bei der zunächst ein E-Commerce-Kanal besteht, neben dem dann zusätzlich ein stationärer Kanal etabliert wird, der durch parallele Filialisierung im In- bzw. Ausland zum Wachstum des Unternehmens beiträgt.

Die Ausprägung Adaption der Dimension Wandel bringt zum Ausdruck, dass die hier zugeordneten Unternehmen seit der Unternehmensgründung keinen fundamentalen Wechsel der strategischen Grundausrichtung vollzogen haben, bzw. falls dies einmal der Fall war, so wurde dieser zum Zeitpunkt der Analyse ebenfalls bereits wieder rückgängig gemacht. Das Unternehmen ist also strategisch so aufgestellt wie zum Zeitpunkt der Unternehmensgründung. Die Ausprägung Mutation bedeutet, dass die dort zugeordneten Unternehmen einen grundlegenden Wandel der strategischen Grundausrichtung vollzogen haben. Analog impliziert jedoch auch hier eine Einordnung von Unternehmen zur Ausprägung Adaption nicht zwangsläufig, dass Unternehmen im Laufe der Jahre ihre Konzepte nicht dem Zeitgeist angepasst haben dürfen.

Auch für die Dimension Wandel wurden, zur eindeutigen Abgrenzung der beiden Ausprägungen von einander, Mutationskriterien festgelegt, bei deren Zutreffen eine Zuordnung zur Ausprägung Mutation erfolgt (siehe Abbildung 57). Diese umfassen einen Wechsel des Sortimentsschwerpunkts, des Standorts, des Betriebstyps oder einen Wechsel der Branche. Ein Wechsel des Sortimentsschwerpunkts ist dann gegeben, wenn ein Unternehmen beispielsweise als Hutgeschäft gegründet wurde und sich im Laufe der Jahre zum Herrenmodegeschäft gewandelt hat. Ein Standortwechsel liegt bereits dann vor, wenn ein Unternehmen vom Stadtrand in eine Innenstadtlage umzieht oder den Standort gar von einer Stadt in eine andere verlagert. Ein Wechsel des Betriebstyps liegt beispielsweise vor, wenn ein Unternehmen als Fachgeschäft begonnen hat und sich im Laufe der Unternehmensgeschichte zum Fachmarkt hin entwickelt hat. Bei einem Branchenwechsel wechselt das Unternehmen von einer Branche in eine andere, hat also beispielsweise als Schmuckgeschäft begonnen und sich schließlich zur Parfümerie hin entwickelt.

Legt man die oben beschriebene Systematik der Analyse zu Grunde, so resultiert hieraus eine Matrix mit insgesamt vier verschiedenen Quadranten, wobei jeder Quadrant eine spezifische Unternehmensstrategie repräsentiert.

Abbildung 58: Erfolgreiche Handelsstrategien: Optimierer

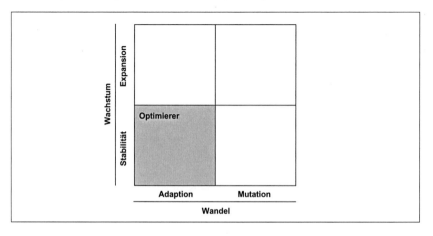

Der untere linke Quadrant der Matrix (siehe Abbildung 58), bezeichnet als „Optimierer", charakterisiert Unternehmen, die im Hinblick auf die Dimension Wachstum durch die Ausprägung Stabilität und im Hinblick auf die Dimension Wandel durch die Ausprägung Adaption beschrieben werden können. Darunter fallen all diejenigen Unternehmen, die seit ihrer Unternehmensgründung keine Expansion im Sinne einer Filialisierung, Internationalisierung bzw. eines Multi-Channel-Retailing vorgenommen haben, bzw. falls dies einmal der Fall gewesen sein sollte, so haben sie diese Expansion bis zum Zeitpunkt der Erhebung bereits wieder rückgängig gemacht. Außerdem lassen sich diese Unternehmen dadurch beschreiben, dass sie ihrer ursprünglichen strategischen Grundausrichtung seit der Gründung treu geblieben sind, also weder den Betriebstyp, noch die Branche oder den Standort gewechselt und auch keinen Wechsel ihres Sortimentsschwerpunkts vollzogen haben, bzw. dadurch, dass eine derartige Mutation zum Zeitpunkt der Analyse bereits wieder rückgängig gemacht wurde. Dies bedeutet jedoch keineswegs, dass es sich beim „Optimierer" um einen Unternehmenstypus handelt, bei dem seit der Gründung Stillstand im Hinblick auf Wachstums- oder

Wandlungsbestrebungen herrscht, im Gegenteil. „Optimierer" können in diesem Verständnis durchaus die Verkaufsfläche an ihrem Standort, beispielsweise durch Anbauten, verändert haben. Die Ausprägung Adaption soll verdeutlichen, dass auch hier Anpassungen an den jeweiligen Zeitgeist stattgefunden haben können, um am Markt bestehen zu bleiben. Ein modernes Ladenlayout, zeitgenössische Werbung und regelmäßige Sortimentsanpassungen im Hinblick auf sich verändernde Kundenbedürfnisse schließen eine Zuordnung zur Wandlungsausprägung Adaption und damit zum Unternehmenstypus „Optimierer" somit nicht aus. Dennoch bleibt anzumerken, dass der „Optimierer" sein Konzept nicht grundlegend verändert, weder durch Wachstums- noch Wandlungsbestrebungen, sondern vielmehr leichte Anpassungen vornimmt, sein Konzept sozusagen permanent optimiert, um es den herrschenden Rahmenbedingungen anzupassen.

Abbildung 59: Erfolgreiche Handelsstrategien: Modifizierer

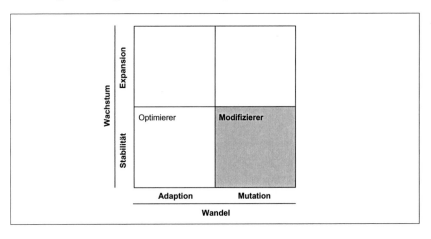

Der untere rechte Quadrant der Matrix (siehe Abbildung 59), bezeichnet als „Modifizierer", repräsentiert Unternehmen, die bezüglich der Dimension Wachstum durch die Ausprägung Stabilität gekennzeichnet sind, im Hinblick auf die Dimension Wandel jedoch durch die Ausprägung Mutation beschrieben werden können. Auch dieser Unternehmenstypus hat seit seiner Gründung keine Expansion gemäß der oben definierten Expansionskriterien Filialisierung, Internationalisierung oder Multi-Channel-Retailing vorgenommen bzw. hat diese zum Zeitpunkt der Analyse bereits wieder rückgängig gemacht. Somit handelt es sich hier um Unternehmen, die über lediglich einen Verkaufskanal verfügen, also entweder nur mit einem Geschäft am Markt vertreten sind, oder ausschließlich über einen Online-Kanal verfügen, ohne ein parallel betriebenes stationäres

Geschäft. Was jedoch die Dimension Wandel anbelangt, so haben Unternehmen, die diesem Quadranten zugeordnet sind, seit ihrer Gründung mindestens einen fundamentalen Wandel ihrer strategischen Grundausrichtung hinter sich gebracht. Dieser kann sich beispielsweise, wie bereits beschrieben, auf einen Wechsel im Sortimentsschwerpunkt beziehen, oder auch auf einen Wechsel des Standorts zurückzuführen sein. Darüber hinaus werden all jene Unternehmen dieser Strategie zugeordnet, die im Laufe ihrer Unternehmensgeschichte den Betriebstyp gewechselt haben, oder gar solche, die bereits einen Branchenwechsel zu verzeichnen haben. Auf Grund der Erfüllung der Mutationskriterien kennzeichnet sich die Strategie der „Modifizierer" somit durch mindestens einen fundamentalen Wechsel der strategischen Grundausrichtung. Dieser Unternehmenstypus modifiziert also mehr oder weniger regelmäßig sein Geschäftskonzept, um sich so gegebenenfalls besser an veränderte Rahmenbedingungen anpassen zu können.

Abbildung 60: Erfolgreiche Handelsstrategien: Multiplizierer

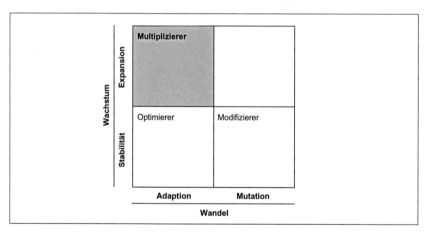

Eine weitere Unternehmensstrategie wird durch den „Multiplizierer", angeordnet im oberen linken Quadranten der Matrix (siehe Abbildung 60), beschrieben. Im Hinblick auf die Dimension Wachstum zeichnet sich dieser Unternehmenstypus durch die Erfüllung mindestens eines der bereits beschriebenen Expansionskriterien Filialisierung, Internationalisierung oder Multi-Channel-Retailing aus. Der „Multiplizierer" verfügt also entweder über mindestens zwei Verkaufsstellen, gegebenenfalls im In- und Ausland, oder betreibt neben seinem stationären Geschäft, das aus einer oder aus mehreren Filialen bestehen kann, noch einen zusätzlichen E-Commerce-Kanal. Was die Dimension Wandel anbelangt, so erfüllt der „Multiplizierer" keines der oben beschriebenen Mutationskriterien, hat also weder einen Wechsel im Sortimentsschwerpunkt, noch im Standort, Betriebstyp oder der Branche vollzogen, oder sollte dies jemals der Fall gewesen sein, so hat er dies zum Zeitpunkt der Analyse bereits wieder rückgängig gemacht. Dies hat zur Konsequenz, dass der „Multiplizierer" im Falle mehrerer Filialen, die gleichzeitig betrieben werden, in jeder Filiale überwiegend das gleiche Sortiment aus der gleichen Branche und in Form des gleichen Betriebstyps anbietet. Dies gilt auch für einen parallel betriebenen E-Commerce-Kanal, in dem, dieser Systematik folgend, ebenfalls nur Bestandteile des Sortiments bzw. der Branche offeriert werden dürfen, die auch im stationären Kanal offeriert werden.

Abbildung 61: Erfolgreiche Handelsstrategien: Diversifizierer

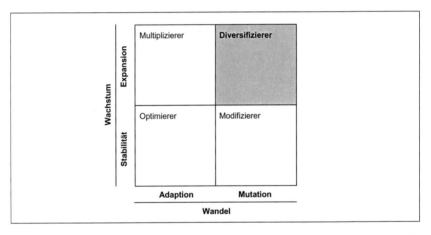

Die vierte Unternehmensstrategie, die sich aus der beschriebenen Systematik ergibt, ist die der „Diversifizierer", im oberen rechten Quadranten der Matrix (siehe Abbildung 61). Diese ist gekennzeichnet durch die Ausprägungen Expansion der Dimension Wachstum sowie die Ausprägung Mutation der Dimension Wandel und erfüllt somit gleichzeitig Kriterien beider Extrempositionen. Bezüglich der Ausprägung Expansion bedeutet dies, dass der „Diversifizierer" entweder über Filialen im In- und Ausland verfügt, oder neben seinem stationären Geschäft zusätzlich einen E-Commerce-Kanal betreibt. Zugleich beinhaltet diese Strategievariante die Erfüllung mindestens eines der Mutationskriterien, also entweder einen vollzogenen Wechsel des Standorts, des Sortimentschwerpunkts, des Betriebstyps oder der Branche. Daher fallen unter diesen Unternehmenstypus auch solche Unternehmen, die mehrere stationäre Geschäfte aus verschiedenen Branchen nebeneinander betreiben, sozusagen diversifizieren, oder jene, die neben ihrem stationären Geschäft noch einen E-Commerce-Kanal betreiben, der bezüglich des Sortimentsschwerpunkts oder der Branche ein anderes Angebot aufweist als das stationäre Geschäft.

Eine zusammenfassende Übersicht zu den Eigenschaften der vier aufgezeigten Handelsstrategien sowie zu den mit ihnen einhergehenden Expansions- und Mutationskriterien gibt Abbildung 62.

Abbildung 62: Zusammenfassende Übersicht zur Systematik erfolgreicher
Handelsstrategien

	Optimierer	Modifizierer	Multiplizierer	Diversifizierer
Expansion				
Filialisierung	X	X	✓	✓
Internationalisierung	X	X	✓	✓
Multi-Channel-Retailing	X	X	✓	✓
Mutation				
Wechsel des Betriebstyps	X	✓	X	✓
Wechsel der Branche	X	✓	X	✓
Wechsel des Standorts	X	✓	X	✓
Wechsel des Sortimentsschwerpunktes	X	✓	X	✓

Ein „X" ist dabei so zu interpretieren, dass hier keines der hinterlegten Kriterien erfüllt ist. Bei einem „Haken" muss hingegen mindestens eines der hinterlegten Expansions- bzw. Mutationskriterien im Zuge einer Strategie erfüllt sein, damit das betrachtete Unternehmen dort zuzuordnen ist (siehe Abbildung 62).

Im Rahmen der Erhebung der Studie wurde sowohl eine standardisierte als auch eine explorative Befragung durchgeführt (vgl. hierzu Abschnitt B. und C. des Ersten Kapitels). Die Verteilung der analysierten Unternehmen auf die vier beschriebenen Strategietypen zum Zeitpunkt der Erhebung ist Abbildung 63 zu entnehmen.

Abbildung 63: Verteilung der Strategiecluster zum Zeitpunkt „Heute"

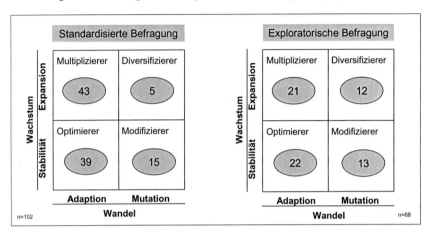

Im Zuge der standardisierten Befragung wurden die 102 Unternehmen nach der oben beschriebenen Systematik geclustert und konnten somit zum Zeitpunkt der Erhebung eindeutig einer der vier strategischen Alternativen zugeordnet werden (siehe Abbildung 63). Darüber hinaus wurden im Rahmen der exploratorischen Befragung 68 Experteninterviews geführt, die ebenfalls eine eindeutige Einordnung der repräsentierten Unternehmen gemäß der vier beschriebenen Strategievarianten ermöglichten.

Die aus der Systematik resultierenden vier Unternehmensstrategien „Optimierer", „Modifizierer", „Multiplizierer" und „Diversifizierer" bilden die Grundlage der nachfolgenden Analyse erfolgreicher Handelsstrategien und werden dabei auf ihre Entwicklungspfade, Entwicklungsmuster sowie die Ausprägung ihrer Erfolgsfaktoren (vgl. hierzu auch ausführlich Abschnitt C. III. 2. des Ersten Kapitels) hin analysiert.

C. Analyse erfolgreicher Handelsstrategien

I. Optimierer

1. Entwicklungspfade

Im Zuge der nachfolgenden Analyse wird untersucht, welche Entwicklungspfade die Strategie des „Optimierers" kennzeichnen. Dabei werden Migrationspfade analysiert, die inhaltliche Wechsel der strategischen Ausrichtung der untersuchten Unternehmen reflektieren, und damit deren strategischen Werdegang vom Zeitpunkt der Unternehmensgründung bis zum Zeitpunkt der Erhebung wiedergeben. In Bezug auf die Strategie der „Optimierer" ergeben sich folgende Entwicklungspfade:

Abbildung 64: Entwicklungspfade: Optimierer

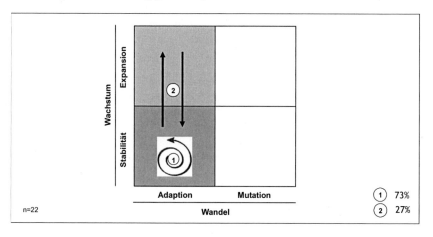

Insgesamt verzeichnen 73% der „Optimierer" keinen Entwicklungspfad im Sinne eines Strategiewechsels, repräsentiert durch den ersten, spiralförmigen Pfeil in Abbildung 64. Die betreffenden Unternehmen haben also seit ihrer Gründung die Strategie des „Optimierers" verfolgt, ohne jemals ihr Konzept im Sinne einer Filialisierung oder gar Internationalisierung zu expandieren und auch nie den Versuch unternommen, einen parallelen E-Commerce-Kanal zu etablieren. Außerdem bleiben sie seit jeher ihrer strategischen Grundausrichtung treu, ohne jemals den Standort, den Sortimentsschwerpunkt, den Betriebstyp oder gar die Branche gewechselt zu haben. Viele der oft als „Traditionsgeschäfte" bezeichneten Unternehmen verfolgen bewusst diese Strategie und pflegen beispielsweise einen historischen Standort, ohne diesen über die Jahre zu wechseln, oder bedienen ihre Stammkundschaft seit jeher mit demselben traditionellen Sortimentsschwerpunkt und mit ein und demselben Betriebstyp. Viele der Unternehmer, die hinter diesen Konzepten stehen, verzichten zudem bewusst auf eine Expansion im Sinne eines Multi-Channel-Retailing, um negative Ausstrahlungseffekte auf ihr Image als Traditionsunternehmen zu vermeiden.

Dass diese Strategie jedoch in der Regel keinen Stillstand, sondern vielmehr eine ständige Adaption an die Marktgegebenheiten beinhaltet, soll der spiralförmige Pfeil in Abbildung 64 andeuten. So passen sich die meisten Unternehmen dieses Typs in der Regel beispielsweise im Ladenlayout, der Aktualität des Sortiments oder dem Werbeauftritt dem jeweiligen Zeitgeist an.

Der zweite Pfeil (siehe Abbildung 64) verdeutlicht, dass im Gegensatz dazu immerhin 23% der heutigen „Optimierer" in ihrer Unternehmensgeschichte versucht haben, ihr Konzept im Sinne einer Filialisierung im In- oder Ausland bzw. durch die Etablierung eines zusätzlichen E-Commerce-Kanals zu expandieren, damit also vorübergehend zum „Multiplizierer" wurden, diese Expansion jedoch im Laufe der Zeit wieder rückgängig gemacht haben.

Die Gründe für eine Rückzugsstrategie sind dabei vielfältig: Zum einen kann die wirtschaftliche Situation ausschlaggebend sein für eine derartige Refokussierung auf ein stationäres Geschäft. Zum anderen handelt es sich auch hier bisweilen um eine gezielte unternehmerische Entscheidung, wie Dieter Hollnack, Geschäftsführer des Juweliergeschäfts Oeke in Weimar bekräftigt, der nach zurückgenommener Expansion zur Auffassung gelangte, „lieber ein Geschäft richtig und effektiv [zu] betreiben".

2. Entwicklungsmuster

Die Analyse der Entwicklungsmuster der Strategie der „Optimierer" fokussiert die zeitliche Abfolge der strategischen Wechsel der heutigen „Optimierer" und gibt diese in Mustern wieder. Dabei steht also kein Wechsel der grundlegenden Unternehmensstrategie im Fokus, sondern vielmehr die zeitliche Abfolge der Strategieänderungen.

Abbildung 65: Entwicklungsmuster: Optimierer

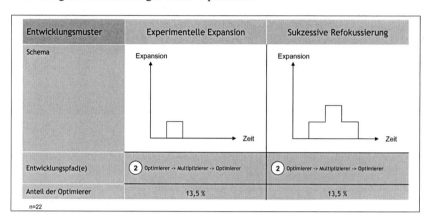

Beide identifizierten Entwicklungsmuster (siehe Abbildung 65) beziehen sich auf den zweiten Entwicklungspfad der „Optimierer" (siehe Abbildung 64). Die beiden Entwicklungsmuster stehen also für die 27% der „Optimierer", die zwischenzeitlich die Strategie des „Multiplizierers" verfolgten, sich dann aber wieder von ihren zusätzlichen Filialen bzw. dem zusätzlichen E-Commerce-Kanal trennten und seitdem nur noch ihr ursprüngliches stationäres Geschäft betreiben.

Mit 13,5% wird exakt die Hälfte der betreffenden Unternehmen durch das Entwicklungsmuster „Experimentelle Expansion" charakterisiert (siehe Abbildung 65). Das Schema dieses Entwicklungsmusters besteht aus einem Koordinatensystem, dessen Achsen auf der Abszisse die Zeit und auf der Ordinate die Ausprägung Expansion wiedergeben, da diese beiden Faktoren bei dem Entwicklungspfad, der hinter dem betrachteten Entwicklungsmuster steht, eine Rolle spielen. Die „Experimentelle Expansion" zeichnet sich dadurch aus, dass die jeweiligen Unternehmen exakt einen Expansionsschritt, also entweder eine weitere Verkaufsstelle der gleichen Branche oder einen branchenzugehörigen E-Commerce-Kanal etablierten, diesen Expansionsschritt schließlich jedoch wieder rückgängig machten. Durch die zusätzliche Verkaufsstelle bzw. den zusätzlichen E-Commerce-Kanal wurden die betreffenden Unternehmen zwischenzeitlich zum „Multiplizierer". Nachdem der neue Standort wieder geschlossen und ein Fokus auf den ursprünglichen Standort gelegt wurde, bzw. der zwischenzeitlich aufgenommene E-Commerce-Kanal wieder aufgegeben wurde, handelt es sich nun wieder um Unternehmen im Sinne der Strategie der „Optimierer".

Die zweite Hälfte der hier betrachteten „Optimierer" ist, ebenfalls mit einem Anteil von 13,5% an der betreffenden Unternehmensstrategie, dem Entwicklungsmuster „Sukzessive Refokussierung" zuzuordnen (siehe Abbildung 65). Das Koordinatensystem dieses Schemas besteht ebenfalls aus den Achsen Zeit und Expansion, wobei das sich ergebende Muster von dem der „Experimentellen Expansion" abweicht.

Unternehmen, die durch dieses Entwicklungsmuster beschrieben werden, haben zwischenzeitlich mehr als eine Filiale der gleichen Branche hinzugewonnen und gegebenenfalls gleichzeitig noch einen parallelen E-Commerce Kanal gegründet. Alternativ besteht die Möglichkeit, dass sie neben ihrem ursprünglichen E-Commerce-Kanal noch weitere Filialen hinzugenommen haben. Zwischenzeitlich haben sie sich jedoch von all diesen Expansionsbestrebungen getrennt und sich wieder nur auf die ursprüngliche Verkaufsstelle bzw. den ursprünglichen E-Commerce-Kanal beschränkt. Somit wurden auch sie zwischenzeitlich zum „Multiplizierer", jedoch in einem größeren Ausmaß als Unternehmen des Entwicklungsmusters „Experimentelle Expansion".

3. Ausprägung der Erfolgsfaktoren

Nachfolgend wird, auf Basis der Daten aus der standardisierten Befragung, analysiert, wie die Unternehmen, die der Strategie der „Optimierer" zugeordnet werden können, die Ausprägung der wichtigsten Erfolgsfaktoren beurteilen. Dabei werden der Analyse all jene Erfolgsfaktoren zu Grunde gelegt, denen im Zuge der multiplen Regression des Ersten Kapitels für den Zeitraum „Heute" ein signifikant positiver Einfluss auf den Unternehmenserfolg nachgewiesen werden konnte. Abbildung 66 fasst die Einschätzungen der heutigen „Optimierer" bezüglich der Qualität ihrer Standorte zusammen.

Abbildung 66: Ausprägung des Erfolgsfaktors „guter Standort": Optimierer

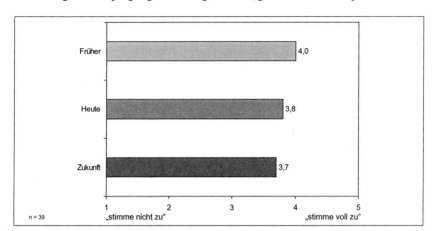

Wie aus dem Vergleich der Zeiträume „Früher" und „Heute" hervorgeht, beurteilen die „Optimierer" ihre Standorte in der jüngeren Vergangenheit schlechter als zur Zeitspanne nach dem Zweiten Weltkrieg. Auch im Hinblick auf die künftige Entwicklung lässt sich ein tendenzieller Pessimismus feststellen, der sich in einer Bewertung von 3,7 im Zeitraum „Zukunft", gegenüber dem Wert von noch 3,8 im Zeitraum „Heute", äußert. Dies könnte nicht zuletzt darauf zurückzuführen sein, dass der Standort einen zentralen Erfolgsfaktor darstellt (vgl. Abschnitt C. III. 2. e) des Ersten Kapitels), die Strategie der „Optimierer" jedoch dadurch charakterisiert ist, dass Unternehmen an ihrem ursprünglichen Standort festhalten. Wenn sich also die Rahmenbedingungen dahingehend verändern, dass ein Standortwechsel sinnvoll wäre, dieser jedoch unterbleibt, so resultiert dies in einer zunehmend schlechteren Beurteilung des eigenen Standorts.

Die Gründe für eine potenzielle Veränderung der Standortgüte sind vielfältig: Durch städtebauliche Veränderungen, die Verödung von Innenstädten oder die mit dem Wachstum von Städten und Gemeinden bisweilen einhergehende Verschiebung von Innenstädten kann aus einem ehemals zentralen Standort im Laufe der Zeit eine Randlage werden. Reagieren die betroffenen Unternehmen nicht mit einem Standortwechsel, so spiegelt sich dies zumindest in der Beurteilung der Güte des eigenen Standorts wider.

Allerdings gibt es auch Bestrebungen seitens einiger Unternehmer, statt eines Standortwechsels den Standort durch Eigeninitiative wieder attraktiver zu gestalten: So beteiligt sich beispielsweise Martina Willhoeft, Geschäftsführerin vom Herrenausstatter Willhoeft in Bergedorf bei Hamburg, an einer Initiative von insgesamt 21 Bergedorfer Fachgeschäften zur gemeinsamen Imagewerbung für den Standort.

Einen weiteren zentralen Erfolgsfaktor stellen intensive Kooperation dar (vgl. hierzu ausführlich Abschnitt C. III. 2. f) des Ersten Kapitels). Im Hinblick auf ihre Kooperationsaktivitäten beurteilen sich die heutigen „Optimierer" wie folgt:

Abbildung 67: Ausprägung des Erfolgsfaktors „intensive Kooperationen":
Optimierer

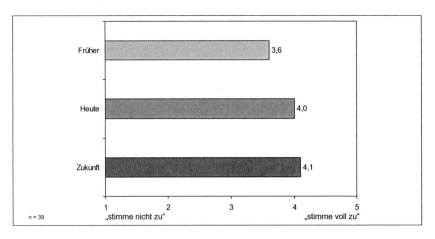

Während die „Optimierer" ihre Kooperationsaktivitäten im Zeitraum „Früher" mit 3,6 noch verhältnismäßig niedrig einschätzen, bewerten sie diese bereits im Zeitraum „Heute" mit 4,0 deutlich höher (siehe Abbildung 67). Damit bestätigt sich, dass gerade auch die kleineren Unternehmen die hohe Relevanz der Kooperationen und deren Beitrag zur Wettbewerbsfähigkeit erkannt haben. Dass intensive Kooperationen in „Zukunft" sogar noch forciert werden, verdeutlicht die Bewertung des Faktors mit 4,1 für diesen Zeitraum.

Dass der Erfolgsfaktor Innovation (vgl. hierzu ausführlich Abschnitt C. III. 2. i) des Ersten Kapitels) auch bei der Strategie der „Optimierer" eine zunehmende Berücksichtigung erfährt, verdeutlicht Abbildung 68:

Abbildung 68: Ausprägung des Erfolgsfaktors „ hohe Innovativität": Optimierer

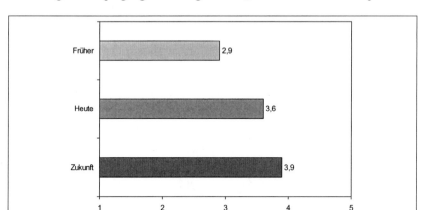

Wie Abbildung 68 veranschaulicht, ist der Erfolgsfaktor Innovation bei den Unternehmen der betrachteten Strategie im Zeitraum „Früher" noch deutlich schwächer ausgeprägt als im Zeitraum danach. Obwohl die Strategie der „Optimierer" auf Grund der hinter dieser Strategie stehenden Ausprägungen Stabilität und Adaption (vgl. hierzu ausführlich Abschnitt B. des Zweiten Kapitels) zunächst nicht vermuten lässt, dass der Faktor Innovation eine wichtige Rolle spielt, würden sich im Zeitraum „Heute" mit einem Wert von 3,6 doch bereits einige der dieser Strategie zugeordneten Unternehmen als innovativ bezeichnen. Gerade Innovation ist im Fall der „Optimierer", die auf einen Wandel im Sinne einer Mutation verzichten, auch ein wichtiger Faktor, um interessant zu bleiben und dem Kunden Abwechslung zu bieten. So setzt beispielsweise Silke Brucklacher, Geschäftsführerin von C. Wörner Dessous in Reutlingen, auf ein abwechslungsreiches Schaufenster und regelmäßige Events: „Bei uns werden auch mal andere Schaufenstergestaltungen als bei den Etablierten ausprobiert. Wir machen außerdem regelmäßig Events, Vernissagen und monatliche Dessous-Abende." Dass ein individueller Auftritt mit innovativen Ideen ein Mittel sein kann, sich von größeren Einzelhandelsketten abzusetzen, sieht auch Ulrike Beck, Geschäftsführerin der Parfümerie Beck in Waldkirch, nicht anders: „Der Kunde von heute möchte überrascht werden, er kennt ja sonst alles."

Die Tatsache, dass die „Optimierer" das Potenzial dieses Erfolgsfaktors erkannt haben und künftig noch mehr dazu beitragen wollen, einen innovativen Unternehmenstyp zu repräsentieren, zeigt sich in der Steigerung des Mittelwertes um 0,3 auf einen Wert von 3,9 für den Zeitraum „Zukunft".

Ein weiterer zentraler Erfolgsfaktor im Einzelhandel, unabhängig von der Unternehmensgröße oder der verfolgten Strategie, stellt ein profiliertes Sortiment dar (vgl. hierzu ausführlich Abschnitt C. III. 2. c) des Ersten Kapitels).

Abbildung 69: Ausprägung des Erfolgsfaktors „profiliertes Sortiment":
Optimierer

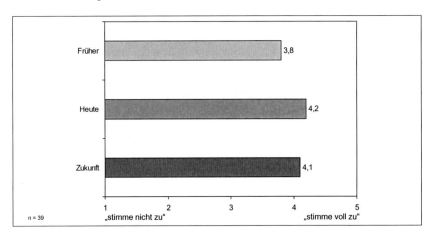

In diesem Kontext beurteilen die „Optimierer" im Zeitraum „Heute" ihr Sortiment als sehr profiliert, was sich im Mittelwert von 4,2 widerspiegelt (siehe Abbildung 69). Ein profiliertes Sortiment ist gerade für die kleineren Einzelhändler, zu denen die „Optimierer" in der Regel zu zählen sind, ein wichtiger Faktor, um sich von der größeren, oft filialisierten Konkurrenz abzuheben.

Dass dieser Erfolgsfaktor auch zunehmend als wichtig empfunden wird, zeigt sich im Zeitvergleich der Mittelwerte: Im Zeitraum „Früher" liegt der Mittelwert nur bei 3,8. Im Vergleich mit der gesamten Stichprobe, bei der dieser Wert „Früher" nur bei 3,6 liegt (siehe Abbildung 29) zeigt sich jedoch, dass die „Optimierer" bereits früh erkannt haben, dass hier eine Chance für kleine, individuelle Einzelhandelsgeschäfte liegt, um sich von der Konkurrenz abzuheben und sich beim Kunden zu profilieren. Dies bestätigt auch Ottmar Zwicker, Geschäftsführer des Herrenausstatters Zwicker in Konstanz, der heute noch „hochwertigere und spezialisiertere Sortimente als früher" vorhält.

Für die kommenden Jahre prognostizieren die „Optimierer" jedoch einen leichten Rückgang ihrer Sortimentsprofilierung. Hier liegt der Mittelwert nur noch bei einem Wert von 4,1 (siehe Abbildung 69). Damit liegen sie jedoch noch immer 0,1 über dem Gesamtdurchschnitt aller Strategien (siehe Abbildung 29).

Eine weitere Möglichkeit, sich von der Konkurrenz abzugrenzen, bietet ein umfassendes Serviceniveau (vgl. hierzu ausführlich Abschnitt C. III. 2. d) des Ersten Kapitels).

Abbildung 70: Ausprägung des Erfolgsfaktors „hohes Serviceniveau":
Optimierer

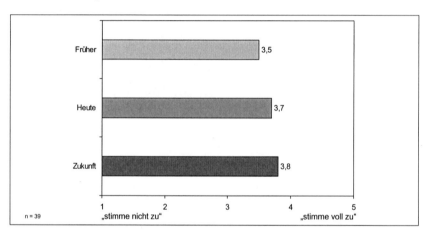

Dass dieser Erfolgsfaktor in früheren Zeiten bei Unternehmen und Kunden noch nicht den heutigen Stellenwert hatte, zeigt sich auch bei der Strategie der „Optimierer". Während diese ihr Serviceniveau „Früher" noch mit 3,5 bewerten (siehe Abbildung 70), steigt der Mittelwert für den Zeitraum „Heute" bereits auf 3,7 und liegt damit genau auf dem Durchschnitt der Mittelwerte sämtlicher Strategien (siehe Abbildung 32). Dass guter Service schon bei der Kundennähe beginnt und hier die Stärke insbesondere bei inhabergeführten Unternehmen liegt, unterstreicht Jörg Augenstein, Geschäftsführer des Fashionhouse Klittich in Pforzheim-Brötzingen, der in diesem Kontext anführt: „Persönlich sein ist wieder gefragt. Bedienung muss persönlich sein."

Auch für den Zeitraum „Zukunft" sehen die „Optimierer" noch eine leichte Steigerung ihres Serviceniveaus, was sich in einem Mittelwert von 3,8 niederschlägt.

Die Möglichkeit, sowohl im Backoffice als auch auf der Verkaufsfläche qualifiziertes Personal (vgl. hierzu ausführlich Abschnitt C. III. 2. a) des Ersten Kapitels) vorhalten zu können, ist ebenfalls ein zentraler Erfolgsfaktor im Einzelhandel, der nachfolgend anhand der Strategie der „Optimierer" näher analysiert werden soll.

Abbildung 71: Ausprägung des Erfolgsfaktors „qualifiziertes Personal":
Optimierer

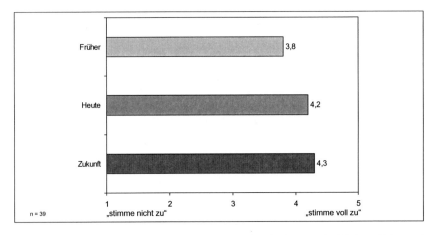

Obwohl ein qualifizierter Mitarbeiterstamm oft mit einem erheblichen Zeit- und Kostenaufwand, bspw. im Hinblick auf Ausbildung und Mitarbeiterschulungen, verbunden ist, sehen sich auch hier die kleineren Unternehmen, zu denen die „Optimierer" in der Regel zu zählen sind, gut aufgestellt.

Sie beurteilen ihr Personal im Hinblick auf die Qualifikation im Zeitraum „Heute" mit einem überdurchschnittlich guten Mittelwert von 4,2 (siehe Abbildung 71). Auch bei diesem Erfolgsfaktor hat sich in der betrachteten Strategie eine erhebliche Verbesserung der Mitarbeiterqualifikation im Gegensatz zum Zeitpunkt der Unternehmensgründung ergeben. Dabei zeichnen sich die betrachteten Unternehmen oft dadurch aus, dass einige Mitarbeiter bereits vom ersten Tag an dabei sind. In diesem Zusammenhang verweisen viele Unternehmer, so auch beispielsweise Hermann Sock, Geschäftsführer von Heisel Herrenmoden in Heidelberg, auf langjährige Mitarbeiter mit „bis zu 33 Jahren Betriebszugehörigkeit." Dies bietet insbesondere gegenüber filialisierten Unternehmen den Vorteil, dass die Mitarbeiter viele Kunden beim Namen kennen und auch persönlich ansprechen können. Das bestätigt auch Frau Dr. Melitta Büchner-Schöpf, Geschäftsführerin des Modehaus Carl Schöpf in Karlsruhe, die anführt: „Wir haben nur gut geschulte Verkäuferinnen mit langjähriger Erfahrung im Einsatz, die sehr viele Leute persönlich kennen."

Dass qualifiziertes Personals auch in „Zukunft" bei der Strategie der „Optimierer" eine herausragende Rolle spielen wird, zeigt nicht zuletzt der hohe Mittelwert von 4,3 (siehe Abbildung 71), mit dem die betreffenden Unternehmen die Ausprägung dieses Erfolgsfaktors für die kommenden Jahre bewerten.

Der letzte Erfolgsfaktor, dessen Ausprägung im Zusammenhang mit der Strategie der „Optimierer" näher analysiert werden soll, ist das Vorhandensein einer flexiblen Organisation (vgl. hierzu ausführlich Abschnitt C. des Ersten Kapitels).

Abbildung 72: Ausprägung des Erfolgsfaktors „flexible Organisation":
Optimierer

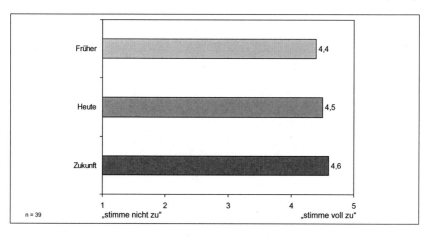

Beim Vergleich der Mittelwerte wird deutlich, dass die „Optimierer" ihre Organisationsstrukturen mit einem Wert von 4,4 bereits im Zeitraum „Früher" als sehr flexibel einstufen (siehe Abbildung 72). Diese Flexibilität hat im Zeitraum „Heute" sogar noch zugenommen, und nimmt auch künftig aus Sicht der betreffenden Unternehmen weiter zu.

Damit betrachten die „Optimierer", trotz einer komplexer werdenden Handelslandschaft, ihre Organisation als ohnehin flexibel und sogar in zunehmendem Maße als anpassungsfähig. Dies kann, gerade gegenüber großen Unternehmen mit mehreren Filialen und einer gewachsenen Organisationsstruktur, von herausragendem Vorteil sein.

Carl Jakob, Geschäftsführer des Kaufhauses Pieper in Saarlouis, sieht beispielsweise in der Möglichkeit, „viele spontane, unorthodoxe Lösungen bieten zu können", einen herausragenden Vorteil gegenüber der Konkurrenz.

II. Modifizierer

1. Entwicklungspfade

Die Entwicklungspfade der „Modifizierer" spiegeln, wie bereits beschrieben, die strategischen Umorientierungen der „Modifizierer" wider. So ergeben sich für die hier zugeordneten Unternehmen zum Zeitpunkt der Erhebung insgesamt drei Entwicklungspfade, die alle von der Strategie des „Optimierers" ausgehen, wie Abbildung 73 verdeutlicht:

Abbildung 73: Entwicklungspfade: Modifizierer

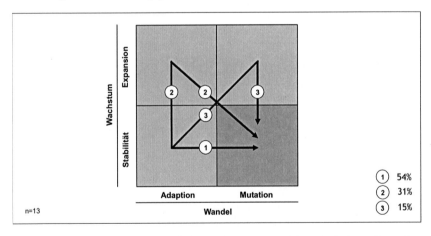

Die meisten der heutigen „Modifizierer", insgesamt 54%, sind ehemalige „Optimierer", die durch die Erfüllung von mindestens einem Mutationskriterium, also entweder durch einen Wechsel des Standorts, des Sortimentsschwerpunkts, des Betriebstyps oder gar der Branche zum „Modifizierer" wurden, wie dem ersten Pfeil zu entnehmen ist (siehe Abbildung 73). Sie haben also ihr ursprüngliches Konzept durch einen Wandel in Form einer Mutation der strategischen Grundausrichtung an veränderte Rahmenbedingungen angepasst.

31% der heutigen „Modifizierer", repräsentiert durch den zweiten Pfeil (siehe Abbildung 73), sind durch eine zweistufige Entwicklung zu ihrer heutigen strategischen Positionierung gelangt. Sie haben zunächst ihr ursprüngliches Konzept expandiert und wurden entweder durch zusätzliche Filialen im In- und gegebenenfalls auch im Ausland oder durch einen zusätzlich betriebenen E-Commerce-Kanal zum „Multiplizierer". Im Anschluss daran haben sie jedoch ihren Expansionskurs verlassen und beispielsweise im Fall einer Filialisierung alle bis auf eine Filiale aufgegeben. Die nun verbleibende Filiale entspricht jedoch nicht der Filiale, mit der das Unternehmen gegründet wurde. Auf Grund des damit einhergehenden Standortwechsels kommt es somit zur Erfüllung eines Mutationskriteriums und damit im Resultat zur Strategie der „Modifizierer". Die betreffenden Unternehmen haben also durch ihre Expansion neue Standorte hinzugewonnen und sich schließlich bei der Refokussierung für einen der neuen Standorte als einzigen Point-of-Sale entschieden.

Der dritte Entwicklungspfad der heutigen „Modifizierer", verdeutlicht durch den dritten Pfeil (siehe Abbildung 73), ist ebenfalls zweistufig, und steht für 15% der analysierten Unternehmen. Diese haben ebenfalls klassisch als „Optimierer" begonnen und dann beispielsweise eines oder mehrere Geschäfte aus anderen Branchen hinzugenommen, womit sie vorübergehend zum „Diversifizierer" wurden. Ebenfalls denkbar ist eine Expansion durch einen branchenfremden oder einen über den Sortimentsschwerpunkt hinausgehenden E-Commerce-Kanal, der dann dazu führt, dass die betreffenden Unternehmen der Strategie der „Diversifizierer" zuzuordnen wären.

In einer ersten Variante erfolgt dann jedoch die Refokussierung auf nur ein Geschäft, das jedoch einer anderen Branche angehört als das ursprüngliche, womit ein Mutationskriterium im Sinne des Branchenwechsels vorliegt. Damit sind diese Unternehmen dann der Strategie der „Modifizierer" zuzuordnen. Sie haben durch ihre Diversifikation erkannt, dass die neu hinzugewonnene Branche, die ggf. einmal als zweites Standbein dienen sollte, lukrativer ist als ihre ursprüngliche Branche, und sich schließlich voll und ganz auf die neue Ausrichtung konzentriert.

In einer zweiten Variante ist denkbar, dass zwar ebenfalls eine Refokussierung auf ein Geschäft erfolgt, das jedoch der ursprünglichen Branche angehört. Allerdings erfolgt die Weiterführung der Geschäftstätigkeit an einem Standort, der nicht dem ursprünglichen Standort entspricht, wodurch ebenfalls ein Mutationskriterium erfüllt wird.

2. Entwicklungsmuster

Was die zur Strategie der „Modifizierer" gehörenden Entwicklungsmuster und damit die zeitliche Abfolge ihrer strategischen Umorientierungen anbelangt, so ergeben sich hier insgesamt drei Muster:

Abbildung 74: Entwicklungsmuster: Modifizierer

Entwicklungsmuster	Opportunistische Modifikation	Sukzessive Modifikation	Wachstumsinduzierte Modifikation
Schema			
	Mutation → Zeit	Mutation → Zeit	Mutation/Expansion → Zeit
Entwicklungspfad(e)	① Optimierer -> Modifizierer	① Optimierer -> Modifizierer	② Optimierer -> Multiplizierer -> Modifizierer ③ Optimierer -> Diversifizierer -> Modifizierer
Anteil der Modifizierer	31 %	23 %	46 %

n=13

Das erste Entwicklungsmuster (siehe Abbildung 74), bezeichnet als „Opportunistische Modifikation", bezieht sich auf den Entwicklungspfad vom „Optimierer" zum „Modifizierer", symbolisiert durch den ersten Pfeil des Entwicklungspfades (siehe Abbildung 73). Das Koordinatensystem dieses Schemas besteht aus den Achsen Zeit und Mutation, da beim Wechsel vom „Optimierer" zum „Modifizierer" nur Mutationskriterien eine Rolle spielen. 31 % der heutigen „Modifizierer" haben somit lediglich einen Mutationsschritt in ihrer Unternehmensgeschichte zu verzeichnen, also beispielsweise einmal ihren Standort, Sortimentsschwerpunkt, Betriebstyp oder ihre Branche gewechselt. Dass dieses Schema als „Opportunistische Modifikation" bezeichnet wird ist darauf zurückzuführen, dass ein derartiges Mutationsverhalten oft mit einer einmaligen Gelegenheit einhergeht, die strategische Grundausrichtung zu wechseln. So kann es beispielsweise vorkommen, dass im Nachbarort eines Unternehmens ein besserer Standort als der bisherige frei wird und der Unternehmer dies als einmalige Gelegenheit begreift und den Standortwechsel durchführt, ohne später nochmals einen grundlegenden Wandel im Sinne einer Mutation durchzuführen.

Dem zweiten Entwicklungsmuster, der „Sukzessiven Mutation", liegt ebenfalls ein Koordinatensystem mit den Achsen Zeit und Mutation zu Grunde. Auch der Mutationspfad, den sämtliche der hier zugeordneten 23 % aller Modifizierer durchliefen, beginnt beim „Optimierer" und führt direkt zum „Modifizierer". Er entspricht dem ersten Pfeil in Abbildung 73. Das Entwicklungsmuster der „Sukzessiven Mutation" unterscheidet sich dennoch grundlegend von dem der „Opportunistischen Mutation", da die hier zugeordneten Unternehmen in mehr oder weniger regelmäßigen Abschnitten Wechsel in ihrer grundlegenden Unternehmensstrategie vorgenommen haben. Dies kann beispielsweise bedeuten, dass Unternehmen mehrfach ihren Sortimentsschwerpunkt änderten, oder zunächst einen Standortwechsel vornahmen, dann das Sortiment änderten, dann den Betriebstyp und schließlich gegebenenfalls sogar die Branche. Dieses Entwicklungsmuster repräsentiert somit die „Modifizierer", die sich stark und relativ regelmäßig an neue Umfeldbedingungen angepasst haben.

Das dritte Entwicklungsmuster, die „Wachstumsinduzierte Modifikation", gilt insgesamt für 46 % aller „Modifizierer" und beinhaltet sowohl den zweiten als auch den dritten Entwicklungspfad der unter dieser Strategie zusammen gefassten Unternehmen (siehe Abbildung 74). Das Koordinatensystem des zu Grunde liegenden Schemas umfasst auf der Abszisse ebenfalls die Zeit, während auf der Ordinate sowohl Mutation als auch Expansion als Ausprägungen relevant sind. Dies ist darauf zurückzuführen, dass das Entwicklungsmuster auf dem zweiten und dritten Entwicklungspfad aufbaut (siehe Abbildung 73), die beide sowohl Expansionskriterien als auch Mutationskriterien betreffen.

Die erste Variante der „Wachstumsinduzierten Modifikation" bezieht sich auf den zweiten Entwicklungspfad (siehe Abbildung 73), der vom „Optimierer" über den „Multiplizierer" zum „ Modifizierer" führt, und steht für diejenigen Unternehmen, die ihr Konzept zunächst expandierten, also beispielsweise durch Filialisierung wuchsen. Danach trennten sie sich jedoch wieder von ihren Filialen und behielten nur noch ein Geschäft, das jedoch nicht das Ursprungsgeschäft darstellte. Dieses Entwicklungsmuster nimmt somit Bezug auf die Faktoren Zeit und Expansion im Koordinatensystem, da die Mutation durch das Wachstum in Form der Expansion ausgelöst wurde.

Die zweite Variante der „Wachstumsinduzierten Modifikation" basiert auf dem dritten Entwicklungspfad der „Modifizierer" (siehe Abbildung 73), also dem vom „Optimierer" über den „Diversifizierer" zum „Modifizierer". Die hier zugeordneten Unternehmen haben somit zunächst ihr Konzept diversifiziert, also beispielsweise weitere Geschäfte aus einer anderen Branche hinzugenommen, oder einen E-Commerce-Kanal aufgebaut, in dem Waren aus anderen Branchen angeboten wurden. Da dies sowohl Expansions- als auch Mutationskriterien betrifft, finden sich die beiden Ausprägungen Mutation und Expansion auf dem Koordinatensystem des Schemas (siehe Abbildung 74). Nach der beschriebenen Diversifikation haben die betreffenden Unternehmen ihre Expansion jedoch wieder rückgängig gemacht und haben sich nur auf ein Geschäft beschränkt, das jedoch nicht der Branche zuzuordnen ist, mit der sie gestartet sind. Somit erfolgt bei diesen Unternehmen die Modifikation durch einen wachstumsinduzierten Branchenwechsel.

3. Ausprägung der Erfolgsfaktoren

Die nachfolgende Analyse widmet sich, basierend auf der standardisierten Befragung, denjenigen Erfolgsfaktoren, bei denen ein signifikanter Beitrag zum Unternehmenserfolg im Zeitraum "Heute" nachgewiesen werden konnte. Sie werden anhand ihrer Ausprägung im Zuge der Strategie der „Modifizierer" nachfolgend umfassend analysiert.

Zunächst erfolgt eine Betrachtung des Erfolgsfaktors Standort, den die „Modifizierer" wie folgt bewerten:

Abbildung 75: Ausprägung des Erfolgsfaktors „guter Standort": Modifizierer

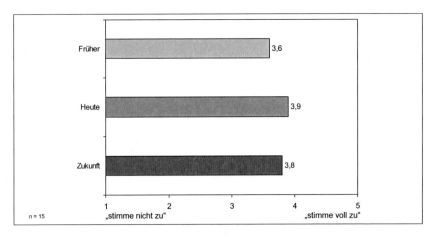

Beim Vergleich der Mittelwerte wird deutlich, dass die Strategie des „Modifizierers" oft gerade deswegen vorliegt, weil Unternehmen erkannt haben, dass ihr ursprünglicher Standort den Rahmenbedingungen gegebenenfalls nicht mehr gerecht wird und sie aus diesem Grund beschließen, ihn zu verlagern. Eine derartige Mutation und die damit einhergehende Verbesserung des Standorts könnte dazu beitragen, dass die Unternehmen ihren Standort „Heute", mit 3,9, besser bewerten als „Früher, mit 3,6 (siehe Abbildung 75). So bekräftigt auch Dieter Hollnack, Geschäftsführer des Juwelier Oeke in Weimar, der bereits den Standort gewechselt hat: „Ein Standort in 1A-Lage ist für einen klassischen Juwelier immer wichtig."

Für die kommenden Jahre sehen jedoch auch die „Modifizierer" einen leichten Rückgang ihrer Standortqualität, der sich in einem Rückgang des Mittelwertes um 0,1 auf einen Wert von 3,8 äußert (siehe Abbildung 75). Damit entspricht die zukünftige Bewertung exakt dem Mittelwert der gesamten Stichprobe (siehe Abbildung 34).

Neben dem Standort zählen auch intensive Kooperationen zu den Erfolgsfaktoren, die im Rahmen der Strategie des „Modifizierers" nachfolgend näher betrachtet werden sollen.

Abbildung 76: Ausprägung des Erfolgsfaktors „intensive Kooperationen": Modifizierer

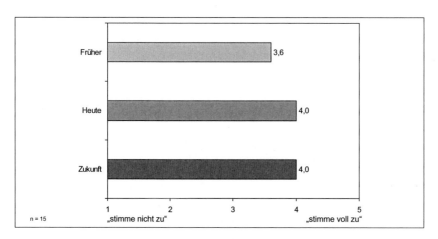

Vergleicht man die Mittelwerte bezüglich des Faktors Kooperation, so zeigt sich auch hier eine deutliche Zunahme der Kooperationsintensität (siehe Abbildung 76). Während die betrachteten Unternehmen in der Zeitspanne nach dem 2. Weltkrieg die Intensität von Kooperationen noch mit einem Mittelwert von 3,6 bewerten, steigt dieser für die jüngere Vergangenheit immerhin auf einen Mittelwert von 4,0. Die heutigen „Modifizierer", die auf Grund der Ausprägung Stabilität der Dimension Wachstum ebenfalls zu den kleineren/mittleren Unternehmen zu zählen sind, haben also den Mehrwert von intensiven Kooperationstätigkeiten erkannt und diese im Zeitablauf zunehmend intensiv betrieben.

Dass sich gerade bei kleineren Unternehmen Kooperationen nicht nur auf die klassischen Felder, wie beispielsweise einen gemeinsamen Einkauf, beziehen müssen, sondern durchaus auch informeller Natur sein können, zeigt Charlotte Schubnell, Geschäftführerin von Schuh-Sport-Mode Schubnell in Friesenheim. Neben den gängigen Einkaufskooperationen pflegt sie bewusst auch Kooperationen „vor Ort, beispielsweise hinsichtlich der Schaufensterdekoration", die im Austausch für andere Kooperationsleistungen mit einem befreundeten Fachgeschäft stattfinden.

Für den Zeitraum „Zukunft" antizipieren die „Modifizierer" mit einem Mittelwert in Höhe von 4,0 zwar keine weitere Steigerung, aber immerhin Kooperationstätigkeiten in vergleichbarer Intensität wie in der jüngeren Vergangenheit (siehe Abbildung 76). Dennoch liegen sie sowohl im Zeitraum „Heute" als auch zukünftig leicht unter dem Durchschnitt der gesamten Stichprobe (siehe Abbildung 39), was die Intensität der Kooperationen betrifft.

Ein weiterer wichtiger Erfolgsfaktor, der nachfolgend näher analysiert werden soll, ist die Innovationsfähigkeit eines Unternehmens. Im Fall der Strategie der „Modifizierer" ergeben sich nachfolgende Ausprägungen:

Abbildung 77: Ausprägung des Erfolgsfaktors „hohe Innovativität":
Modifizierer

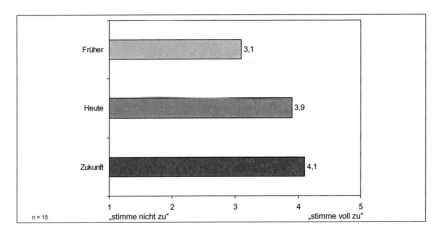

Beim Vergleich der Mittelwerte dieses Erfolgsfaktors wird deutlich, dass sich insbesondere der Wert für den Zeitraum „Früher" in Höhe von 3,1 deutlich von dem für den Zeitraum „Heute", mit 3,9, unterscheidet (siehe Abbildung 77). Die „Modifizierer" haben also seit ihrer Unternehmensgründung nach eigener Einschätzung deutlich an Innovationskraft zugenommen.

Die Innovationsfähigkeit ist gerade auch bei dieser Handelsstrategie eine wichtige Grundvoraussetzung, da sich die „Modifizierer", wie bereits in Abschnitt B. und C. II. des Zweiten Kapitels aufgezeigt, insbesondere dadurch auszeichnen, dass sie sich mehr oder weniger regelmäßig durch Mutationen an die herrschenden Rahmenbedingungen anzupassen versuchen. Dies unterstreicht auch Rainer Kraus, Geschäftsführer von Feinkost Diesinger in Saarbrücken, der „Experimentierfreudigkeit" und „Anpassungsfähigkeit" seit jeher als wichtige Grundvoraussetzungen für ein erfolgreiches Einzelhandelsgeschäft sieht.

Zukünftig schätzen sich die „Modifizierer", mit 4,1 (siehe Abbildung 77), sogar noch etwas innovativer ein als im Zeitraum „Heute", und liegen damit um 0,1 höher als der Gesamtdurchschnitt der Stichprobe (siehe Abbildung 47).

Neben der Innovationskraft stellt ein profiliertes Sortiment auch für die Strategie der „Modifizierer" einen zentralen Erfolgsfaktor dar, der nachfolgend näher betrachtet wird.

Abbildung 78: Ausprägung des Erfolgsfaktors „profiliertes Sortiment":
Modifizierer

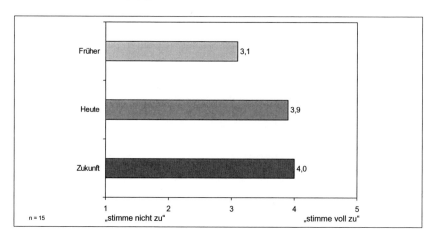

Auch bei der Betrachtung dieses Erfolgsfaktors wird deutlich, dass für den Zeitraum „Heute" eine deutliche Profilierung des Sortiments gegenüber dem Zeitraum „Früher" wahrgenommen wird. Während die „Modifizierer" diesen Faktor zum Zeitpunkt der Befragung im Mittel mit 3,9 bewerten, erhält er für die Zeit nach der Unternehmensgründung lediglich eine durchschnittliche Bewertung von 3,1 (siehe Abbildung 78). In diesem Zusammenhang setzt Renate Kalup, Geschäftsführerin der Parfümerie Kräblin in Chemnitz, bereits seit der Unternehmensgründung auf „Individualität im Sortiment".

Für die kommenden zehn Jahre bewerten sich die „Modifizierer" mit einem Mittelwert von 4,0 bezüglich ihres Sortiments sogar noch etwas profilierter als zum Zeitpunkt der Befragung. Damit liegen sie exakt auf dem durchschnittlichen Wert der Gesamtstichprobe, was den Faktor Sortiment zu diesem Zeitraum anbelangt (siehe Abbildung 29).

Ein weiterer grundlegender Erfolgsfaktor, der auch im Zusammenhang mit der Strategie der „Modifizierer" näher untersucht werden soll, ist das Serviceniveau.

Abbildung 79: Ausprägung des Erfolgsfaktors „hohes Serviceniveau":
Modifizierer

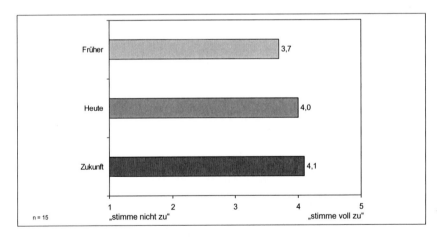

Wie Abbildung 79 verdeutlicht, stufen die „Modifizierer" ihr Serviceniveau im Zeitraum „Früher" mit einem durchschnittlichen Wert von 3,7 bereits verhältnismäßig hoch ein. Für den Zeitraum „Heute" fällt die Beurteilung sogar noch positiver aus, was sich in einem Mittelwert von 4,0 niederschlägt. Ein hohes Serviceniveau ist somit auch von kleineren/mittleren Geschäften, zu denen die

Unternehmen der betrachteten Strategie ebenfalls zu zählen sind, durchaus realisierbar und erstrebenswert. Dabei liegt die Stärke dieser Unternehmen insbesondere in der individuellen Kundenbetreuung. Ein Faktor, der von größeren Unternehmen in der Regel kaum geleistet werden kann. Ein Beispiel hierfür liefert Barbara Summerer, Geschäftsführerin der Parfümerie Wäschegalerie Boos in Andernach: Sie setzt gezielt auf „ehrliche Beratung" und führt an, dass hier „kein pures Verkaufen, sondern eine intensive Beschäftigung mit dem Kunden" praktiziert wird. Dies führt in letzter Konsequenz auch dazu, dass „offen angesprochen wird, wenn etwas nicht passt."

Zukünftig antizipieren die „Modifizierer" sogar noch einen leichten Anstieg ihres Serviceniveaus, was sich in einem Mittelwert von 4,1 widerspiegelt (siehe Abbildung 79). Somit liegen die „Modifizierer" bezüglich ihres Serviceniveaus in allen Zeiträumen über den Mittelwerten der Gesamtstichprobe (siehe Abbildung 32).

Eng verbunden mit einem hohen Serviceniveau und wichtige Voraussetzung für ein erfolgreiches Einzelhandelsgeschäft ist außerdem ein qualifiziertes Personal.

Abbildung 80: Ausprägung des Erfolgsfaktors „qualifiziertes Personal":
Modifizierer

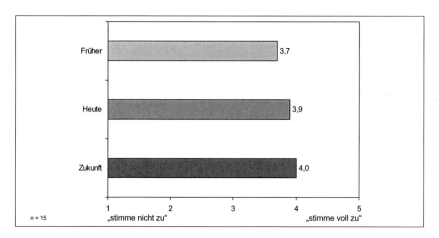

In diesem Kontext bewerten die „Modifizierer" ihr Personal im Zeitraum „Früher" mit einem Mittelwert von 3,7 (siehe Abbildung 80). Auch bei diesem Erfolgsfaktor ergibt sich eine Steigerung des Mittelwertes im Zeitverlauf, da er von den betrachteten Unternehmen im Zeitraum „Heute" bereits mit 3,9 und für die kommenden Jahre sogar mit 4,0 bewertet wird.

Damit zeigt sich, dass auch die „Modifizierer" die Rolle von gut ausgebildeten Mitarbeitern bereits früh erkannt haben, und deren Qualifikationsanforderungen auch in Zukunft hoch ansetzen. Qualifiziertes Personal ist gerade auch bei Fachgeschäften aus Branchen, die beratungsintensive Produkte vertreiben, ein wichtiger Erfolgsfaktor, so ist sich Ulrich Dinkel, Geschäftsführer von Wilhelm Dinkel in Tübingen, sicher. Da das Fachgeschäft für Glas, Porzellan, Besteck, Küchengeräte und Geschenkartikel über „viele sehr beratungsintensive Produkte" im Sortiment verfügt, gilt sein Kredo: „Das Personal muss mit der Ware vertraut sein." Um dies gewährleisten zu können, bildet er, wie viele andere Unternehmen dieser Strategierichtung, Personal auch selber aus und weiter.

Der letzte Erfolgsfaktor, der im Zusammenhang mit der Strategie des „Modifizierers" nachfolgend näher betrachtet werden soll, ist die Organisation.

Abbildung 81: Ausprägung des Erfolgsfaktors „flexible Organisation":
Modifizierer

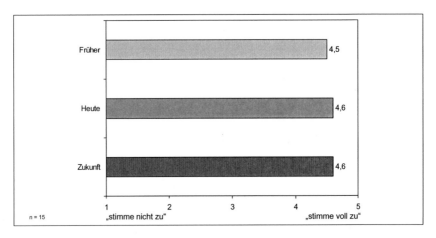

Auf Grund der überschaubaren Unternehmensgröße, die mit der Strategie des „Modifizierers" einhergeht, verfügen Unternehmen dieser Strategierichtung in der Regel über eine flexible Organisationsstruktur, die schnelle Reaktionen auf sich verändernde Rahmenbedingungen zulässt.

Dies zeigt sich auch in den hohen Mittelwerten, wobei die Organisation bereits im Zeitraum „Früher" mit 4,5 als sehr flexibel bewertet wird, und in den Zeiträumen „Heute" und „Zukunft" mit einem Wert von 4,6 sogar als noch flexibler beurteilt wird (siehe Abbildung 81).

III. Multiplizierer

1. Entwicklungspfade

Die nachfolgende Analyse widmet sich den Entwicklungspfaden der „Multiplizierer" und reflektiert somit deren strategische Umorientierungen und damit deren Strategiewechsel. Dabei ergibt die empirische Analyse die folgenden zwei Entwicklungspfade:

Abbildung 82: Entwicklungspfade: Multiplizierer

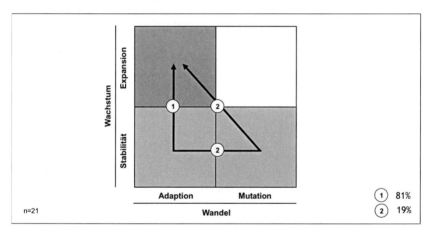

Der erste Pfad, der mit insgesamt 81 % die deutliche Mehrheit der betrachteten Unternehmen ausmacht, führt von der Strategie der „Optimierer" direkt zu derjenigen der „Multiplizierer" (siehe Abbildung 82). Unternehmen, die diesem Entwicklungsmuster gefolgt sind, verfolgen eine klassische Expansionsstrategie, indem sie ein bewährtes Konzept, das in der Regel an einem Standort erprobt wurde, schließlich multiplizieren. Dies kann, wie bereits erwähnt, durch Filialisierung im In- und Ausland, aber auch im Sinne des Multi-Channel-Retailing durch die Etablierung eines parallelen E-Commerce-Kanals erfolgen. Der zweite Entwicklungspfad, der immerhin auf 19 % der analysierten Unternehmen zutrifft, führt vom „Optimierer" über den „Modifizierer" zum „Multiplizierer" (siehe Abbildung 82). Die betreffenden Unternehmen haben also zunächst ihr ursprüngliches Konzept modifiziert, also im Sinne eines mutativen Wandels den Sortimentsschwerpunkt, den Standort, den Betriebstyp oder die Branche gewechselt, und dann erst damit begonnen, ihr Konzept zu expandieren. Es wurde also zuerst erprobt und modifiziert, bevor es den Anforderungen gerecht wurde und in Form einer Filialisierung, ggf. im In- und Ausland, bzw. durch einen zusätzlichen E-Commerce-Kanal, multipliziert werden konnte.

2. Entwicklungsmuster

Was die Entwicklungsmuster des „Multiplizierers" anbelangt, so ergeben sich hier, im Hinblick auf die beschriebenen Entwicklungspfade (siehe Abbildung 82), insgesamt vier Entwicklungsmuster:

Abbildung 83: Entwicklungsmuster: Multiplizierer

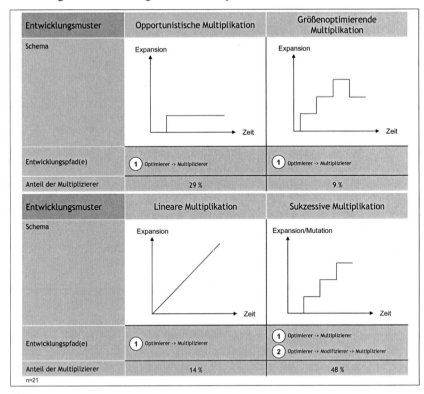

Das erste Entwicklungsmuster, die „Opportunistische Multiplikation", zeigt eine enge Verwandtschaft zum Muster der „Opportunistischen Modifikation" der Modifizierer (vgl. Abschnitt C. II. 2. dieses Kapitels; Abbildung 74), wobei das dazugehörige Koordinatensystem, neben der Zeit, in diesem Fall die Ausprägung Expansion beinhaltet. Das Muster selbst bezieht sich auf den ersten Entwicklungspfad der Multiplizierer (siehe Abbildung 82) und reflektiert dabei die zeitliche Abfolge der Strategieentwicklung von insgesamt 29 % der Unternehmen, die heute diese Strategie verfolgen. Das Schema der „Opportunistischen Multiplikation" (siehe Abbildung 83) verdeutlicht, dass die betreffenden Unternehmen in ihrer Historie genau einmal eines der Expansionskriterien erfüllten, also entweder eine zusätzliche Filiale hinzugenommen oder einen parallelen E-Commerce-Kanal hinzugeschaltet haben, womit sie vom „Optimierer" zum „Multiplizierer" wurden. In der Regel ist dieses Verhalten auf eine günstige Gelegenheit zurückzuführen, die von den betreffenden Unternehmen wahrgenommen wurde, um sich zu vergrößern. Nach dieser einmaligen Expansion haben die betreffenden Unternehmen jedoch keine weiteren Schritte unternommen, sich weiter zu vergrößern.

Das zweite Entwicklungsmuster der heutigen „Multiplizierer", die „Größenoptimierende Multiplikation" (siehe Abbildung 83), bezieht sich ebenfalls auf den ersten Entwicklungspfad (siehe Abbildung 82). Die hier zuzuordnenden Unternehmen haben also gleichermaßen den direkten Weg vom „Optimierer" zum „Multiplizierer" eingeschlagen. Das dazu gehörige Koordinatensystem umfasst daher ebenfalls die Achsen Zeit und Expansion. Das Entwicklungsmuster verdeutlicht, dass die Expansion der Unternehmen mehr als einen Expansionsschritt umfasst, also mehrere Filialen und gegebenenfalls auch ein E-Commerce-Kanal etabliert wurden. Allerdings haben die expandierenden Unternehmen irgendwann damit begonnen, sich auch wieder von einzelnen Filialen bzw. ihrem E-Commerce-Kanal zu trennen. Dennoch blieben die betrachteten Unternehmen „Multiplizierer", verfügten also, anders als zur Zeit direkt nach der Unternehmensgründung, über mehrere Filialen bzw. Verkaufskanäle. Dies ist damit zu erklären, dass die Unternehmen erkannt haben, dass sie in ihrem Markt eine kritische Größe erreicht haben und eine weitere Expansion nicht in Betracht gezogen wurde. Eine derartige Entwicklung bestätigt beispielsweise Bernd Enge, Prokurist der Glani Verwaltungs GmbH in Hamburg, der nach einer Zeit der Expansion nun eine ideale Anzahl der Supermärkte seines Verantwortungsbereichs in Hamburg sieht und dem „Größenwahn nach Umsätzen" eher skeptisch gegenüber steht.

Das dritte Entwicklungsmuster der „Multiplizierer" ist die „Lineare Multiplikation" (siehe Abbildung 83). Auch diese bezieht sich ausschließlich auf den ersten Entwicklungspfad dieser Strategie, vom „Optimierer" zum „Multiplizierer" (siehe Abbildung 82), und repräsentiert 14% der heutigen „Multiplizierer". Das Koordinatensystem des Schemas umfasst ebenfalls die beiden Achsen Zeit und Expansion und verdeutlicht, dass die hier einzuordnenden Unternehmen ein Wachstum zu verzeichnen haben, das deutlich kontinuierlicher und stärker ausgeprägt ist als bei den beiden vorherigen Entwicklungsmustern. Ihre Expansion erfolgte mehr oder weniger regelmäßig und dauerte auch zum Zeitpunkt der Erhebung noch an. Das Muster steht insbesondere für die so genannten Filialisten, die ein erfolgreiches Geschäftskonzept gezielt, regelmäßig und in großem Umfang vervielfältigen. 33 % der hier zugeordneten Unternehmen haben diese Expansionsbestrebungen auch gezielt über die Landesgrenzen hinweg vorangetrieben und damit das Expansionskriterium „Internationalisierung" mit diesem Entwicklungsmuster realisiert.

Das vierte Muster, die „Sukzessive Multiplikation", ist mit 48% das am meisten verbreitete Entwicklungsmuster der heutigen „Multiplizierer" (siehe Abbildung 83). Es basiert auf beiden Entwicklungspfaden der „Multiplizierer" (siehe Abbildung 82). Da dies sowohl den Pfad vom „Optimierer" direkt zum „Multiplizierer" als auch den vom „Optimierer" über den „Modifizierer" zum „Multiplizierer" einschließt, umfasst das dazugehörige Koordinatensystem neben der Zeit sowohl die Ausprägung Expansion als auch Mutation.

80 % der diesem Entwicklungsmuster zugeordneten Unternehmen haben den ersten Entwicklungspfad eingeschlagen (siehe Abbildung 82), sich also vom „Optimierer" direkt zum „Multiplizierer" entwickelt. Die „Sukzessive Multiplikation" soll in diesem Fall verdeutlichen, dass diese Unternehmen regelmäßig neue Filialen bzw. gegebenenfalls auch einen E-Commerce-Kanal hinzugenommen haben, analog zum Entwicklungsmuster der „Linearen Multiplikation", allerdings in weitaus kleinerem Umfang gewachsen sind als bei diesem Muster. Auch bei ihnen dauerte die Expansion zum Zeitpunkt der Befragung noch an.

20 % der analysierten Unternehmen dieses Entwicklungsmusters haben den zweiten Entwicklungspfad der „Multiplizierer" eingeschlagen, wandelten sich also vom „Optimierer" zunächst zum „Modifizierer", und wurden dann erst, durch eine Multiplikation ihres neuen Geschäftskonzeptes, zum „Multiplizierer". In diesem Fall ist der erste Schritt des Entwicklungsmusters auf einen Wechsel in der strategischen Grundausrichtung im Sinne einer Mutation zurückzuführen und erst die folgenden Schritte beziehen sich auf ein sukzessives, wenn auch moderates Wachstum im Sinne einer Expansion.

3. Ausprägung der Erfolgsfaktoren

Die nachfolgende Analyse widmet sich der Ausprägung der wichtigsten Erfolgsfaktoren im Rahmen der Strategie der „Multiplizierer". Dabei werden der Analyse die Daten der standardisierten Befragung zu Grunde gelegt und jene Erfolgsfaktoren näher betrachtet, denen ein signifikant positiver Einfluss auf den
Unternehmenserfolg im Zeitraum „Heute" nachgewiesen werden konnte (vgl.
hierzu ausführlich Abschnitt C. des Ersten Kapitels).

Der erste Erfolgsfaktor, der im Rahmen dieser Strategie nachfolgend näher betrachtet werden soll, ist die Standortqualität (vgl. hierzu ausführlich Abschnitt C.
III. 2. e) des Ersten Kapitels).

Abbildung 84: Ausprägung des Erfolgsfaktors „gute Standorte": Multiplizierer

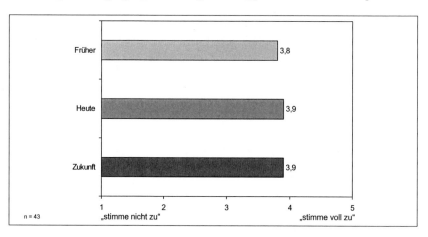

Die „Multiplizierer" schätzen, wie Abbildung 84 verdeutlicht, die Qualität ihrer
Standorte im Zeitverlauf in relativ konstanter Höhe ein. So bewerten die Unternehmen im Zeitraum „Früher" ihre Standorte mit einem Mittelwert von 3,8 und
im Zeitraum „Heute" mit einem Wert von 3,9. Mit diesen Einschätzungen liegen
sie exakt auf dem Durchschnitt der gesamten Stichprobe (siehe Abbildung 34).
Während der Durchschnitt aller Handelsunternehmen für die „Zukunft" jedoch
einen leichten Rückgang der Standortqualität antizipiert, prognostizieren die
„Multiplizierer" für diesen Zeitraum eine Standortgüte in gleicher Höhe wie
zum Zeitpunkt der Befragung.

Dies könnte unter anderem darauf zurückzuführen sein, dass die „Multiplizierer" schon auf Grund ihrer verfolgten Strategie einen höheren Einfluss auf die durchschnittliche Güte ihrer Standorte haben, als beispielsweise Unternehmen, die seltener bis gar nicht den Standort wechseln (vgl. hierzu ausführlich Abschnitt B. des Zweiten Kapitels). Durch neu hinzukommende Filialen an besseren Standorten ergibt sich beim „Multiplizierer" stets die Möglichkeit, auf veränderte Rahmenbedingungen hinsichtlich des Faktors Standort zu reagieren, was auch die tendenziell bessere Bewertung dieses Faktors erklärt.

Bernd Enge, Prokurist der Glani Verwaltungs GmbH in Hamburg, betrachtet die Standorte heute als den wichtigsten Erfolgsfaktor. So sind seiner Ansicht nach nicht nur „die Größe und die Umsätze entscheidend, sondern vor allem auch die Qualität der Standorte."

Neben den Standorten sollen nachfolgend auch die Kooperationsaktivitäten der heutigen „Multiplizierer" einer näheren Betrachtung unterzogen werden (vgl. hierzu ausführlich Abschnitt C. III. 2. f) des Ersten Kapitels):

Abbildung 85: Ausprägung des Erfolgsfaktors „intensive Kooperationen":
Multiplizierer

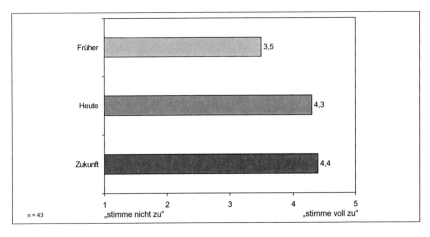

Beim Vergleich der Zeiträume fällt auf, dass die von den „Multiplizierern" wahrgenommene Intensität ihrer Kooperationen im Laufe der Zeit deutlich zugenommen hat. Während die Unternehmen dieser Strategie die Kooperationsintensität im Zeitraum „Früher" noch mit einem Mittelwert von 3,5 beurteilen, fällt die Bewertung im Zeitraum „Heute" mit einem Wert von 4,3 bereits deutlich höher aus (siehe Abbildung 85). Damit liegt die Beurteilung der Intensität der Kooperationen bei den „Multiplizierern" zum Zeitpunkt der Befragung höher als beim Durchschnitt der gesamten Stichprobe.

Auch für die Zukunft prognostizieren die „Multiplizierer" noch eine weitere Steigerung ihrer Kooperationsintensität, was sich in einem Mittelwert von 4,4 widerspiegelt (siehe Abbildung 85). Somit liegen sie auch in diesem Zeitraum über dem Durchschnitt der Stichprobe, bei welcher der Mittelwert des betrachteten Erfolgsfaktors bei 4,3 liegt (siehe Abbildung 38).

Ebenfalls analysiert werden soll nachfolgend die Ausprägung des Faktors Innovation, der auch für die heutigen „Multiplizierer" zu den zentralen Erfolgsfaktoren zu zählen ist (vgl. hierzu ausführlich Abschnitt C. III. 2. i) des Ersten Kapitels).

Abbildung 86: Ausprägung des Erfolgsfaktors „hohe Innovativität":
Multiplizierer

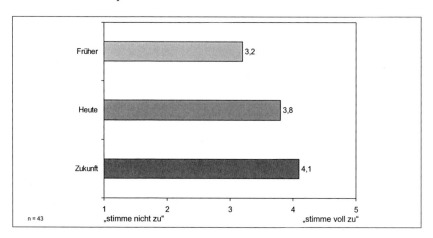

Wie Abbildung 86 verdeutlicht, stufen sich die „Multiplizierer" mit einem Mittelwert von 3,8 zum Zeitpunkt der Befragung wesentlich innovativer ein als noch im Zeitraum „Früher".

Dass Innovationen gerade auch für filialisierte Unternehmen eine zentrale Rolle spielen, bestätigt Frank Albrecht, Geschäftsführer der Parfümerie Albrecht in Frankfurt a.M. Neuheiten, die sich beispielsweise im Bereich des Sortiments, der Warenpräsentation oder im Ladenbau ergeben, werden stets auf eine Umsetzung hin geprüft und gegebenenfalls in das Geschäftskonzept integriert. Auch wenn „Experimentierfreudigkeit" schon immer ein wichtiger Faktor für den Erfolg der Stadtparfümerie war, betont Herr Albrecht die Relevanz, sich kritisch mit vermeintlichen Neuerungen auseinander zu setzen, indem er anfügt: „Man muss auf das richtige Pferd setzen!"

Für die „Zukunft" prognostizieren die „Multiplizierer" mit einem Mittelwert von 4,1 einen weiteren Anstieg ihrer eigenen Innovationskraft (siehe Abbildung 86). Damit liegen sie in diesem Zeitraum leicht über dem Gesamtdurchschnitt der Stichprobe, der hier bei einem Mittelwert von 4,0 liegt (siehe Abbildung 47).

Ein Erfolgsfaktor, der für sämtliche der betrachteten Handelsstrategien eine zentrale Rolle spielt, ist der eines profilierten Sortiments (vgl. hierzu ausführlich Abschnitt C. III. 2. c) des Ersten Kapitels). Für die Strategie der „Multiplizierer" ergeben sich in diesem Zusammenhang folgende Einschätzungen innerhalb der drei betrachteten Zeiträume:

Abbildung 87: Ausprägung des Erfolgsfaktors „profiliertes Sortiment":
Multiplizierer

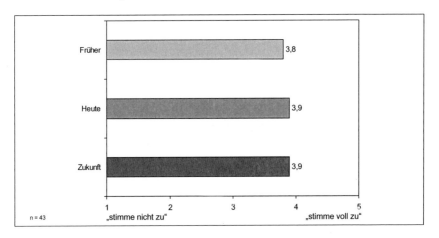

Wie Abbildung 87 zu entnehmen ist, beurteilen die „Multiplizierer" ihr Sortiment im Zeitraum „Heute" tendenziell als profilierter im Vergleich zur Zeitspanne direkt nach dem Zweiten Weltkrieg. Dies äußert sich in einem Mittelwert von 3,8 für den Zeitraum „Früher" gegenüber einer Bewertung von 3,9 für den Zeitraum „Heute". Für die „Zukunft" gehen die heutigen „Multiplizierer" davon aus, dass ihr Sortiment bezüglich der Profilierung auf dem gleichen Niveau bleibt wie zum Zeitpunkt der Befragung. Allerdings liegen sie mit dieser Einschätzung knapp unter dem Durchschnitt der gesamten Stichprobe. Hier liegen die Werte für „Heute" und „Zukunft" jeweils bei einem Mittelwert von 4,0 (siehe Abbildung 29). Auch wenn ein profiliertes Sortiment für die heutigen „Multiplizierer" einen wichtigen Erfolgsfaktor darstellt, war die Profilierungsfunktion des Sortiments in früheren Zeiten eher nebensächlich. Während heute erfolgsentscheidend ist, die „richtige Ware" vorhalten zu können, stand früher die „reine Warenverfügbarkeit" im Vordergrund, erinnert sich Andreas Ganzbeck, Geschäftsführer des Modehaus Ganzbeck in Neuötting.

Dabei ist bei der Strategie der „Multiplizierer", die dadurch gekennzeichnet ist, dass die hier zuzuordnenden Unternehmen in der Regel über mehrere Standorte verfügen (vgl. hierzu ausführlich Abschnitt B. des Zweiten Kapitels), von zunehmender Relevanz, dass sie am jeweiligen Standort über ein zu den Konsumentenbedürfnissen passendes Sortiment verfügen. Diese Anforderung hat auch Werner Stegmaier, Geschäftsführer des Modehauses Fischer & Stegmaier mit Hauptsitz in Gingen an der Fils erkannt, und setzt „auf die Zielgruppe und die Region abgestimmte Sortimente."

Neben dem Sortiment als Erfolgsfaktor soll nachfolgend auch der Faktor Service (vgl. hierzu ausführlich Abschnitt C. III. 2. d) des Ersten Kapitels) im Zusammenhang mit der Strategie der „Multiplizierer" näher betrachtet werden.

Abbildung 88: Ausprägung des Erfolgsfaktors „hohes Serviceniveau":
  Multiplizierer

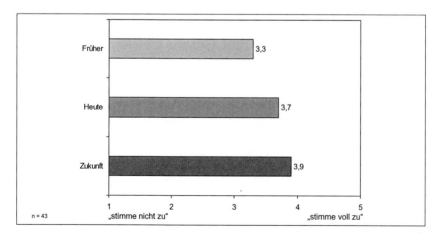

Im Zeitvergleich wird deutlich, dass bei den „Multiplizierern" insbesondere zwischen den Zeiträumen „Früher" und „Heute" eine deutliche Zunahme des Serviceniveaus stattgefunden hat, was sich in einer Steigerung der Mittelwerte von 3,3 auf 3,9 widerspiegelt (siehe Abbildung 88).

Obgleich diese Entwicklungen von einigen Unternehmen bestätigt werden, die dem Service in früheren Zeiten eine eher geringere Bedeutung beigemessen haben, gibt es auch Unternehmensbeispiele, bei denen der Service seit jeher eine fundamentale Rolle spielt. So bekräftigt Roland Meyer, Geschäftsführer und Gründer von Elektro Meyer mit Hauptsitz in Heusweiler bei Saarbrücken die „Philosophie, die Firma um die Serviceleistungen herum aufzubauen." Dass diese auch heute noch Bestand hat, zeigt sich nicht zuletzt darin, dass sich der Slogan „Wir wollen, dass Sie zufrieden sind!" sogar im Logo des Unternehmens wieder findet. „Wir gehen unseren Weg, wie wir ihn begonnen haben", betont Herr Meyer, und fügt an: „Über allem steht die Kundenzufriedenheit."

Was die künftige Bewertung eines hohen Serviceniveaus anbelangt, so prognostizieren die „Multiplizierer" einen leichten Anstieg im Zeitraum „Zukunft", was sich in einem Mittelwert von 3,9 widerspiegelt. Damit liegen sie exakt auf dem Durchschnitt der Gesamtstichprobe in Höhe von 3,9 (siehe Abbildung 32).

Ein qualifiziertes Personal zählt, wie in Abschnitt C. III. 2. a) des Ersten Kapitels aufgezeigt, ebenfalls zu den zentralen Erfolgsfaktoren im Einzelhandel. Für die „Multiplizierer" ergeben sich folgende Ausprägungen:

Abbildung 89: Ausprägung des Erfolgsfaktors „qualifiziertes Personal":
    Multiplizierer

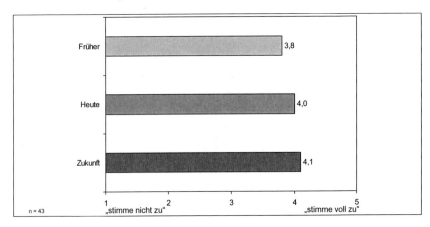

Beim Vergleich der Mittelwerte zeigt sich, dass die heutigen „Multiplizierer" die Qualifikation ihres Personals bereits im Zeitraum „Früher" mit einem Mittelwert von 3,8 fast so hoch einschätzen wie im Zeitraum „Heute", mit einem Wert von 4,0 (siehe Abbildung 89). Damit liegen sie in beiden Zeiträumen exakt auf dem Durchschnitt der Gesamtstichprobe (siehe Abbildung 21).

Somit zeigt sich auch bei der Strategie der „Multiplizierer" die hohe Relevanz von qualifiziertem Personal. Beispielsweise vertritt Frank Albrecht, Geschäftsführer der Parfümerie Albrecht in Frankfurt a.M. gerade auch im Zusammenhang mit komplexen Produkten die Auffassung: „Produkte kann man nur verkaufen, wenn man sie auch erklären kann."

Je nach Standort und Einzugsgebiet müssen insbesondere die Mitarbeiter filialisierter Unternehmen heutzutage bisweilen mit neuen Qualifikationen aufwarten. So ergeben sich durch die geografische Nähe vieler Standorte zu Frankreich beispielsweise neue sprachliche Herausforderungen, führt Prof. Dr. Silvia Martin, Geschäftsführende Gesellschafterin der Möbel-Martin Gruppe mit Sitz in Saarbrücken, an. Sie bekräftigt in diesem Kontext: „Nicht nur die Beratungsqualität, sondern auch die Sprachkenntnisse der Mitarbeiter sind wichtig."

Für die kommenden Jahre prognostizieren die heutigen „Multiplizierer" sogar noch einen weiteren Anstieg der Qualifikation ihres Personals, wie dem Mittelwert von 4,1 für den Zeitraum „Zukunft" zu entnehmen ist (siehe Abbildung 89). Der Stellenwert eines qualifizierten Personals wird aus Sicht der „Multiplizierer" also noch leicht ansteigen. Das sieht auch Wilhelm Reichvilser, Geschäftsführer von Oberwallner Mode in Velden, nicht anders, indem er zu bedenken gibt: „Die Mitarbeiter, die an der Front arbeiten, sind der eigentliche Erfolgsfaktor."

Im Rahmen der Betrachtung der wichtigsten Erfolgsfaktoren soll schließlich auch die Organisation (vgl. hierzu ausführlich Abschnitt C. III. 2. h) des Ersten Kapitels) im Zusammenhang mit der Strategie der „Multiplizierer" betrachtet werden.

Abbildung 90: Ausprägung des Erfolgsfaktors „flexible Organisation":
Multiplizierer

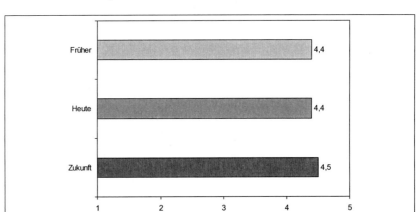

Beim Vergleich der Mittelwerte dieses Erfolgsfaktors zeigt sich eine relativ hohe Übereinstimmung der Einschätzungen im Zeitverlauf. Während die „Multiplizierer" ihre Organisation in den Zeiträumen „Früher" und „Heute" mit jeweils einem Mittelwert von 4,4 als gleich bleibend flexibel beurteilen, gehen sie
für die „Zukunft" mit einem durchschnittlichen Wert von 4,5 sogar von einer
leichten Zunahme ihrer Flexibilität aus (siehe Abbildung 90).

Obwohl mit der Strategie der „Multiplizierer" in der Regel eine Filialisierung
des Unternehmenskonzeptes einhergeht (vgl. hierzu ausführlich Abschnitt B. des
Zweiten Kapitels) und man daher von einer tendenziell unflexibleren Organisation als beispielsweise bei nicht-filialisierten Unternehmen ausgehen könnte,
liegen sie im Zeitraum „Zukunft" damit nur 0,1 unter dem Mittelwert der Gesamtstichprobe (siehe Abbildung 45). Dies ist unter anderem darauf zurückzuführen, dass auch viele kleinere/mittlere Unternehmen der Gruppe der „Multiplizierer" angehören und diese nahe liegender Weise ebenfalls zu den Unternehmen mit effizienten Organisationsstrukturen zu zählen sind. So lautet auch
das Kredo von Annette Kahle, Geschäftsführerin von Kahle Lust auf Mode in
Salzbergen, die unlängst ihr zweites Damenmodegeschäft im Ort eröffnete:
„Flexibel bleiben!"

IV. Diversifizierer

1. Entwicklungspfade

Die folgende Analyse beschäftigt sich mit den Entwicklungspfaden der „Diversifizierer" und fokussiert damit deren Strategiewechsel, die seit der Unternehmensgründung zur heutigen strategischen Ausrichtung führten. Insgesamt konnten vier Entwicklungspfade nachgewiesen werden, die sämtliche der vier analysierten Strategien (vgl. hierzu ausführlich Abschnitt B. des Zweiten Kapitels) berühren:

Abbildung 91: Entwicklungspfade: Diversifizierer

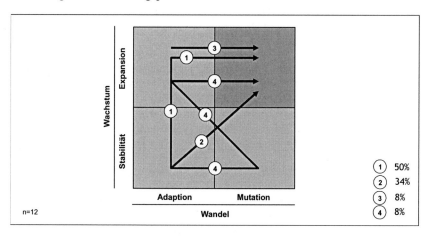

Der erste Pfad, den mit 50% genau die Hälfte der heutigen „Diversifizierer" eingeschlagen haben, führt vom „Optimierer" über den „Multiplizierer" zum „Diversifizierer" (siehe Abbildung 91). Die betreffenden Unternehmen haben also zunächst ein erfolgreiches Handelskonzept multipliziert, entweder durch zusätzliche Filialen im In- bzw. Ausland, oder durch einen parallel betriebenen E-Commerce-Kanal, womit sie mindestens eines der bereits vorgestellten Expansionskriterien erfüllten. Nachdem sie auf diese Weise gewachsen sind, haben sie ihr Geschäft zwar weiter expandiert, allerdings entweder in Form von Filialen mit einem anderen Sortimentsschwerpunkt oder gar mit weiteren Geschäften anderer Branchen. Dieses parallele Wachstum kann wiederum entweder durch Filialen im In- und Ausland oder durch Multi-Channel-Retailing in Form eines E-Commerce-Kanals realisiert werden. Ebenfalls möglich ist die Variante, dass sie, ausgehend von der Strategie der „Multiplizierer", parallel mit einem anderen

121

Betriebstyp, aber innerhalb der gleichen Branche, expandierten. All diese Varianten führen schließlich dazu, dass der Entwicklungspfad vom „Multiplizierer" zum „Diversifizierer" führt.

Der zweite Entwicklungspfad führt von der Strategie der „Optimierer" direkt zur Strategie der „Diversifizierer" (siehe Abbildung 91). Insgesamt repräsentiert er 34 % der heutigen „Diversifizierer". Ein Unternehmen wird dann diesem Pfad zugeordnet, wenn mit einer Veränderung gleichzeitig sowohl ein Expansions-als auch ein Mutationskriterium erfüllt wird. Dies ist in der Logik der zu Grunde gelegten Systematik bereits dann der Fall, wenn der Geschäftsführer eines Kindermodengeschäftes sich entschließt, nebenan ein zweites Geschäft mit dem Schwerpunkt Herrenmode zu eröffnen. Dann erfüllt die Eröffnung eines zweiten Geschäftes das Expansionskriterium, während die Tatsache, dass es sich um einen neuen Sortimentsschwerpunkt innerhalb der gleichen Branche handelt, das Mutationskriterium erfüllt.

Der dritte Entwicklungspfad steht für 8 % der untersuchten Unternehmen und stellt einen Sonderfall dar: Hier bildete nicht die Strategie des „Optimierers" den Ausgangspunkt für den weiteren Entwicklungspfad, sondern die des „Multiplizierers". Die betrachteten Unternehmen starteten also bereits filialisiert, und wuchsen schließlich parallel mit weiteren Filialen einer anderen Branche bzw. mit einem anderen Betriebstyp innerhalb der gleichen Branche.

Der vierte Entwicklungspfad berührt alle vier möglichen Strategien. Ausgehend von der Strategie der „Optimierer" entwickelten sich die hier zugeordneten Unternehmen zunächst zum „Modifizierer", nahmen also einen Wechsel ihrer strategischen Grundausrichtung dergestalt vor, dass sie entweder den Standort, den Sortimentsschwerpunkt, den Betriebstyp oder die Branche wechselten. Damit kam es zunächst zur Erfüllung von mindestens einem Mutationskriterium. Nachdem sich diese neue Ausgangslage offenbar bewährte, multiplizierten die betreffenden Unternehmen das jetzige Konzept entweder durch Filialen im In-bzw. Ausland oder durch einen parallel betriebenen E-Commerce-Kanal und wurden durch die Erfüllung mindestens eines der genannten Expansionskriterien zum „Multiplizierer". Daran anschließend widmeten sie sich entweder zusätzlich zu ihrem bisherigen Geschäft einem neuen Sortimentsschwerpunkt bzw. einer neuen Branche, die ebenfalls durch Filialisierung bzw. Multi-Channel-Retailing expandiert werden konnten, oder sie bearbeiteten ihren alten Sortimentsschwerpunkt bzw. ihre alte Branche zusätzlich durch neue Filialen eines weiteren Betriebstyps. Dies führt schließlich dazu, dass die Strategie des „Diversifizierers" eingeschlagen wird. Somit haben die betrachteten 8 % der „Diversifizierer", für die dieser Entwicklungspfad gilt, jede der drei anderen Strategien einmal verfolgt, bevor sie bei ihrer jetzigen Handelsstrategie angelangt sind.

2. Entwicklungsmuster

Die zur Strategie des „Diversifizierers" zugehörigen Entwicklungsmuster spiegeln, wie bereits beschrieben, die zeitliche Abfolge wider, in der strategische Umorientierungen stattgefunden haben, die schließlich dazu führten, dass die betrachteten Unternehmen zum Zeitpunkt der Erhebung der Studie den „Diversifizierern" zuzuordnen waren. Damit ergeben sich für die Strategie die folgenden beiden Entwicklungsmuster:

Abbildung 92: Entwicklungsmuster: Diversifizierer

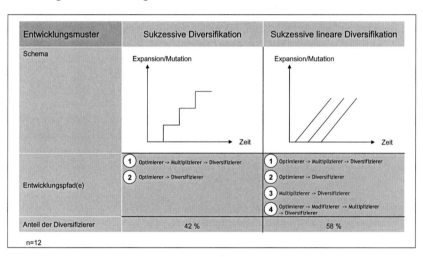

Das erste Entwicklungsmuster, die „Sukzessive Diversifikation" (siehe Abbildung 92), repräsentiert die Entwicklung von 42 % der betrachteten „Diversifizierer". 40 % der diesem Entwicklungsmuster zuzuordnenden Unternehmen haben dabei den ersten Entwicklungspfad der „Diversifizierer" hinter sich gebracht, 60 % den zweiten Entwicklungspfad (siehe Abbildung 91). Da für beide Pfade sowohl Expansions- als auch Mutationskriterien erfüllt worden sein müssen, enthält das Koordinatensystem des Schemas neben der Zeit sowohl die Ausprägung Expansion als auch die Ausprägung Mutation.

Diejenigen „Diversifizierer", die das Entwicklungsmuster „Sukzessive Diversifikation" aufweisen und den ersten Entwicklungspfad, vom „Optimierer" über den „Multiplizierer" zum „Diversifizierer", eingeschlagen haben, haben ihr Unternehmen zunächst im Sinne einer Filialisierung oder eines Multi-Channel-Retailing durch einen zusätzlichen E-Commerce-Kanal in kleinem Umfang vergrößert. Dies kann beispielsweise schon durch Hinzunahme einer weiteren Filiale passiert sein. Anschließend sind sie durch weitere Filialen bzw. gegebenenfalls durch einen E-Commerce-Kanal, in neue Sortimentsschwerpunkte bzw. eine neue Branche eingestiegen oder haben einen neuen Betriebstyp neben ihrem ursprünglichen etabliert. Aber auch dieser Schritt, der zur Strategie des „Diversifizierers" führte, brachte nur begrenztes Wachstum mit sich. Die Diversifikation wurde somit sukzessive, also schrittweise, vorangetrieben und die betrachteten Unternehmen verfügten zum Zeitpunkt der Erhebung noch über eine überschaubare Unternehmensgröße.

Bei den „Diversifizierern", die ebenfalls dem Entwicklungsmuster „Sukzessive Diversifikation" zuzuordnen sind, deren Entwicklung jedoch auf dem zweiten Entwicklungspfad, direkt vom „Optimierer" zum „Diversifizierer" (siehe Abbildung 91) beruht, ist das Entwicklungsmuster folgendermaßen zu interpretieren: Diese Unternehmen haben nach ihrer Gründung entweder irgendwann einen neuen Betriebstyp parallel betrieben, oder neue Filialen bzw. einen E-Commerce-Kanal mit einem neuen Sortimentsschwerpunkt bzw. weiteren Filialen aus einer neuen Branche hinzugenommen. Sie haben also direkt in einem ersten Schritt diversifiziert. Allerdings hat sich sowohl die Diversifikation als auch das mit ihr einhergehende Wachstum sukzessive und moderat vollzogen und die betrachteten Unternehmen verfügten zum Zeitpunkt der Erhebung über eine überschaubare Unternehmensgröße.

Das zweite Entwicklungsmuster, die „Sukzessive lineare Diversifikation" (siehe Abbildung 92), veranschaulicht mit einem Anteil von 58 % die Entwicklung der Mehrzahl der „Diversifizierer" und findet sich im Zusammenhang mit allen vier Entwicklungspfaden dieser Strategie. Daher umfasst auch hier das Koordinatensystem des Schemas, neben der Zeit, sowohl die Ausprägung Expansion als auch die Ausprägung Mutation. Der lineare Verlauf soll andeuten, dass hier, wie bereits am Beispiel der „Linearen Multiplikation" (vgl. hierzu Abschnitt B. III. 2. des Zweiten Kapitels) verdeutlicht, eine Vervielfältigung von Unternehmenskonzepten in größerem Umfang stattfindet. In der Regel geht dieses also mit einer Expansion im Sinne einer Filialisierung und weniger mit der Etablierung eines E-Commerce-Kanals einher, auch wenn diese Variante nicht auszuschließen ist.

Im Zusammenhang mit dem ersten Entwicklungspfad, vom „Optimierer" über den „Multiplizierer" zum „Diversifizierer" (siehe Abbildung 91) bedeutet dies, dass 57 % der diesem Entwicklungsmuster zuzuordnenden Unternehmen zunächst ein Konzept vervielfältigt haben und dann im Sinne einer Diversifikation ein zweites usw. Die Multiplikation der einzelnen Konzepte erfolgt bei diesem Entwicklungsmuster in großem Umfang und neue Konzepte werden nach und nach, also sukzessive, ebenfalls in großem Umfang multipliziert.

Der zweite Entwicklungspfad, vom „Optimierer" direkt zum „Diversifizierer" wurde im Zusammenhang mit diesem Schema von insgesamt ca. 14 % der analysierten Unternehmen eingeschlagen. Sie haben in einem ersten Schritt zunächst eine Diversifikation getätigt, also entweder eine weitere Filiale mit neuem Sortimentsschwerpunkt oder gar mit neuem Branchenfokus hinzugenommen bzw. einen neuen Betriebstyp etabliert. Danach wurden beide Konzepte im Sinne eines linearen Wachstums vervielfältigt und gegebenenfalls auf diese Weise sukzessive noch weitere Konzepte hinzugenommen und gleichermaßen expandiert.

Der dritte Entwicklungspfad liegt ebenfalls ca. 14 % der Unternehmen mit diesem Entwicklungsschema zu Grunde. Ihr Pfad beginnt direkt beim „Multiplizierer" und führt von dort aus direkt zum „Diversifizierer". Die betreffenden Unternehmen starteten also bereits mit mehreren Filialen und nahmen dann sukzessive neue Konzepte auf, die sie ebenfalls durch eine umfassende Filialisierung vervielfältigten.

Das Entwicklungsmuster der „Sukzessiven Linearen Diversifikation" (siehe Abbildung 92) findet sich schließlich auch bei den Unternehmen wieder, denen der vierten Entwicklungspfad der „Diversifizierer" zu Grunde liegt. Sie machen ebenfalls insgesamt ca. 14 % der Unternehmen aus, die durch dieses Entwicklungsmuster charakterisiert werden können. Dabei haben sich diese Unternehmen zunächst vom „Optimierer" zum „Modifizierer" entwickelt und sich somit durch einen Wechsel des Standorts, des Sortimentsschwerpunkts, der Branche oder des Betriebstyps ihrer Umwelt angepasst. Anschließend wurde das neue Konzept in großem Umfang multipliziert, womit sich die Unternehmen zum „Multiplizierer" entwickelten. Parallel dazu wurden sukzessiv weitere Konzepte in vergleichbarem Umfang multipliziert, was zur Strategie des „Diversifizierers" und zum Entwicklungsmuster der „Sukzessiven Linearen Diversifikation" führt.

3.   Ausprägung der Erfolgsfaktoren

Die nachfolgende Analyse fokussiert auf Basis der standardisierten Befragung auf die wichtigsten Erfolgsfaktoren (vgl. hierzu Abschnitt C. des Ersten Kapitels) und deren Ausprägung bei der Strategie der „Diversifizierer" innerhalb der drei Betrachtungszeiträume.

Dabei wird zunächst der Erfolgsfaktor Standort einer näheren Betrachtung bezüglich seiner Ausprägung im Zusammenhang der besagten Strategie unterzogen.

Abbildung 93: Ausprägung des Erfolgsfaktors „gute Standorte": Diversifizierer

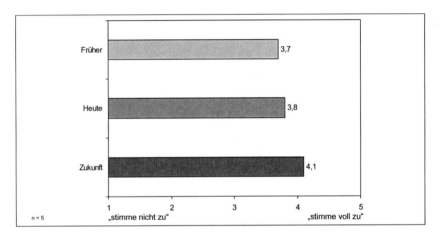

Wie der Vergleich der Mittelwerte im Zeitverlauf deutlich macht, schätzen die „Diversifizierer" ihre Standorte im Zeitraum „Heute" tendenziell besser ein als im Zeitraum zuvor. Dies äußert sich in einem Mittelwert von 3,7 im Zeitraum „Früher", gegenüber einem Wert von 3,8 im Zeitraum „Heute" (siehe Abbildung 93). Damit liegen die „Diversifizierer" in den besagten Zeiträumen zwar leicht unter dem Durchschnitt der gesamten Stichprobe, allerdings ändert sich dies mit Blick in die „Zukunft". Für die kommenden zehn Jahre prognostizieren sie einen weiteren Anstieg ihrer Standortgüte, was sich in einem Mittelwert in Höhe von 4,1 widerspiegelt. Der Durchschnitt aller befragten Unternehmen antizipiert für diesen Zeitraum hingegen einen Rückgang der Standortqualität auf einen Mittelwert von 3,8 (siehe Abbildung 34).

Viele der kleineren „Diversifizierer" zeichnen sich dadurch aus, dass sie in einem kleinen Umkreis um ihren ursprünglichen Standort herum diversifiziert haben, anstatt, wie viele der großen Unternehmen dieser Strategie, national oder gar international zu wachsen. Dies bringt oft den Vorteil mit sich, am Standort eine überragende Marktposition inne zu haben, was sich wiederum positiv auf die Bewertung dieses Faktors auswirkt. Fred Schlangen, Geschäftsführer vom Bekleidungshaus Schlangen in Grevenbroich, führt in diesem Zusammenhang an: „Wir sind der größte Textil-Herrenanbieter am Standort. Das wollten wir auch, der Platzhirsch sein." Da es sich bei der Strategie der „Diversifizierer" außerdem um einen Strategietyp handelt, bei dem die hier zugeordneten Unternehmen sich unter anderem durch die Ausprägung Expansion der Dimension Wachstum kennzeichnen (vgl. hierzu ausführlich Abschnitt B. des Zweiten Kapitels) haben sie gegenüber Strategien, die keine Expansionskriterien erfüllen, den Vorteil, ihr Standortwahlverhalten bei veränderten Rahmenbedingungen ändern zu können. Diese Möglichkeit liefert eine Erklärung für die optimistische Einschätzung des Faktors Standort für den Zeitraum „Zukunft", gegenüber der eher pessimistischen Einschätzung der Gesamtstichprobe.

Ein weiterer Erfolgsfaktor, der nachfolgend aus der Perspektive der „Diversifizierer" betrachtet werden soll, sind intensive Kooperationen.

Abbildung 94: Ausprägung des Erfolgsfaktors „intensive Kooperationen":
Diversifizierer

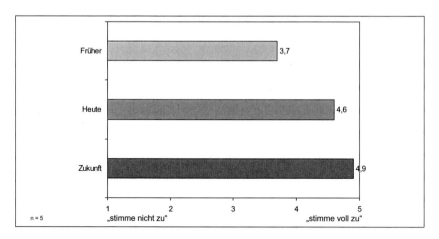

Im Verlauf ihrer Unternehmensgeschichte verzeichnen die „Diversifizierer" einen starken Anstieg ihrer Kooperationsintensität. Während sie diese im Zeitraum „Früher" noch mit einem Mittelwert von 3,7 beurteilen, fällt die Einschätzung im Zeitraum „Heute", mit einem Wert von 4,6, bereits deutlich höher aus. Für die „Zukunft" prognostizieren die „Diversifizierer" sogar noch einen weiteren Anstieg der Intensität ihrer Kooperationen, was sich in einem Mittelwert von 4,9 widerspiegelt (siehe Abbildung 94).

Damit liegen sie in sämtlichen der betrachteten Zeiträume über dem Durchschnitt der gesamten Stichprobe, die für den Zeitraum „Früher" bei einem durchschnittlichen Wert von 3,6, für „Heute" bei einem Wert von 4,2 und für die „Zukunft" bei einem Mittelwert von 4,3 liegt (siehe Abbildung 38). Somit zeigt sich, dass die „Diversifizierer" seit jeher überdurchschnittlich intensive Kooperationen pflegen, was unter anderem darauf zurückzuführen ist, dass die verschiedenen parallel geführten Geschäfte bzw. Systeme, die mit dieser Strategie einhergehen, in der Regel nicht nur mit externen Partnern kooperieren, sondern oft auch interne Kooperationen zwischen den einzelnen Systemen stattfinden, die ebenfalls zu Synergieeffekten führen.

Neben der Kooperation soll nachfolgend auch der Erfolgsfaktor Innovation anhand seiner Ausprägung im Zusammenhang mit der Strategie der „Diversifizierer" näher untersucht werden. Dabei ergab die Einschätzung der dieser Strategie zugeordneten Unternehmen folgendes Ergebnis:

Abbildung 95: Ausprägung des Erfolgsfaktors „hohe Innovativität":
Diversifizierer

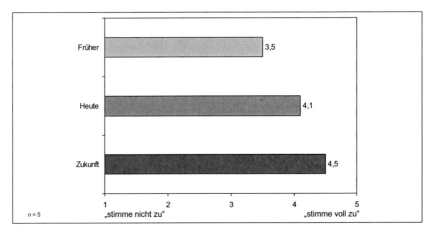

Wie Abbildung 95 zu entnehmen ist, schätzen sich die „Diversifizierer" im Zeitraum „Heute" als wesentlich innovativer ein, verglichen mit dem Zeitraum „Früher". Dies äußersl sich in einer durchschnittlichen Beurteilung der Innovationskraft von 4,1 zum Zeitpunkt der Befragung, verglichen mit einem Wert von 3,5 für die Zeitspanne „Früher". Auch künftig prognostizieren die Unternehmen der betrachteten Strategie nochmals einen deutlichen Anstieg der Innovationsfähigkeit, was sich in einer Bewertung von 4,5 niederschlägt.

Mit diesen Einschätzungen liegen die „Diversifizierer" für sämtliche der betrachteten Zeiträume deutlich über dem Durchschnitt der gesamten Stichprobe. So wird der Erfolgsfaktor Innovation von der Gesamtheit der untersuchten Unternehmen lediglich mit einem Mittelwert von 3,1 für den Zeitraum „Früher", mit 3,8 für „Heute" und für die „Zukunft" mit einem Durchschnittswert von 4,0 beurteilt (siehe Abbildung 47). Damit zeigt sich, dass die Strategie der „Diversifizierer", auf Grund der gleichzeitigen Erfüllung von Expansions- und Mutationskriterien und den damit mehr oder weniger regelmäßig einhergehenden, aber dennoch maßgeblichen Veränderungen, grundlegend auf dem Erfolgsbaustein Innovation aufbaut.

Dies bekräftigen auch die im Zuge der Expertengespräche befragten Unternehmen. So führt Frederik Pohl, Leiter der Unternehmens- und Markenstrategie von Otto in Hamburg an: „Otto hat es geschafft, sich immer wieder neu zu erfinden." Auch Thomas Bruch, Geschäftsführender Gesellschafter der Globus-Gruppe mit Sitz in St. Wendel, setzt seit jeher auf den Faktor Innovation. Als Grundvoraussetzung hierfür sieht er die „Bereitschaft, neue Wege zu gehen" und damit einhergehend auch die „Bereitschaft zur Veränderung".

Ebenfalls analysiert werden soll nachfolgend der Faktor eines profilierten Sortiments. Aus Sicht der heutigen „Diversifizierer" ergeben sich im Zusammenhang mit diesem Erfolgsfaktor folgende Einschätzungen innerhalb der drei betrachteten Zeiträume:

Abbildung 96: Ausprägung des Erfolgsfaktors „profiliertes Sortiment": Diversifizierer

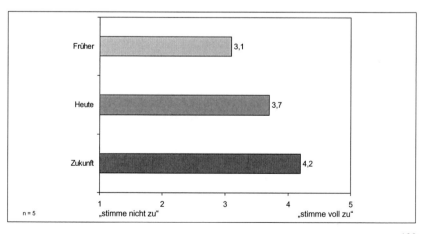

Die Unternehmen des betrachteten Strategietypus beurteilen ihr Sortiment für den Zeitraum „Früher" mit einem Mittelwert von 3,1 und sehen seitdem eine kontinuierliche Steigerung ihrer Sortimentsprofilierung. Diese äußert sich im Zeitraum „Heute" in einer durchschnittlichen Bewertung des Erfolgsfaktors in Höhe von 3,7, sowie einer Prognose des Faktors in Höhe von 4,2 für den Zeitraum „Zukunft" (siehe Abbildung 96).

Mit diesen Einschätzungen liegen die „Diversifizierer" zwar in allen drei Zeiträumen unter den durchschnittlichen Bewertungen der Gesamtstichprobe, nähern sich dieser jedoch insbesondere im Zeitraum „Zukunft" auf einen Unterschied von nur noch 0,1 an (siehe Abbildung 29).

Schließlich haben, das macht Abbildung 96 deutlich, auch die „Diversifizierer" die Bedeutung eines profilierten Sortiments erkannt und setzen dies in zunehmendem Maße auch um. Gerd Ronellenfitsch, Geschäftsführer vom Modehaus Ronellenfitsch in Merzig, hat das Potenzial eines profilierten Sortiments bereits frühzeitig erkannt und diesbezüglich beschlossen: „keine Langeweile aufkommen lassen!"

Neben einem profilierten Sortiment gehört jedoch auch ein umfassendes Serviceniveau zu den zentralen Erfolgsfaktoren, die im Rahmen der Strategie der „Diversifizierer" eine nähere Betrachtung erfahren sollen. Für besagte Strategie ergeben sich folgende Einschätzungen der befragten Unternehmen:

Abbildung 97: Ausprägung des Erfolgsfaktors „hohes Serviceniveau":
Diversifizierer

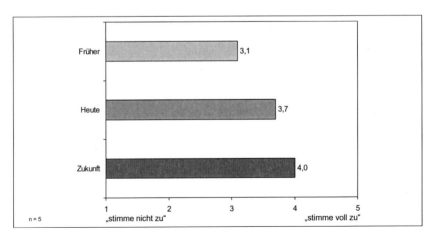

Während das Serviceniveau im Zeitraum „Früher" nur mit einem Mittelwert von 3,6 quantifiziert wird, schätzen die „Diversifizierer" ihren Service im Zeitraum „Heute" mit einem Wert von 3,7 bereits deutlich höher ein (siehe Abbildung 97).

Für die „Zukunft" erwarten sie sogar noch eine weitere Steigerung des Serviceniveaus, was sich in einem Mittelwert von 4,0 äußert. Mit diesen Einschätzungen liegen die Unternehmen dieser Strategie zum Zeitpunkt der Befragung genau auf dem Mittel der gesamten Stichprobe, und schätzen sich lediglich für die kommenden Jahre um 0,1 besser ein als die Gesamtstichprobe (siehe Abbildung 32).

Ein Unternehmen, das in diesem Kontext eine ganze Palette an Serviceleistungen im Laufe seiner Unternehmensgeschichte aufgebaut hat, ist das Musikfachgeschäft Rock Shop aus Karlsruhe. Rudi Metzler, Geschäftsführer und Mitbegründer des Unternehmens, sieht im Zusammenhang mit dem Service unter anderem positive Synergieeffekte, insbesondere zwischen dem Verleih von Musikinstrumenten und deren Verkauf. Das Unternehmen hat als wesentliches Standbein der angebotenen Serviceleistungen einen Backline-Service aufgebaut, der darauf ausgerichtet ist, an nationale und internationale Künstler auf ihren Tourneen Musikinstrumente und Bühnenequipment zu verleihen. Dies wirkt sich, neben der Werbewirksamkeit im Allgemeinen, auch positiv auf den Verkauf der Musikinstrumente am Point-of-Sale aus. Metzler in diesem Zusammenhang: „Wenn der Zuschauer diese Instrumente erst einmal live hört, will er sie oft auch kaufen."

Ein weiterer zentraler Erfolgsfaktor, der nachfolgend hinsichtlich seiner Ausprägung bei der Strategie der „Diversifizierer" näher analysiert werden soll, ist der eines qualifizierten Personals.

Abbildung 98: Ausprägung des Erfolgsfaktors „qualifiziertes Personal":
Diversifizierer

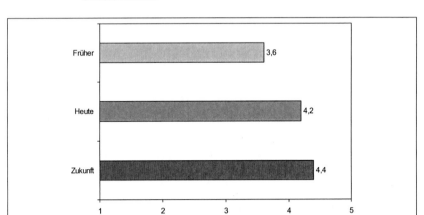

In diesem Zusammenhang beurteilen die betrachteten Unternehmen ihr Personal im Zeitablauf ebenfalls als zunehmend qualifiziert. Während die durchschnittliche Bewertung in Höhe von 3,6 für den Zeitraum „Früher" noch verhältnismäßig gering ausfällt, gehen die „Diversifizierer" für den Zeitraum „Heute" von einer deutlichen Steigerung der Qualifikation ihres Personals aus, was sich in einem Mittelwert von 4,2 niederschlägt (siehe Abbildung 98). Für die „Zukunft" prognostizieren die Unternehmen der betrachteten Strategie sogar einen weiteren Qualifikationsanstieg ihres Personals, was sich in einem Mittelwert von 4,4 widerspiegelt.

Damit liegen die „Diversifizierer" sowohl im Zeitraum „Heute" als auch im Zeitraum „Früher" deutlich über dem Durchschnitt der gesamten Stichprobe, was die Ausprägung des Erfolgsfaktors eines qualifizierten Personals anbelangt. Hier liegt der Mittelwert für den Zeitraum „Heute" lediglich bei 4,0, für den Zeitraum „Zukunft" bei 4,2 (siehe Abbildung 21).

Dass bei gewachsenen Unternehmen die Mitarbeiter als Erfolgsfaktor eine ebenso große Rolle spielen wie bei kleineren, inhabergeführten Geschäften, verdeutlicht Dr. Henning Kreke, Vorsitzender des Vorstandes der Douglas Holding, indem er auf das Erfolgsmotto der Douglas-Gruppe, „Handel mit Herz und Verstand" verweist, das sowohl die menschliche als auch die erfolgsorientierte Komponente in der fokussierten Mitarbeitermentalität umschließt.

Der letzte Erfolgsfaktor, der im Rahmen der betrachteten Strategie näher beleuchtet werden soll, ist eine flexible Organisation. Bezüglich dieses Erfolgsfaktors ergeben sich folgende Einschätzungen der heutigen „Diversifizierer":

Abbildung 99: Ausprägung des Erfolgsfaktors „flexible Organisation":
Diversifizierer

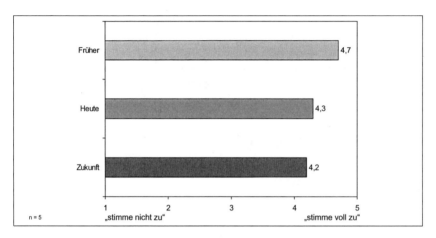

Beim Vergleich der Mittelwerte zwischen den Zeiträumen fällt auf, dass sich die „Diversifizierer" bezüglich der Flexibilität ihrer Organisation im Laufe der Zeit zunehmend schlechter beurteilen. Während dieser Faktor im Zeitraum „Früher" noch mit einem vergleichsweise hohen Mittelwert von 4,7 bewertet wird, fällt die Beurteilung für den Zeitraum „Heute" mit 4,3 bereits deutlich schlechter aus. Für den Zeitraum „Zukunft" prognostizieren die betrachteten Unternehmen sogar eine weitere Verschlechterung ihrer Flexibilität, was sich in einer durchschnittlichen Bewertung von 4,2 widerspiegelt (siehe Abbildung 99).

Verglichen mit der Gesamtstichprobe liegen die „Diversifizierer" somit lediglich im Zeitraum „Früher" über dem dortigen Mittelwert, der für besagten Zeitraum einen Wert von 4,5 aufweist (siehe Abbildung 45).

Während die Unternehmen gesamthaft jedoch eine weitere Steigerung der Flexibilität ihrer Organisation in den kommenden Jahren antizipieren, verdeutlichen die zu Grunde liegenden Mittelwerte, dass die heutigen „Diversifizierer" sich dagegen einer zunehmend unflexibel werdenden Organisation entgegen sehen. Dies ist unter anderem darauf zurückzuführen, dass sich die Unternehmen dieser Strategie durch die gleichzeitige Erfüllung von Expansion- und Mutationskriterien auszeichnen. Mit einer zunehmenden Diversifikation geht in der Regel auch eine zunehmende Komplexität der Organisationsstruktur einher, was wiederum eine Erklärung für die pessimistische Einschätzung in Bezug auf den untersuchten Erfolgsfaktor liefert.

Dass dies jedoch längst nicht alle Unternehmen betrifft, verdeutlicht Friedrich Conzen Junior, Geschäftsführer von Conzen in Düsseldorf, einem Traditionsunternehmen, das sich, beispielsweise durch die Restaurierung von Bilderrahmen, ganz dem Thema Kunst verschrieben hat. Conzen betrachtet Flexibilität schon deshalb als Erfolgsfaktor, weil sich das Unternehmen seit jeher auf „maßgeschneiderte Lösungen" spezialisiert hat. In diesem Zusammenhang sind flexible Strukturen und Abläufe eine Grundvoraussetzung für ein erfolgreiches Bestehen.

D. Vergleich erfolgreicher Handelsstrategien

I. Vorgehensweise

Der nachfolgende Vergleich der vier Handelsstrategien „Optimierer", „Modifizierer", „Multiplizierer" und „Diversifizierer" bezieht sich zum einen auf einen Vergleich der strategiespezifischen Ausprägung ihrer Erfolgsfaktoren, zum anderen auf einen Vergleich des mit der jeweiligen Strategie einhergehenden Erfolgs selbst.

Beim Vergleich der Ausprägungen der Erfolgsfaktoren werden die strategiespezifischen Ausprägungen der Erfolgsfaktoren verglichen, die zum Zeitpunkt „Heute" einen signifikanten Einfluss auf den Unternehmenserfolg aufweisen können. Dabei findet, analog zum Abschnitt B. des Zweiten Kapitels, ein Vergleich der Mittelwerte der Erfolgsausprägungen auf Strategieebene statt. Dieser Vergleich bezieht sich auf die drei Zeiträume „Früher", „Heute" und „Zukunft".

Ziel dieses Vergleichs der Erfolgsfaktoren ist es, Aussagen darüber treffen zu können, worin sich die einzelnen Strategien hinsichtlich bestimmter Erfolgsfaktoren innerhalb eines bestimmten Zeitraums unterscheiden bzw. wo sie Gemeinsamkeiten aufweisen. Auf Grund der Ähnlichkeiten hinsichtlich der Unternehmensgröße und damit hinsichtlich der hinter den Strategien stehenden Ausprägungen der Dimension Wachstum werden jeweils die beiden Strategien „Optimierer" und „Modifizierer" sowie „Multiplizierer" und „Diversifizierer" miteinander verglichen.

Im Anschluss daran erfolgt ein Vergleich des Erfolgs der einzelnen Strategien. Hierbei steht der eigentliche, auf subjektiven Einschätzungen beruhende Erfolg der vier Handelsstrategien im Vordergrund (vgl. hierzu ausführlich Abschnitt C. II. 2. b) des Ersten Kapitels). Ziel ist es Aufschluss darüber zu erlangen, ob bestimmte Strategien in den einzelnen Zeiträumen tendenziell erfolgreicher waren als andere.

II. Vergleich der Ausprägung der Erfolgsfaktoren

1. Optimierer vs. Modifizierer

Der nachfolgende Vergleich der Ausprägungen der Erfolgsfaktoren bezieht sich auf die Strategien der „Optimierer" und der „Modifizierer". Eine Gegenüberstellung der Mittelwerte der Erfolgsfaktoren innerhalb der Zeiträume „Früher", „Heute" und „Zukunft" soll dabei Aufschluss über deren Gemeinsamkeiten und Unterschiede geben. Hierzu werden die einzelnen Mittelwerte in Netzen abgebildet, um deren Vergleichbarkeit zu vereinfachen. Hinsichtlich der beiden erwähnten Strategien ergibt der Vergleich der Erfolgsfaktoren im Zeitraum „Früher" folgende Struktur:

Abbildung 100: Vergleich der Ausprägung der Erfolgsfaktoren im Zeitraum Früher: Optimierer vs. Modifizierer

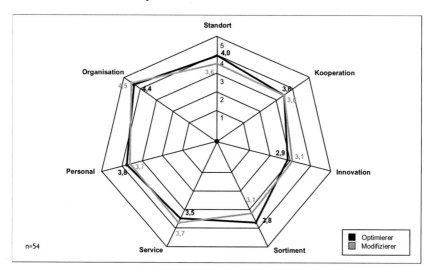

Bezüglich der Standorte verdeutlicht Abbildung 100, dass die heutigen „Optimierer" diesen Erfolgsfaktor im Zeitraum „Früher" mit einem Mittelwert von 4,0 deutlich besser beurteilen als die heutigen „Modifizierer". Dies könnte bereits ein Indiz dafür sein, warum die „Optimierer" auch im Zeitraum „Heute" an ihren Standorten festhielten, anstatt diese zu wechseln. Sie haben sich in der Zeit der Gründung für einen aus damaligen Gesichtspunkten geeigneten Standort entschieden und sind dementsprechend zufrieden mit ihrer Wahl, wohingegen die „Modifizierer" für den betrachteten Zeitraum weniger zufrieden sind, was die Güte ihrer Standorte anbelangt. Diese Unzufriedenheit mit dem einstigen Standort liefert eine Erklärung für die mit diesem Strategietypus einhergehenden Mutationen, die sich unter anderem in Standortwechseln manifestieren können.

Hinsichtlich der Kooperationen beurteilen sich beide Strategievarianten für den Zeitraum „Früher" mit einem durchschnittlichen Wert von 3,6. Da beide Strategien zwar Unterschiede hinsichtlich der Dimension Wandel aufweisen, aber dennoch im Hinblick auf die Dimension Wachstum durch die Ausprägung Stabilität gekennzeichnet sind, verfügen sie beide über eine vergleichbare Unternehmensgröße, also entweder über ein stationäres Geschäft oder über einen E-Commerce-Kanal. Auf Grund der Ähnlichkeiten ist davon auszugehen, dass sie auch ein ähnliches Kooperationsverhalten aufweisen, was sich durch die betrachteten Mittelwerte auch bestätigen lässt.

Bezüglich des Erfolgsfaktors Innovation, der zwar im betrachteten Zeitraum noch keinen signifikanten Erfolgsbeitrag leistete, aber dennoch an dieser Stelle, zur Abgrenzung der beiden Strategien voneinander, näher betrachtet werden soll, zeigt sich, dass die „Modifizierer" sich bereits im Zeitraum „Früher" als tendenziell innovativer beurteilen als die „Optimierer". Dies äußert sich durch einen Mittelwert von 3,1 für die „Modifizierer" gegenüber von einem Wert in Höhe von 2,9 für die „Optimierer". Somit bestätigt sich in der Einschätzung zu diesem Erfolgsfaktor die tendenziell ausgeprägtere Experimentierfreude im Hinblick auf die Dimension Wandel, die mit der Strategie der „Modifizierer" einhergeht und diese Strategie von der der „Optimierer" unterscheidet.

Was den Faktor eines profilierten Sortiments anbelangt, so beurteilen sich die „Optimierer" hier mit einem Mittelwert von 3,8 deutlich besser als die „Modifizierer", die lediglich auf einen durchschnittlichen Wert von 3,1 kommen (siehe Abbildung 100). Die „Optimierer" waren also in der Zeit nach dem Zweiten Weltkrieg mit ihrem Sortiment deutlich zufriedener als die „Modifizierer", was sie dazu veranlasst haben könnte, an diesem Erfolgsfaktor keine maßgeblichen Veränderungen vorzunehmen.

Dies liefert eine weitere Erklärung dafür, warum die „Optimierer" auch im Zeitraum „Heute" ihrer ursprünglichen strategischen Ausrichtung treu geblieben sind, während die „Modifizierer" ihren Sortimentsschwerpunkt mitunter wechselten.

Im Hinblick auf den angebotenen Service beurteilen sich die „Optimierer" im Zeitraum „Früher" mit einem durchschnittlichen Wert von 3,5, wohingegen die „Modifizierer" ihre angebotenen Serviceleistungen mit einem Mittelwert von 3,7 tendenziell etwas umfassender einschätzen. Dies könnte darauf zurückzuführen sein, dass die heutigen „Modifizierer" gegebenenfalls auch im Servicebereich bereit waren, Veränderungen vorzunehmen und Innovationen umzusetzen, was dazu führte, dass dieser Erfolgsfaktor in seiner Beurteilung etwas umfassender eingeschätzt wird als bei der Strategie der „Optimierer".

Was die Qualifikation des Personals anbelangt, so schätzen sich beide Strategien für den betrachteten Zeitraum nahezu gleich ein. Die „Modifizierer" beurteilen diesen Erfolgsfaktor mit einem durchschnittlichen Wert von 3,7, wohingegen der Beurteilung der „Optimierer" im Mittel ein Wert von 3,8 zu Grunde liegt. Dies ist darauf zurückzuführen, dass beide Strategien, abgesehen von den Unterschieden bezüglich der Dimension Wandel, als sehr ähnlich eingestuft werden können und daher davon auszugehen ist, dass sie auch im Hinblick auf die Qualifikation ihres Personal ähnliche Präferenzen aufweisen.

Der letzte Erfolgsfaktor, der im Rahmen der beiden Strategien einem direkten Vergleich unterzogen werden soll, ist die Flexibilität der Organisation. Wie Abbildung 100 verdeutlicht, beurteilen sich die Unternehmen der beiden Strategien auch im Hinblick auf diesen Erfolgsfaktor nahezu identisch. Die „Optimierer" weisen bezüglich des Zeitraums „Früher" eine durchschnittliche Bewertung ihrer Organisation in Höhe von 4,4 auf, während die „Modifizierer" diesen Faktor mit einem Mittelwert von 4,5 beurteilen. Insbesondere der Erfolgsfaktor einer flexiblen Organisation hängt maßgeblich von der Unternehmensgröße ab, da mit zunehmender Komplexität von einer tendenziell rückläufigen Flexibilität der Unternehmensorganisation auszugehen ist. Da sich die beiden Strategien „Optimierer" und „Modifizierer" lediglich durch die Dimension Wandel, nicht aber durch die Dimension Wachstum unterscheiden, und es sich bei den zu diesen Strategiealternativen zugeordneten Unternehmen jeweils um eher kleinere, nicht-filialisierte Unternehmen handelt, erklärt sich auch die bereits im Zeitraum „Früher" verhältnismäßig hohe Beurteilung der Flexibilität ihrer Organisation.

Nachfolgend wird für die Strategiealternativen „Optimierer" und „Modifizierer" ein Vergleich der Ausprägungen für den Zeitraum „Heute" vorgenommen.

Abbildung 101: Vergleich der Ausprägung der Erfolgsfaktoren im Zeitraum Heute: Optimierer vs. Modifizierer

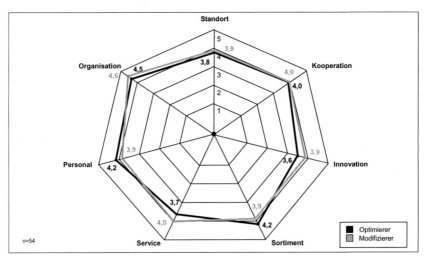

Bezüglich des Erfolgsfaktors Standort fällt auf, dass die „Optimierer" mit ihren Einschätzungen für den Zeitraum „Heute" nun, anders als im Zeitraum „Früher", unter den Bewertungen der „Modifizierer" liegen. So beurteilen die „Optimierer" die Güte ihrer Standorte „Heute" nur noch mit einem Mittelwert von 3,8, wohingegen die Bewertung der „Modifizierer" in Höhe von 3,9 etwas höher ausfällt (siehe Abbildung 101). Die „Optimierer" haben sich also im Vergleich zum Zeitraum „Früher" verschlechtert, während die „Modifizierer" sich deutlich verbessert haben (siehe Abbildung 100). Dies ist darauf zurückzuführen, dass viele der ehemaligen „Optimierer" die rückläufige Qualität ihres einst gewählten Standorts erkannt haben, und diesen schließlich zu Gunsten eines besseren Standorts wechselten, was im Endeffekt dazu führte, dass es dadurch zur Erfüllung eines Mutationskriteriums und somit zum Strategiewechsel und damit zur Strategie der „Modifizierer" kam. Diejenigen Unternehmen, die bereits „Früher" zu den „Optimierern" zählten und bei einem sich verschlechternden Standort nichts unternommen haben, bewerten ihren Standort im Zeitraum „Heute" daher eher schlechter als „Früher".

Was die Kooperationen anbelangt, so zeigt sich auch im Zeitraum „Heute", aus den genannten Gründen, kein Unterschied zwischen den beiden Strategiealternativen. Sowohl die „Optimierer" als auch die „Modifizierer" beurteilen die Ausprägung dieses Erfolgsfaktors im Mittel mit einem Wert von 4,0. Bei beiden

Strategien hat sich somit die Intensität ihrer Kooperationen von „Früher" auf „Heute" in vergleichbarem Ausmaß gesteigert, ohne dass die Kooperationsintensität bei einer der beiden Strategien überproportional zugenommen hat (siehe Abbildung 101). Dies ist, wie bereits beschrieben, auf deren Ähnlichkeit im Hinblick auf die Unternehmensgröße und -struktur zurückzuführen, da beide Strategiealternativen weder über mehrere Filialen, noch über parallel zu den Filialen betriebene E-Commerce-Kanäle verfügen, was vermuten lässt, dass sie auch vom Kooperationsverhalten her ähnlich aufgestellt sind.

Bezüglich des Erfolgsfaktors Innovation setzt sich die Tendenz, die sich bereits im Zeitraum „Früher" abzeichnete, auch im Zeitraum „Heute" fort. So beurteilen sich auch für letzteren die Unternehmen der Strategie der „Modifizierer" tendenziell innovativer als die „Optimierer", was sich in ihrem Mittelwert von 3,9, gegenüber dem der „Optimierer" in Höhe von 3,6, äußert.

Beide Strategien haben also nach eigenen Einschätzungen an Innovationskraft gewonnen (siehe Abbildung 101), die „Modifizierer" jedoch in stärkerem Ausmaß als die „Optimierer". Die höhere Ausprägung des Faktors Innovation ist dabei mit der beschriebenen Eigenschaft der „Modifizierer" zu erklären, dass sich diese in mehr oder weniger regelmäßigen Abständen einem Wandel unterziehen, um sich somit besser an die herrschenden Gegebenheiten anpassen zu können.

Was den Erfolgsfaktor eines profilierten Sortiments anbelangt, so weisen beide betrachteten Strategien im Zeitraum „Heute" eine deutliche Steigerung gegenüber dem Zeitraum „Früher" auf. Dies spiegelt sich in einem Mittelwert von 4,2 bei der Strategie der „Optimierer" sowie einer durchschnittlichen Beurteilung der „Modifizierer" in Höhe von 3,9 wider.

Damit haben sich die „Modifizierer" im betrachteten Zeitraum den „Optimierern" ein gutes Stück angenähert was die Beurteilung dieses Erfolgsfaktors anbelangt, bewerten ihr Sortiment aber dennoch auch im Zeitraum „Heute" etwas weniger profiliert als diese. Die starke Annäherung könnte auf einen zwischenzeitlichen Wechsel des Sortimentsschwerpunkts, der oft mit diesem Strategietypus einhergeht, zurückzuführen sein. Durch eine Anpassung des Sortiments an die Bedürfnisse der Kunden gelingt somit eine deutliche Verbesserung der Profilierung gegenüber dem Zeitraum „Früher".

Bezüglich des Erfolgsfaktors eines qualifizierten Personals beurteilen sich die „Optimierer" im Zeitraum „Heute", mit einem durchschnittlichen Wert von 4,2 tendenziell besser als die „Modifizierer", welche die Qualifikation ihrer Mitarbeiter im Mittel mit 3,9 angeben. Bei beiden Strategien zeigt sich auch im Hinblick auf diesen Erfolgsfaktor eine Steigerung gegenüber dem Zeitraum „Früher" (siehe Abbildung 100).

Schließlich soll der Erfolgsfaktor Organisation anhand seiner Ausprägungen im Hinblick auf die beiden Strategien verglichen werden. Trotz der ohnehin schon hohen Bewertung seitens der Unternehmen beider Strategiealternativen im Zeitraum „Früher" verzeichnen beide einen weiteren Anstieg ihrer Flexibilität im Zeitraum „Heute". Dies äußert sich in einer Bewertung des Faktors von durchschnittlich 4,5 im Falle der „Optimierer" sowie einer Beurteilung von 4,6 auf Seiten der „Modifizierer". Die ähnlich hohe Bewertung ist dabei auf deren Strategieverwandtschaft im Hinblick auf die Dimension Wachstum und deren Ausprägung Stabilität zurückzuführen. Da sich somit beide Strategien nicht durch die Erfüllung eines der Expansionskriterien Filialisierung, Internationalisierung oder Multi-Channel-Retailing auszeichnen, verfügen sie über eine überschaubare Unternehmensgröße. Dies äußert sich positiv in der Bewertung der Flexibilität ihrer Organisation zum Zeitpunkt der Befragung.

Um ein ganzheitliches Bild beim Vergleich der Erfolgsfaktoren zwischen den Strategien „Optimierer" und „Modifizierer" zu erhalten, soll nachfolgend auch der Zeitraum „Zukunft" in diesem Kontext beleuchtet werden. Die Gegenüberstellung der Ausprägungen der Erfolgsfaktoren ergibt folgendes Strategienetz:

Abbildung 102: Vergleich der Ausprägung der Erfolgsfaktoren im Zeitraum Zukunft: Optimierer vs. Modifizierer

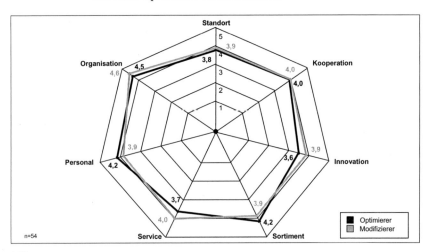

Was den Standort anbelangt, so beurteilen sich die „Modifizierer" für den Zeitraum „Zukunft" durchschnittlich mit einem Wert von 3,8 (siehe Abbildung 102). Damit liegen sie knapp über der Bewertung der „Optimierer", die ihre Standorte für diesen Zeitraum im Schnitt mit 3,7 beurteilen. Auffällig ist dabei jedoch, dass beide Strategien sich um 0,1 schlechter bewerten als noch im Zeitraum „Heute" (siehe Abbildung 101). Dennoch sind die „Modifizierer" gesamthaft betrachtet etwas optimistischer als die „Optimierer", was die Beurteilung der Standorte anbelangt, was darauf zurückzuführen ist, dass die hier zugeordneten Unternehmen sich unter anderem dadurch kennzeichnen, auf veränderte Rahmenbedingungen mit einem Wandel im Sinne einer Mutation zu reagieren. Viele der dieser Strategie angehörigen Unternehmen haben in diesem Kontext beispielsweise einen Standortwechsel hinter sich gebracht, womit in der Regel eine Verbesserung dieses Faktors einhergeht. Das erklärt auch die tendenziell höhere Bewertung dieses Erfolgsfaktors in den Zeiträumen „Heute" und „Zukunft".

Der Faktor Kooperation wird auch im Zeitraum „Zukunft" von beiden Strategien relativ ausgeglichen beurteilt. So gehen die „Modifizierer" von einer gleich bleibenden Intensität ihrer Kooperationen für die kommenden Jahre aus, während die „Optimierer" sogar noch mit einem leichten Anstieg der Kooperationsintensität, um 0,1 auf einen Mittelwert von 4,1, rechnen.

Hinsichtlich des Erfolgsfaktors Innovation setzt sich der Trend der beiden vorangegangenen Zeiträume auch in der „Zukunft" fort. Sowohl die „Optimierer" als auch die „Modifizierer" rechnen mit einem weiteren Anstieg ihrer Innovationstätigkeit, wobei die „Modifizierer" mit einem Mittelwert von 4,1 auch im betrachteten Zeitraum über den „Optimierern" liegen, die eine durchschnittliche Bewertung von 3,9 verzeichnen. Damit bestätigt sich auch für die „Zukunft" die Tendenz der Vormachtstellung der „Modifizierer" was den Faktor Innovation anbelangt, und bestätigt somit die enge Verknüpfung dieses Erfolgsfaktors mit dieser Strategie.

Was das Sortiment anbelangt, so prognostizieren die „Optimierer" in der „Zukunft" einen leichten Rückgang ihrer Profilierung um 0,1, resultierend in einem Mittelwert in Höhe von 4,1. Damit liegen sie jedoch immer noch knapp vor den „Modifizierern", die für den selben Zeitraum zwar eine Aufwertung bezüglich der Sortimentsprofilierung antizipieren, mit einem Mittelwert von 4,0 aber immer noch knapp unter dem Wert der „Optimierer" liegen. Dennoch bleibt festzustellen, dass der Faktor der Sortimentsprofilierung bei beiden Strategien in den betrachteten Zeiträumen zunehmend ähnlicher bewertet wird.

Beim Serviceniveau liegen auch in der „Zukunft" die „Modifizierer" mit einem Wert von durchschnittlich 4,1 über den Bewertungen der „Optimierer" in Höhe von 3,8. Die Unternehmen beider Strategien gehen also für sämtliche Zeiträume zwar von einer Steigerung ihres Serviceniveaus aus, die „Modifizierer" stufen diesen Faktor in der Tendenz jedoch stets etwas höher ein als die „Optimierer". Der Hang zum Wandel, der mit besagter Strategie einhergeht, könnte dazu führen, dass Unternehmen dieses Strategietypus auch ihre Serviceleistungen immer wieder überdenken, was sich schließlich positiv auf die Bewertung dieses Erfolgsfaktors auswirken kann.

Was ein qualifiziertes Personal anbelangt, so liegt die Bewertung dieses Faktors der „Optimierer" für die kommenden Jahre mit einem Mittelwert von 4,3 auch in diesem Zeitraum über dem Mittel der Bewertungen der „Modifizierer" mit einem Wert in Höhe von 4,0. Beide Strategiealternativen sehen also auch für den Zeitraum „Zukunft" eine weitere Steigerung der Qualifikation ihres Personals. Allerdings bleibt festzuhalten, dass die „Optimierer" in sämtlichen der betrachteten Zeiträume mit ihren Einschätzungen bezüglich dieses Erfolgsfaktors über den Bewertungen der „Modifizierer" liegen (siehe Abbildungen 100, 101, 102).

Der letzte Erfolgsfaktor, der im Rahmen des Vergleichs beider Strategien auch im Zeitraum „Zukunft" nachfolgend näher analysiert werden soll, ist der einer flexiblen Organisation. In diesem Zusammenhang beurteilen sich die Unternehmen beider Strategien mit einem hohen Mittelwert von 4,6. Auch in diesem Zeitraum bestätigt sich somit, dass die überschaubare Unternehmensgröße, die mit beiden Strategiealternativen einhergeht, sich auch positiv auf die Flexibilität der Organisationsstruktur auswirkt. Allerdings wird ebenfalls deutlich, dass sich die „Modifizierer" mit ihren Einschätzungen zur eigenen Flexibilität stets mindestens gleich, wenn nicht gar flexibler einschätzen als die „Optimierer" (siehe Abbildungen 100, 101, 102). Dies hängt damit zusammen, dass sich der besagte Strategietypus durch die Affinität zum Wandel kennzeichnet und dabei eine hohe Flexibilität mitunter als Grundvoraussetzung zu betrachten ist.

2. Multiplizierer vs. Diversifizierer

Der folgende Vergleich der Ausprägungen der Erfolgsfaktoren bezieht sich auf die Strategien der „Multiplizierer" und der „Diversifizierer". Durch die Gegenüberstellung der Mittelwerte der Erfolgsfaktoren innerhalb der Zeiträume „Früher", „Heute" und „Zukunft" sollen dabei Gemeinsamkeiten und Unterschiede der beiden Strategien im Hinblick auf die wichtigsten Erfolgsfaktoren aufgedeckt werden. Hierzu werden, analog zur Vorgehensweise beim Vergleich der Erfolgsfaktoren der „Optimierer" und „Modifizierer", die Mittelwerte in Netzen abgebildet, um eine Vergleichbarkeit der betrachteten Faktoren in einem Zeitraum zu vereinfachen. Zunächst erfolgt die Analyse des Zeitraums „Früher".

Abbildung 103: Vergleich der Ausprägung der Erfolgsfaktoren im Zeitraum Früher: Multiplizierer vs. Diversifizierer

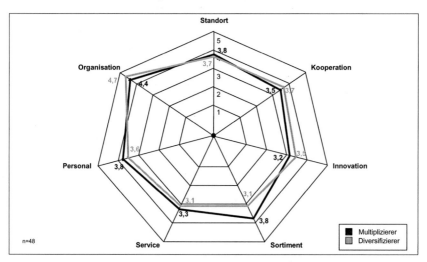

Was den Faktor Standort anbelangt, so weisen die beiden Strategien im betrachteten Zeitraum recht ähnliche Bewertungen auf. Während die „Multiplizierer" ihre Standorte für den Zeitraum „Früher" im Mittel mit 3,8 bewerten, fällt die Beurteilung der „Diversifizierer" in Höhe von 3,7 nahezu identisch aus (siehe Abbildung 103). Beide Strategien zeichnen sich durch die Ausprägung Expansion der Dimension Wachstum aus, weisen somit ähnliche Bedingungen bezüglich ihrer Standorte auf, was auch zu einer ähnlichen Bewertung der Standorte führt.

Hinsichtlich des Faktors Kooperation fällt die Bewertung im Zeitraum „Früher" hingegen unterschiedlich aus. Während die „Multiplizierer" die Intensität ihrer Kooperationen im betrachteten Zeitraum lediglich mit einem Mittelwert von 3,5 bewerten, fällt die Bewertung der „Diversifizierer" mit 3,7 vergleichsweise höher aus. Dies könnte darauf zurückzuführen sein, dass letztere, auf Grund der parallelen Erfüllung von Expansions- und Mutationskriterien, gegebenenfalls bereits im Zeitraum „Früher" ihr Konzept diversifizierten und die parallel betriebenen Geschäfte einen tendenziell höheren Kooperationsaufwand mit sich brachten, was gemeinsame Aktivitäten, beispielsweise im Einkauf, anbelangt.

Auch bezüglich des Faktors Innovation gibt es Unterschiede hinsichtlich der Bewertungen der beiden Strategien, wobei auch an dieser Stelle anzumerken bleibt, dass diesem Erfolgsfaktor für den betrachteten Zeitraum kein signifikanter Beitrag zum Unternehmenserfolg nachgewiesen werden konnte (siehe Abbildung 54). Was die Bewertung des Faktors anbelangt, so beurteilen sich die „Multiplizierer" mit einem durchschnittlichen Wert von 3,2 in diesem Zeitraum schlechter als die „Diversifizierer", mit einem Mittelwert von 3,5. Auch hierbei könnte der Grund für die unterschiedliche Bewertung in der zu Grunde liegenden Unternehmensstrategie zu sehen sein, da die „Diversifizierer", auf Grund der Ausprägung Mutation der Dimension Wandel, in mehr oder weniger regelmäßigen Abständen ihr Konzept diversifizieren. Dies setzt in der Regel einen hohen Grad an Innovationsfähigkeit voraus.

Bei der Sortimentsprofilierung hingegen schneiden die „Multiplizierer" im Zeitraum „Früher" deutlich besser ab als die „Diversifizierer", was sich in ihrem Mittelwert von 3,8 gegenüber dem der „Diversifizierer" von 3,1 äußert. Da sich die „Multiplizierer" durch die Ausprägung Expansion der Dimension Wachstum sowie der Ausprägung Stabilität der Dimension Wandel kennzeichnen, beginnen sie folglich irgendwann mit der Multiplikation eines Konzepts, ohne dieses danach grundlegend zu verändern. Es ist also davon auszugehen, dass sie zum Zeitpunkt der Multiplikation von diesem Konzept vollständig überzeugt sind. Dies spiegelt sich auch in der Beurteilung der Sortimentsprofilierung wider.

Hinsichtlich des Serviceniveaus liegt die Bewertung der „Multiplizierer", die einen durchschnittlichen Wert von 3,3 aufweist, im Zeitraum „Früher" hingegen nur knapp über der Einschätzung der „Diversifizierer" in Höhe von 3,1. Dies könnte darauf zurückzuführen sein, dass viele der „Multiplizierer" ihr Erfolgskonzept bereits in diesem Zeitraum gefunden haben und sich somit auf die Feinjustierungen, beispielsweise im Personalbereich, konzentrieren konnten.

Auch beim Erfolgsfaktor eines qualifizierten Personals liegen die beiden Strategien im Betrachtungszeitraum relativ nah beieinander. Dennoch beurteilen die „Multiplizierer" ihr Personal „Früher" mit einem Mittelwert von 3,8 etwas höher als die „Diversifizierer", die im Hinblick auf ihre Mitarbeiterqualifikation auf einen durchschnittlichen Wert von 3,6 kommen.

Die Flexibilität ihrer Unternehmensorganisation beurteilen die „Diversifizierer" im Zeitraum „Früher" hingegen deutlich besser als die „Multiplizierer", was sich im Mittel der Beurteilungen in Höhe von 4,7 für die „Diversifizierer", gegenüber einem durchschnittlichen Wert von 4,4 im Falle der „Multiplizierer", äußert. Dennoch lässt sich feststellen, dass die Unternehmen beider Strategiealternativen mit ihren Einschätzungen bezüglich dieses Faktors von einer sehr flexiblen Organisationsstruktur für den betrachteten Zeitraum ausgehen.

Neben dem Vergleich der Ausprägungen der Erfolgsfaktoren für den Zeitraum „Früher" sollen diese auch für den Zeitraum „Heute" erfolgen. Die Gegenüberstellung der Ausprägungen der Erfolgsfaktoren ergibt folgende Netzstruktur:

Abbildung 104: Vergleich der Ausprägung der Erfolgsfaktoren im Zeitraum Heute: Multiplizierer vs. Diversifizierer

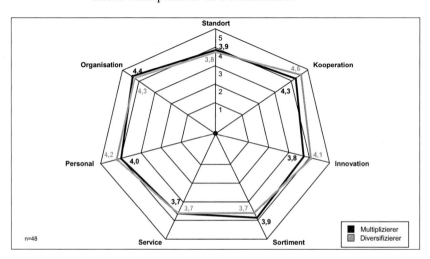

Die Unternehmen beider Strategien bewerten ihre Standorte im Zeitraum „Heute" mit einer jeweiligen durchschnittlichen Zunahme des Mittelwertes um 0,1 besser als im Zeitraum „Früher" (siehe Abbildung 103). Dies äußert sich in einem Mittelwert dieses Erfolgsfaktors bei der Strategie der „Multiplizierer" in Höhe von 3,9, der somit knapp über der durchschnittlichen Bewertung der „Diversifizierer" in Höhe von 3,8 liegt (siehe Abbildung 104). Dennoch wird dieser Faktor im betrachteten Zeitraum von beiden Strategien ähnlich gut bewertet, was auf deren Verwandtschaft im Hinblick auf die mit den Strategien zusammenhängenden Expansionskriterien zurückzuführen ist.

Beim Vergleich der Bewertungen bezüglich der Kooperationsintensität im Zeitraum „Heute" zeigt sich hingegen ein deutlicher Unterschied zwischen den beiden Strategien. Während die „Multiplizierer" zwar von einem deutlichen Anstieg der Intensität ihrer Kooperationen ausgehen, was sich in einem Mittelwert von 4,3 äußert, liegen sie damit immer noch deutlich unter der Bewertung der

145

„Diversifizierer", die ihrerseits ebenfalls eine weitere Intensivierung ihrer Kooperationstätigkeiten attestieren, resultierend in einem Mittelwert in Höhe von 4,6. Somit setzt sich der Trend der intensiveren Kooperationstätigkeiten auf Seiten der „Diversifizierer", der sich bereits im Zeitraum „Früher" abzeichnete (siehe Abbildung 103), auch im Zeitraum „Heute" fort.

Hinsichtlich des Faktors Innovation ergibt sich ebenfalls ein deutlicher Unterschied zwischen beiden betrachteten Strategien. Zwar betrachten sich beide im Zeitraum „Heute" als innovativer im Vergleich zur Zeit nach der Unternehmensgründung, dennoch liegen die „Multiplizierer" mit einem Mittelwert von 3,8 deutlich unter der Bewertung der „Diversifizierer" in Höhe von 4,1. Damit zeigt sich auch für diesen Zeitraum die Relevanz des Erfolgsfaktors Innovation im Zusammenhang mit der Strategie der „Diversifizierer", die schon auf Grund ihrer strategischen Ausrichtung im Hinblick auf die Diversifikation eine enge Verknüpfung mit einer stark ausgeprägten Innovationskraft aufweisen.

Bezüglich des Erfolgsfaktors Sortiment fallen die Beurteilungen im Zeitraum „Heute" wesentlich ähnlicher aus als im Zeitraum davor. So haben insbesondere die „Diversifizierer" hinsichtlich der Sortimentsprofilierung eine deutliche Verbesserung zu verzeichnen, was sich in einem Mittelwert von 3,7 äußert. Damit liegen sie jedoch immer noch knapp unter der Bewertung des eigenen Sortiments durch die „Multiplizierer", die ebenfalls eine leichte Verbesserung der Sortimentsprofilierung zu verzeichnen haben, was sich in einem Mittelwert in Höhe von 3,9 äußert. Somit liegen beide Strategien im Betrachtungszeitraum bezüglich der Bewertung dieses Faktors nun recht eng beieinander.

Absolute Übereinstimmung herrscht hingegen beim Serviceniveau. Die Unternehmen beider Strategie bewerten ihren angebotenen Service im Zeitraum „Heute" gleich hoch, was sich im Mittel der Bewertungen in Höhe von jeweils 3,7 äußert. Aus dem starken Anstieg des wahrgenommenen Serviceniveaus auf Seiten der Diversifizierer" lässt sich zudem schließen, dass dieser Strategietypus die Bedeutung umfassender Serviceleistungen ebenfalls erkannt und in den jeweiligen Geschäftskonzepten auch dementsprechend umgesetzt hat (siehe Abbildung 104).

Die Relevanz eines gut ausgebildeten Personals haben die Unternehmen beider Strategien über die Jahre ebenfalls erkannt, und bewerten die Qualifikation ihres Personals im Zeitraum „Heute" dementsprechend höher als noch im Zeitraum „Früher" (siehe Abbildung 103). Dennoch liegt die durchschnittliche Beurteilung der „Diversifizierer" in Höhe von 4,2 in diesem Zeitraum über derjenigen der „Multiplizierer" in Höhe von 4,0.

Im Hinblick auf die Beurteilungen der eigenen Organisationsflexibilität liegen die Werte der beiden betrachteten Strategien zwar eng beieinander, was sich in einer durchschnittlichen Beurteilung in Höhe von 4,4 bei den „Multiplizierern", gegenüber einem Mittelwert von 4,3 bei den „Diversifizierern", äußert. Allerdings beurteilen die „Multiplizierer" die Flexibilität ihrer Organisation damit auf dem gleichen Niveau wie noch im Zeitraum „Früher". Demgegenüber verzeichnen die „Diversifizierer" einen deutlichen Rückgang ihrer Flexibilität, was in einer durchschnittlichen Reduktion des Mittelwertes um 0,4 gegenüber dem Zeitraum „Früher" zum Ausdruck kommt (siehe Abbildung 103). Damit zeigt sich eine Schwäche der „Diversifizierer", die auf deren Strategie zurückzuführen ist. Die Unternehmen der besagten Strategie erfüllen sowohl Expansions- als auch Mutationskriterien. Die Diversifikation des Unternehmens führt zu einem Anstieg der Komplexität, was sich deutlich in einer sinkenden Flexibilität der Unternehmensorganisation niederschlägt.

Als dritter Zeitraum, der im Rahmen des Vergleichs der beiden Strategien auf ihre Ausprägungen hin untersucht werden soll, erfolgt nun eine Betrachtung der Zeitspanne „Zukunft". Dabei ergeben die Mittelwerte der Ausprägungen, die den Strategien der „Multiplizierer" und „Diversifizierer" angehören, folgende Netzstruktur:

Abbildung 105: Vergleich der Ausprägung der Erfolgsfaktoren im Zeitraum Zukunft: Multiplizierer vs. Diversifizierer

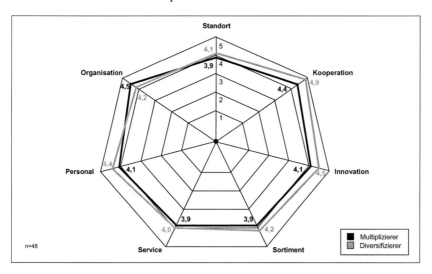

Bezüglich des Erfolgsfaktors Standort prognostizieren die „Multiplizierer" eine konstante Entwicklung ihrer Standortgüte, was sich in einer durchschnittlichen Bewertung von 3,9 für den betrachteten Zeitraum äußert (siehe Abbildung 105). Dagegen sind die „Diversifizierer" etwas optimistischer, was die Entwicklung ihrer Standorte anbelangt: Sie bewerten deren Güte im Schnitt mit 4,1 und liegen somit im Betrachtungszeitraum knapp über den „Multiplizierern". Der Grund dafür, dass beide Strategievarianten ihre Standorte, anders als die Gesamtstichprobe (siehe Abbildung 34), zumindest konstant, wenn nicht gar positiv in ihrer zukünftigen Entwicklung beurteilen, ist dabei darauf zurückzuführen, dass sich beide Strategien durch die Ausprägung Expansion der Dimension Wandel auszeichnen. Die Tatsache, dass also beide Strategien in der Regel über mehrere stationäre Standorte verfügen, zu denen, je nach Unternehmen, mehr oder weniger regelmäßig neue Standorte hinzukommen, lässt beide Strategien bezüglich dieses Faktors in der Tendenz optimistischer in die Zukunft blicken als die gesamte Stichprobe im Mittel.

Was die prognostizierte Intensität der Kooperationen anbelangt, so antizipieren die Unternehmen beider Strategievarianten eine weitere Steigerung für die kommenden Jahre. Insbesondere die „Diversifizierer" beurteilen diese mit einem durchschnittlichen Wert von 4,9 nahezu mit der höchst möglichen Intensität und liegen damit deutlich über den Bewertungen der „Multiplizierern" mit einem Mittelwert von 4,4. Damit pflegen die Unternehmen beider Strategien nach eigenen Auffassungen auch in der „Zukunft" intensive Kooperationen, wobei der überdurchschnittlich hohe Wert der „Diversifizierer" aller Voraussicht nach darauf zurückzuführen ist, dass diese Strategie, auf Grund der mit ihr einhergehenden parallel betriebenen Geschäfte, zu den externen Kooperationen auch diverse interne Kooperationen zwischen den Einheiten mit sich bringt.

Im Hinblick auf den Erfolgsfaktor Innovation zeigt sich im betrachteten Zeitraum ebenfalls eine deutliche Dominanz der „Diversifizierer". Sie bewerten Innovationsfähigkeit für die „Zukunft" im Mittel mit einem Wert von 4,5 und liegen damit deutlich über dem Mittelwert der „Multiplizierer" in Höhe von 4,1. Damit prognostizieren beide einen weiteren Anstieg ihrer Innovationskraft für die nächsten zehn Jahre, wobei auch in diesem Zeitraum die bereits angesprochene, enge Verknüpfung des betrachteten Erfolgsfaktors mit der Strategie der „Diversifizierer" deutlich wird.

Was ein profiliertes Sortiment anbelangt, so gehen die „Multiplizierer" von einer gleich bleibenden Sortimentsprofilierung aus, wohingegen die „Diversifizierer" eine Steigerung auf einen Mittelwert von 4,2 prognostizieren. Damit liegen sie im Zeitvergleich erstmals über dem durchschnittlichen Wert der „Multiplizierer" (siehe Abbildungen 103, 104, 105).

Bezüglich des Serviceniveaus blicken die den beiden Strategiealternativen zugeordneten Unternehmen gesamthaft optimistisch in die „Zukunft". So prognostizieren die „Multiplizierer" eine weitere Steigerung ihres Serviceniveaus auf einen Mittelwert in Höhe von 3,9. Die „Diversifizierer" gehen sogar von einer Steigerung auf 4,0 im Mittel der Bewertungen aus. Damit liegen beide auch in diesem Zeitraum hinsichtlich ihrer Einschätzungen bezüglich des eigenen Serviceniveaus nahezu gleich auf.

Im Hinblick auf die für die „Zukunft" prognostizierte Qualifikation des eigenen Personals gehen die Unternehmen beider Strategievarianten ebenfalls von einem künftigen Anstieg der Mitarbeiterqualifikation aus. Dies zeigt sich in einem prognostizierten durchschnittlichen Wert von 4,1 im Falle der „Multiplizierer" sowie einem von den „Diversifizierern" antizipierten Mittelwert in Höhe von 4,4.

Lediglich hinsichtlich der prognostizierten Flexibilität der eigenen Unternehmensorganisation herrscht Uneinigkeit im betrachteten Zeitraum, was deren weitere Entwicklung anbelangt: Während die „Multiplizierer" von einem leichten Anstieg ihrer Flexibilität für die „Zukunft" ausgehen, was sich in einem prognostizierten Mittelwert in Höhe von 4,5 verdeutlicht, antizipieren die „Diversifizierer" einen weiteren Rückgang ihrer Flexibilität, resultierend in einem Mittelwert von 4,2. Für letztere Strategie zeigt sich im Vergleich sämtlicher der drei betrachteten Zeiträume somit ein zunehmend schlechter werdender Wert im Hinblick auf die Einschätzungen zur eigenen Flexibilität der Organisation. Dies ist dabei insbesondere, wie bereits erwähnt, auf die mit zunehmender Diversifizierung wachsende Komplexität der Organisation zurückzuführen.

Während sämtliche Erfolgsfaktoren, bei denen im Zeitraum „Heute" ein signifikanter Einfluss auf den Unternehmenserfolgs nachgewiesen werden konnte, sowohl strategiespezifisch als auch strategieübergreifend analysiert und verglichen wurden, soll im nachfolgenden Abschnitt ein Vergleich des Erfolgs der vier zu Grunde liegenden Strategien erfolgen.

III. Vergleich des Unternehmenserfolgs

Die nachfolgende Analyse fokussiert, aufbauend auf der Vorgehensweise zur Erfolgsmessung im Rahmen der standardisierten Befragung, auf den subjektiv wahrgenommenen Erfolg im Zusammenhang mit den Strategien „Optimierer",

„Modifizierer", „Multiplizierer" und „Diversifizierer". In diesem Rahmen erfolgt zunächst eine Betrachtung der Bewertungen des Unternehmenserfolgs auf Strategieebene, wobei sämtliche der drei betrachteten Zeiträume „Früher", „Heute" und „Zukunft" in die Analyse mit einbezogen werden. Im Anschluss daran werden die strategiespezifischen Erfolgsbeurteilungen für die einzelnen Zeiträume einander gegenüber gestellt, um Aufschluss darüber zu erhalten, ob bestimmte Strategien in der Tendenz innerhalb bestimmter Zeiträume erfolgreicher beurteilt werden als andere.

Zunächst erfolgt also eine Betrachtung der subjektiven Erfolgseinschätzungen der Unternehmen, die der Strategie der „Optimierer" zugeordnet werden können. Diese beurteilen sich innerhalb der einzelnen Zeiträume wie folgt:

Abbildung 106: Subjektive Erfolgseinschätzung: Optimierer

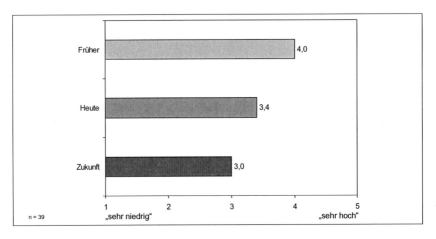

Beim Vergleich der Erfolgswahrnehmung im Falle der „Optimierer" fällt auf, dass sich diese seit der Zeitspanne nach dem Zweiten Weltkrieg zunehmend negativ beurteilen, und damit dem durchschnittlichen Trend der Gesamtstichprobe folgen (siehe Abbildung 156). Während die Einschätzungen bezüglich des eigenen Erfolgs im Zeitraum „Früher" im Mittel noch bei einem Wert von 4,0 liegen, beträgt die durchschnittliche Beurteilung im Zeitraum „Heute" nur noch 3,4 (siehe Abbildung 106). Auch für die Zukunft prognostizieren die betrachteten Unternehmen einen weiteren Rückgang des eigenen Unternehmenserfolgs, was sich in einem Mittelwert in Höhe von 3,0 äußert.

Damit liegen die „Optimierer" im Zeitraum „Heute" exakt auf dem Durchschnitt der gesamten Stichprobe, was die Einschätzung dieses Faktors anbelangt. Die dieser Strategie zugeordneten Unternehmen sind somit zum Zeitpunkt der Befragung, nach eigenen Einschätzungen, durchschnittlich erfolgreich.

Allerdings war dies nicht immer so. Im Zeitraum „Früher" liegen Sie mit ihren Bewertungen im Mittel um 0,1 besser als die Gesamtstichprobe (siehe Abbildung 152). Was die Prognose des zukünftigen Erfolgs anbelangt, so ergibt sich jedoch ein anderes Bild. Hier liegen die betrachteten Unternehmen mit ihren Einschätzungen um 0,2 unter den Erfolgseinschätzungen sämtlicher in der Studie betrachteten Unternehmen.

Für die „Modifizierer" ergeben sich folgende Einschätzungen:

Abbildung 107: Subjektive Erfolgseinschätzung: Modifizierer

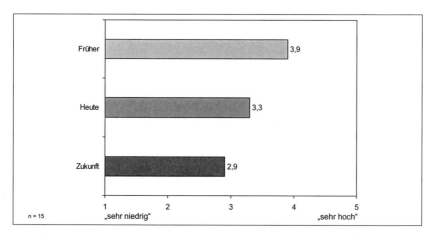

Zunächst einmal wird beim Vergleich der Zeiträume deutlich, dass sich auch die Unternehmen dieser Strategie, analog der Strategie der „Optimierer", hinsichtlich ihres Unternehmenserfolgs im Laufe der Zeit zunehmend als weniger erfolgreich bewerten. Auch sie liegen damit im Trend, der sich tendenziell für die gesamte Stichprobe aufzeigen lässt (siehe Abbildung 156).

Während sich die „Modifizierer" im Zeitraum „Früher" noch mit einem Mittelwert von 3,9 für diesen Betrachtungszeitraum als durchschnittlich erfolgreich einstufen, liegt der Wert im Zeitraum „Heute" lediglich noch bei 3,3 (siehe Abbildung 107). Für die „Zukunft" prognostizieren sie einen weiteren Rückgang

151

ihres Unternehmenserfolgs, was sich in einem Mittelwert von nur 2,9 widerspiegelt.

Mit diesen Einschätzungen liegen die „Modifizierer" sowohl im Zeitraum „Heute" als auch im Zeitraum „Zukunft" unter den Einschätzungen aller betrachteten Unternehmen, was den eigenen Unternehmenserfolg anbelangt (siehe Abbildung 156).

Im Hinblick auf die Strategie der „Multiplizierer" ergibt sich folgendes Bild, was ihre Einschätzungen zum eigenen Unternehmenserfolg innerhalb der drei Zeiträume anbelangt:

Abbildung 108: Subjektive Erfolgseinschätzung: Multiplizierer

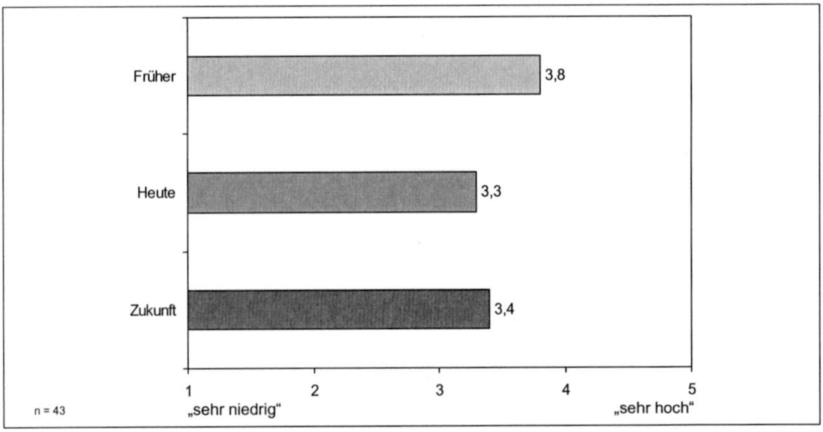

Auch bei dieser Strategie nimmt der Unternehmenserfolg im Zeitraum „Früher" eigenen Einschätzungen zufolge zunächst ab. Während sich die „Multiplizierer" im Zeitraum „Früher" noch mit einem Mittelwert von 3,8 beurteilen, geht dieser im Zeitraum „Heute" auf einen Wert von 3,3 zurück (siehe Abbildung 108). Mit ihren Einschätzungen liegen die betrachteten Unternehmen in beiden Zeiträumen knapp unter den durchschnittlichen Erfolgseinschätzungen aller Unternehmen, die in die Erfolgsauswertung einbezogen wurden (siehe Abbildung 156).

Was jedoch die Prognose der zukünftigen Unternehmenserfolgs anbelangt, so zeigt sich bei den „Multiplizierern", anders als beim Durchschnitt der Gesamtstichprobe, ein leicht optimistischer Trend für die kommenden Jahre. Für diesen Zeitraum antizipieren die betrachteten Unternehmen im Mittel einen Erfolg von

3,4 und liegen damit deutlich über dem Durchschnitt aller analysierten Unternehmen (siehe Abbildung 152).

Die „Diversifizierer" schätzen sich im Hinblick auf ihren Unternehmenserfolg in den betrachteten drei Zeiträumen ein wie folgt:

Abbildung 109: Subjektive Erfolgseinschätzung: Diversifizierer

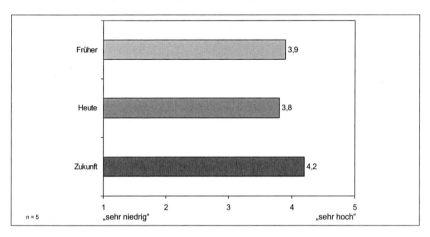

Die heutigen „Diversifizierer" beurteilen sich mit einem Mittelwert in Höhe von 3,9 im Zeitraum „Früher" (siehe Abbildung 109) auf einem Erfolgsniveau, das im Betrachtungszeitraum exakt dem Durchschnitt des wahrgenommenen Unternehmenserfolgs der Gesamtstichprobe entspricht (siehe Abbildung 156).

Auch die Unternehmen dieses Strategietyps betrachten ihren Erfolg bis zum Zeitraum „Heute" als leicht rückläufig, was sich in einem Mittelwert von 3,8 widerspiegelt. Damit liegen sie jedoch bereits in diesem Zeitraum deutlich über den Erfolgseinschätzungen sämtlicher der betrachteten Unternehmen, die hier im Mittel nur einen Wert von 3,4 aufweisen (siehe Abbildung 156).

Eine Trendwende zeichnet sich zudem für die Bewertung des zukünftigen Unternehmenserfolgs ab. Hier prognostizieren die „Diversifizierer" einen Anstieg ihres Erfolgs für die kommenden zehn Jahre, resultierend in einem Mittelwert in Höhe von 4,2 für den Zeitraum „Zukunft". Mit diesen Einschätzungen liegen sie im Betrachtungszeitraum deutlich oberhalb der antizipierten Erfolgswerte der Gesamtstichprobe, die hier lediglich einen Mittelwert in Höhe von 3,2 zu verzeichnen hat (siehe Abbildung 156).

Abbildung 110: Vergleich der subjektiven Erfolgseinschätzungen erfolgreicher Handelsstrategien

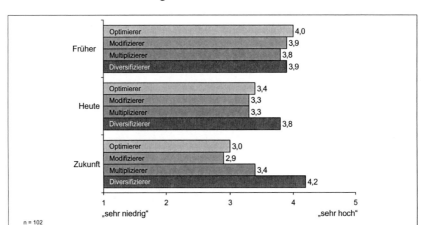

Beim Vergleich der Werte für den Zeitraum „Früher" wird deutlich, dass sich für die Zeit zwischen 1945 und 1989 sämtliche der betrachteten Unternehmen, unabhängig von ihrer verfolgten Strategie, nahezu gleich erfolgreich bewerten. Zwar fällt die Beuteilung der „Optimierer" mit einem Mittelwert von 4,0 im Betrachtungszeitraum in der Tendenz am besten aus, gefolgt von den „Modifizierern" und „Diversifizierern" mit einem durchschnittlichen Wert von jeweils 3,9 und schließlich den „Multiplizierern" mit einem Mittelwert von 3,8 (siehe Abbildung 110). Dennoch liegen die Unternehmen in dieser Zeit alle über den Einschätzungen ihres Erfolgs im Vergleich zum Zeitraum „Heute".

Für die Zeitspanne zwischen 1990 und 2010 („Heute") beurteilen sich sämtliche der betrachteten Unternehmen im Mittel weniger erfolgreich als in der Zeit zuvor. Am besten fällt dabei noch die Erfolgsbeurteilung der „Diversifizierer" in Höhe von 3,8 aus. Alle anderen Strategietypen beurteilen sich, analog zum Zeitraum „Früher", relativ ähnlich, was den Erfolg ihrer Unternehmen anbelangt, gleichzeitig jedoch deutlich weniger erfolgreich als im Zeitraum „Früher". So fällt die Bewertung der „Optimierer" mit einem Mittelwert von 3,4 noch am zweithöchsten aus, während sich die „Modifizierer" und „Multiplizierer" im Mittel mit 3,3 beurteilen und somit in der Tendenz den geringsten Erfolg im Betrachtungszeitraum aufweisen.

Für den Zeitraum „Zukunft", und damit die Zeitspanne zwischen 2011 und 2020, zeigt sich ein deutlich heterogenes Bild, was die Bewertungen des prognostizierten Unternehmenserfolgs anbelangt. Während die „Optimierer" und die „Modifizierer" hier von einem weiteren Rückgang ihres Erfolgs ausgehen, was sich in einem Mittelwert von 3,0 bzw. 2,9 äußert, blicken die beiden anderen Strategietypen vergleichsweise optimistisch in die Zukunft. Dies zeigt sich in einer um durchschnittlich 0,1 höheren Bewertung der „Multiplizierer" im Vergleich zum Zeitraum davor, resultierend in einem Mittelwert in Höhe von 3,4. Die „Diversifizierer" prognostizieren sogar einen noch deutlicheren Erfolgsanstieg in den kommenden Jahren, was der Mittelwert in Höhe von 4,2 verdeutlicht.

Legt man also die subjektive Erfolgsbeurteilung der betrachteten Unternehmen zu Grunde, so lässt sich feststellen, dass die „Optimierer" im Zeitraum „Früher" tendenziell am erfolgreichsten waren, was die Beurteilung der vier vorgegebenen Unternehmensziele anbelangt. Allerdings setzt sich dieser hohe Erfolg nach eigenen Einschätzungen für die weiteren Zeiträume nicht fort, hier weist diese Strategie eher durchschnittliche Erfolgswerte auf.

Ähnlich verhält es sich auch mit der Strategie der „Modifizierer", die jedoch in allen Betrachtungszeiträumen knapp unterhalb der Erfolgswerte der „Optimierer" rangiert. Somit lässt sich tendenziell feststellen, dass die kleinen Unternehmen, die mehr oder weniger regelmäßig ihre Strategie wechseln, auch weniger zufrieden sind, was den eigenen Unternehmenserfolg anbelangt. Dies könnte ein maßgeblicher Treiber für die Motivation zur Veränderung darstellen.

Während die beiden Strategien „Optimierer" und „Modifizierer" also zunehmend pessimistische Einschätzungen bezüglich des eigenen Erfolgs aufweisen, ist dies bei den Strategien der „Multiplizierer" und „Diversifizierer" anders. Zwar haben auch sie im Zeitraum „Heute" einen leichten Rückgang ihres wahrgenommenen Unternehmenserfolgs zu verzeichnen, blicken aber beide optimistisch in die Zukunft, was die eigene Erfolgsentwicklung anbelangt. Gesamthaft betrachtet zeichnet sich dabei die Strategie der „Diversifizierer" in der Tendenz am erfolgreichsten ab, wenn man dem Vergleich der Mittelwerte folgt.

Die überdurchschnittlichen Erfolgswerte der „Multiplizierer" und „Diversifizierer" könnten mitunter darauf zurückzuführen sein, dass beide Strategien sich durch die Ausprägung Expansion der Dimension Wachstum kennzeichnen, beide also mehr oder weniger regelmäßig und stark ausweiten. Dies wird nur dann der Fall sein, wenn sich die Unternehmenskonzepte bereits im nicht-filialisierten

Zustand als so erfolgreich herausstellen, dass eine weitere Expansion aussichtsreich erscheint.

Allerdings bleibt an dieser Stelle ausdrücklich zu erwähnen, dass es sich bei der Betrachtung der Erfolgswerte um Durchschnittswerte handelt. Es konnten jedoch für sämtliche der vier betrachteten Handelsstrategien Unternehmen ausgemacht werden, die in allen drei Zeiträumen Erfolgswerte aufweisen, die weit über dem Durchschnitt der verglichenen Mittelwerte liegen.

Somit ist es durchaus möglich, mit jeder der vier Strategien „Optimierer", „Modifizierer", „Multiplizierer" und „Diversifizierer" ein überdurchschnittlich erfolgreiches Handelskonzept nachhaltig am Markt zu etablieren.

E. Zusammenfassende Key-Facts erfolgreicher Handelsstrategien

Der nachfolgende Abschnitt fasst die wichtigsten Charakteristika der vier identifizierten Handelsstrategien zusammen. Die Strategie der „Optimierer" kennzeichnet sich in diesem Kontext gesamthaft betrachtet durch die in Abbildung 111 aufgeführten Key-Facts:

Abbildung 111: Key-Facts „Optimierer"

1. Die „Optimierer" zeichnen sich durch eine hohe Beständigkeit im Hinblick auf ihre verfolgte Strategie sowie ihre Unternehmensgröße aus. Viele der oft als „Traditionsgeschäfte" bezeichneten Unternehmen gehören diesem Strategietypus an.

2. Ca. drei Viertel der heutigen „Optimierer" haben niemals einen Strategiewechsel unternommen. Ungefähr ein Viertel der betrachteten Unternehmen hat zwischenzeitlich das ursprüngliche Konzept multipliziert, sich schließlich aber wieder auf eine Verkaufsstelle refokussiert.

3. Die „Optimierer" zeichnen sich nach eigenen Einschätzungen durch ein hoch qualifiziertes Personal sowie ein profiliertes Sortiment aus. Ihre Standorte bewerten sie jedoch zunehmend schlechter.

4. Befragt nach ihren subjektiven Erfolgseinschätzungen stufen sich die „Optimierer" insbesondere in der Zeit nach dem Zweiten Weltkrieg als äußerst erfolgreich ein. Für die Zukunft lässt sich mit Blick auf den prognostizierten Erfolg ein eher pessimistischer Trend erkennen.

Die Unternehmen, die der Strategie der „Modifizierer" angehören, lassen sich durch die in Abbildung 112 dargestellten Eckdaten charakterisieren.

156

Abbildung 112: Key-Facts „Modifizierer"

1. Die „Modifizierer" kennzeichnen sich durch eine hohe Experimentierfreude im Hinblick auf Strategiewechsel, bleiben aber wachstumsseitig i.d.R. stabil.
2. Der Großteil der heutigen „Modifizierer" hat nie versucht, sein Konzept zu expandieren, sondern lediglich Strategieveränderungen gegenüber dem ursprünglichen Konzept vorgenommen.
3. Fast die Hälfte der betrachteten Unternehmen hat im Laufe seiner Geschichte den Versuch unternommen, das ursprüngliche Konzept bzw. eine Abwandlung davon zu vervielfältigen, machte diesen Schritt jedoch wieder rückgängig.
4. Die Unternehmen, die diesem Strategietypus zugeordnet werden können, zeichnen sich insbesondere durch eine hohe Innovationskraft sowie eine flexible Unternehmensorganisation aus. Beide Faktoren begünstigen die mit der Strategie mehr oder weniger regelmäßig einhergehenden strategischen Veränderungen.
5. Die „Modifizierer" waren in der Zeit nach dem Zweiten Weltkrieg am erfolgreichsten. Verglichen mit anderen Strategien ist dies jedoch in der Tendenz die Strategie mit dem geringsten Erfolg, was darauf zurück zu führen ist, dass viele der betrachteten Unternehmen noch immer auf der Suche nach ihrem Idealkonzept sind.

Die Unternehmen, die der Strategie der „Multiplizierer" angehören, kennzeichnen sich gesamthaft insbesondere durch die folgenden Attribute:

Abbildung 113: Key-Facts „Multiplizierer"

1. Die „Multiplizierer" zeichnen sich durch eine hohe Beständigkeit im Hinblick auf ihre verfolgte Strategie sowie eine große Wachstumsaffinität aus.
2. Die meisten „Multiplizierer" haben ihr erstes Konzept direkt multipliziert.
3. Die Unternehmen verfügen nach eigenen Einschätzungen über ein äußerst profiliertes Sortiment sowie gute Services.
4. Die Mehrzahl der „Multiplizierer" ist eigenen Angaben zu Folge zwar nicht mehr so erfolgreich wie in der Zeit nach dem Zweiten Weltkrieg. Dennoch sind die betrachteten Unternehmen sehr optimistisch, was den Unternehmenserfolg in den kommenden Jahren anbelangt.

Die „Diversifizierer" lassen sich anhand der in Abbildung 114 dargestellten Merkmale beschreiben.

Abbildung 114: Key-Facts „Diversifizierer"

1. Die „Diversifizierer" zeichnen sich durch eine hohe strategische Experimentierfreude bei einer gleichzeitig ausgeprägten Wachstumsaffinität aus.

2. Die Hälfte der heutigen „Diversifizierer" hat zunächst das ursprüngliche Konzept erfolgreich multipliziert, bevor neue Konzepte hinzukamen, die i.d.R. ebenfalls vervielfältigt wurden.

3. Die meisten Unternehmen der betrachteten Strategie multiplizieren ihre einzelnen Konzepte in großem Ausmaß. Etwa ein Drittel der analysierten Unternehmen gehört jedoch der Gruppe der kleineren/mittleren Unternehmen an, die über eine überschaubare Anzahl an Verkaufsstätten verfügen.

4. Die „Diversifizierer" verfügen über eine hohe Innovationskraft und pflegen intensive Kooperationen, sehen sich jedoch einer immer komplexer werdenden Unternehmensorganisation gegenüber.

5. Im Vergleich zu den übrigen Strategien schätzen sich die betrachteten Unternehmen in sämtlichen Zeiträumen als überdurchschnittlich erfolgreich ein.

Drittes Kapitel:

Good Practices

A. Überblick

Das nachfolgende Dritte Kapitel dient der exemplarischen Veranschaulichung der vier Handelsstrategien „Optimierer", „Modifizierer", „Multiplizierer" und „Diversifizierer", die als Ergebnis der Systematisierung aus Abschnitt B. des Zweiten Kapitels hervorgingen und im Anschluss daran in ihrer Gesamtheit bereits analysiert wurden. Im Sinne von „Good Practice"-Beispielen werden besonders erfolgreiche Handelsunternehmen zu allen vier Strategien vorgestellt. Dabei wird jedes Unternehmen zunächst in Form eines Unternehmensporträts in seiner Gesamtheit skizziert, bevor die wichtigsten individuellen Erfolgsfaktoren, die aus den persönlichen Gesprächen mit Inhabern, Geschäftsführern oder Vorständen sowie aus den von ihnen zur Verfügung gestellten Materialien hervorgingen, beschrieben werden. Im Anschluss daran wird bei jedem Unternehmen der individuelle Entwicklungspfad dargestellt sowie das jeweilige Entwicklungsmuster, falls das betrachtete Unternehmen im Verlauf seiner Unternehmensgeschichte einen Strategiewechsel vollzogen hat.

Zunächst erfolgt die Betrachtung des Bekleidungshauses Wibbel als erfolgreiches Beispiel eines Unternehmens der Strategie „Optimierer" bevor das Küchenreich Schmitt als Vertreter der „Modifizierer" näher beschrieben wird. Da die Strategie der „Multiplizierer", analog zur Strategie der „Diversifizierer", sowohl von kleineren/mittleren als auch von extrem gewachsenen Unternehmen umgesetzt wird, erfolgt für beide Strategien eine Unterteilung der Betrachtung. Für beide Unternehmensgrößen wird dann jeweils ein Beispiel angeführt. Im Fall der „Multiplizierer" bildet die Parfümerie Albrecht ein Beispiel für ein kleines/mittleres Unternehmen der Strategie „Multiplizierer", wohingegen die Drogeriemarktkette dm als Beispiel für ein Großunternehmen vorgestellt wird. Bei der Strategie der „Diversifizierer" verkörpert das Musikfachgeschäft Rock Shop die kleine/mittlere Umsetzung, während mit der NBB Dienstleistungssysteme AG die Aktivitäten eines gewachsenen Unternehmens dieser Strategie wiedergegeben werden.

B. Optimierer – Bekleidungshaus Wibbel

I. Unternehmensporträt und Erfolgsfaktoren

Das Bekleidungshaus Wibbel wurde 1920 von Karl und Martha Schmidt im schwäbischen Leonberg-Eltingen gegründet und hat seine Wurzeln im Schneiderhandwerk. Heute wird der Herrenausstatter in der vierten Generation geführt, wobei Wolfgang Schmidt und sein Sohn Marc anmerken, dass immer noch „drei Generationen aktiv im Geschäft mitarbeiten".

Abbildung 115: Das Bekleidungshaus Wibbel in Leonberg-Eltingen

Quelle: Bekleidungshaus Wibbel.

Während Wolfgang Schmidt, der wie sein Vater Walter noch gelernter Schneidermeister ist, zusammen mit seiner Frau Monika und Sohn Marc das Geschäft führt, arbeitet der Großvater ebenfalls noch jeden Tag in der hauseigenen Schneiderei an den Änderungswünschen der Kunden.

Dabei gehört die hauseigene Änderungsschneiderei maßgeblich zum Servicekonzept des Bekleidungshauses. Wolfgang Schmidt führt in diesem Zusammenhang an: „Auch für Figuren, die sonst nirgendwo anders etwas finden, können die Moden in unserem Haus perfekt angepasst werden." Gerade die eigene Änderungsschneiderei offeriert den Kunden in vielerlei Hinsicht einen großen Zusatznutzen. So wird beispielsweise den Interessenten von Hochzeitsanzügen angeboten, sich bereits frühzeitig das gewünschte Anzugsmodell auszusuchen. Erst kurz vor der Hochzeit wird Maß genommen, der Anzug angepasst, das dazu passende Hemd aufgebügelt und der Kunde kann noch am Tag der Hochzeit den perfekt zugeschnittenen Anzug abholen. Ermöglicht wird dieser Service auch durch zwei zusätzliche Schneidermeisterinnen, die ebenfalls in der Änderungsschneiderei arbeiten. Durch die Services hat sich das Unternehmen in der Region eine derart gute Reputation aufgebaut, dass die „Verkäufer von großen Häusern bisweilen ihre Kunden zu Wibbel schicken", wenn sie ihnen selbst nicht mehr weiterhelfen können, merkt Junior Marc Schmidt an.

Dabei ist der Service jedoch nicht der einzige Faktor, der zum Bekanntheitsgrad des Unternehmens, das einen Stammkundenkreis besitzt, der bis in die Schweiz reicht, beiträgt. Auch der Name der Schneiderei hat hierzu einen maßgeblichen Beitrag geleistet. So verweist Monika Schmidt auf die Tatsache, dass eigentlich „Bekleidungshaus W. Schmidt seit 1920 die richtige Bezeichnung der Firma" ist. Als Wolfgang und Monika Schmidt das Unternehmen 1985 von ihren Eltern übernahmen, war Wolfgang Schmidt gerade dabei das Schneiderhandwerk zu erlernen. In dieser Zeit erhielt er den Spitznamen „Schneider Wibbel", zurückzuführen auf das gleichnamige Theaterstück, das unter anderem 1956 mit Heinz Rühmann verfilmt wurde. Seit der Übernahme im Jahr 1985 wirbt das Unternehmen nun mit dem Namen Wibbel und ist damit in der ganzen Region bekannt geworden. Dies führt mitunter auch dazu, dass Marc und Wolfgang Schmidt stets mit „Wibbel" statt mit „Schmidt" angesprochen werden.

Auch wenn, wie in Abschnitt C. III. 3. des Ersten Kapitels aufgezeigt, der Werbung für die gesamte Stichprobe kein signifikanter Zusammenhang mit dem Unternehmenserfolg nachgewiesen werden konnte, stellt diese nach Ansicht von Wolfgang Schmidt für das Bekleidungshauses Wibbel einen Erfolgsfaktor dar. Das Unternehmen hat nach und nach damit begonnen, klassische Werbeträger mit humorvollen Inhalten zu gestalten, die „so gut ankamen, dass irgendwann die ganze Stadt darüber gesprochen hat", erinnert sich Wolfgang Schmidt. Positive „Mund-zu-Mund-Propaganda" hat schließlich zu einer „extrem hohen, passiven Werbereichweite, bis nach Stuttgart, Karlsruhe und sogar in die Schweiz geführt", führt der Geschäftsführer an. Allerdings war das nicht immer so. Nach dem Zweiten Weltkrieg gestalteten sie die Werbebotschaften eher zweckmäßig. In diesem Kontext führt Herr Schmidt beispielhaft folgenden Werbeslogan aus besagter Zeit an: „Kinder- und Herrenanzüge, Hosen: Wir führen!"

Neben der umfassenden Beratungsleistung eines Fachgeschäfts, der Werbung und den angesprochenen Services sehen die Schmidts in ihrem Sortiment einen weiteren zentralen Erfolgsfaktor. In diesem Kontext erinnert sich Wolfgang Schmidt: „Das Sortiment wurde im Laufe der Zeit immer breiter. In den 1960er Jahren kamen beispielsweise plötzlich die Jeans dazu. Heute verfügen wir über die komplette Bandbreite, vom Jungen- bis zum Maßanzug." Für die Zukunft sieht er folgende Trends: „Der Kunde sucht eher gute Qualität, extrem teure Sachen werden hingegen seltener gekauft. Außerdem zeigen die Kunden ein zunehmendes Interesse an der Herkunft der Waren."

Schließlich betrachtet die Inhaberfamilie auch ihren Standort als klaren Erfolgsfaktor, auch wenn es sich dabei „nicht um eine 1A-Lage handelt", wie Wolfgang Schmidt zu bedenken gibt. Er führt in diesem Zusammenhang an: „Die Leute suchen gezielt das Geschäft auf, was sicherlich auch auf die Mund-zu-Mund-Propaganda zurückzuführen ist. Da jede Großstadt-1A-Lage gleich aussieht, kommen wir mit unserem Standort zudem dem Bedürfnis nach Individualisierung nach."

Zu einem individuellen Shopping-Erlebnis trägt auch die ansprechende Gestaltung des Point-of-Sale sowie die Sonderanfertigung eines Textil-Paternosters bei, der es ermöglicht, auf wenigen Quadratmetern mehrere Kleiderstangen von Anzügen zu präsentieren und dazu noch einen Erlebnisfaktor darstellt.

Abbildung 116: Moderne Ladengestaltung und ein Textil-Paternoster im Bekleidungshaus Wibbel

Quelle: Bekleidungshaus Wibbel.

II. Entwicklungspfad

Der Entwicklungspfad des Unternehmens lässt sich Abbildung 117 entnehmen:

Abbildung 117: Entwicklungspfad des Bekleidungshauses Wibbel

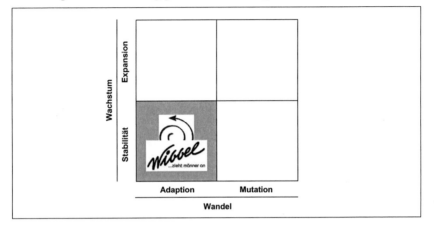

Das Bekleidungshaus Wibbel repräsentiert, wie Abbildung 117 zu entnehmen ist, ein klassisches Traditionsgeschäft im Sinne der Strategie der „Optimierer" und folgt dabei dem ersten Entwicklungspfad der besagten Strategie (siehe Abbildung 64). Es ist seinem Fokus und Standort seit jeher treu geblieben, geht aber dennoch mit der Zeit, was sich beispielsweise in der Sortimentsaktualität oder der modernen Ladengestaltung (siehe Abbildung 116) äußert.

Dies schließt auch eine Erweiterung der Verkaufsfläche nicht aus. So hat die Familie Schmidt die Verkaufsfläche ihres Bekleidungshauses im Jahre 2008 durch einen großen Umbau des Point-of-Sale sogar verdoppelt.

III. Entwicklungsmuster

Auf Grund der Tatsache, dass es sich beim Bekleidungshaus Schmidt um ein Unternehmen der Strategie der „Optimierer" handelt, das hinsichtlich seiner Unternehmensgeschichte dem ersten Entwicklungspfad der betrachteten Strategie entspricht gibt es zu besagtem Unternehmen kein Entwicklungsmuster im Sinne der vorliegenden Studie.

IV. Ausblick

Der Zukunft schaut die Inhaberfamilie Schmidt äußerst positiv entgegen und hat sich vorgenommen, auch künftig ihrem Motto treu zu bleiben: „Die Kunden stets zufrieden halten!" Auch wenn der deutsche Fachhandel ihrer Ansicht nach allgemein betrachtet derzeit unter starkem Druck steht und Arbeitszeiten von 60 bis 80 Wochenstunden in inhabergeführten Unternehmen des Textil-Einzelhandels ohnehin keine Seltenheit sind, will man dem bisherigen Kurs treu bleiben. Dieser hat sich schließlich über die Jahre bewährt und in einem ist sich Wolfgang Schmidt besonders sicher: „Die beste Werbung macht der Kunde." Somit wird man auch morgen seiner Ansicht nach noch vom großen Einzugsgebiet des Bekleidungshauses profitieren.

C. Modifizierer – Küchenreich Schmitt

I. Unternehmensporträt und Erfolgsfaktoren

Das Küchenreich Schmitt im badischen Bietigheim ist ein weit über die Region bekanntes Fachgeschäft für Einbauküchen mit einem Einzugsgebiet von rund 50 Kilometern. Entwickelt hat sich das Unternehmen aus einer kleinen, traditionellen Schreinerwerkstatt. Diese wurde von den Brüdern und Schreinermeistern Valentin und Emil Schmitt im Jahr 1908 gegründet und hat nach Aussage des heutigen Inhabers bereits damals alle Möbelstücke nach den individuellen Wünschen der Kunden gefertigt. Das Angebot umfasste beispielsweise auch Holzteile für Instrumentenhersteller. Ab 1914 führte Valentin Schmitt das Geschäft alleine weiter, bis sein Sohn August Schmitt im Jahre 1951 die Leitung des Unternehmens übernahm. Unter seiner Führung wurde aus dem bislang reinen Handwerksbetrieb ein modernes Einrichtungshaus, dessen Sortiment beispielsweise auch Polstermöbel umfasste. Der heutige Inhaber und Sohn von August Schmitt, Reinhold Schmitt, übernahm im Jahre 1981 die Firmenleitung von seinem Vater. Dieser, der neben einem erworbenen Schreinermeistertitel noch Innenarchitektur studiert hat, trieb die Spezialisierung auf das komplexe und handwerklich anspruchsvolle Küchensegment in den 1980er Jahren voran. Im Jahre 2008 feierte das Unternehmen 100-jähriges Firmenjubiläum (siehe Abbildung 118).

Abbildung 118: Küchenreich Schmitt – Gründung und 100-jähriges Firmenjubiläum

Quelle: Küchenreich Schmitt.

Auch in der vierten Generation bleibt das Unternehmen seiner Firmentradition treu. So arbeiten neben Reinhold Schmitt auch seine Ehefrau Monika, seine Tochter und beide Söhne im Familienbetrieb.

Insgesamt verkauft das Untenehmen jährlich etwa 500 Küchen und beschäftigt 15 Mitarbeiter. Die Ausstellungsfläche am Standort in Bietigheim beträgt rund 2.000 Quadratmeter. Damit ist das Unternehmen das größte Küchenhaus in Mittelbaden. Von den 2.000 Quadratmetern entfallen 1.500 auf das Erdgeschoss, wo sich Kunden anhand von 60 aufgebauten Küchen einen Überblick über aktuelle Küchenarchitekturen und Haushaltsgeräte verschaffen können. Auf den restlichen 500 Quadratmetern Ausstellungsfläche im Erdgeschoss befindet sich darüber hinaus ein Lifting-Shop, d.h. ein Bereich, der sich primär mit dem Aspekt der Küchenmodernisierung- und renovierung beschäftigt und im September 2009 eröffnet wurde. Der Lifting-Shop gestattet es dem Unternehmen, die Lücke zwischen Erst- und Zweitkauf zu schließen. So argumentiert Reinhold Schmitt: „Wir kommen mit dem Kunden ins Gespräch. Jede dritte Anfrage zur Modernisierung mündet in eine neue Küche." An den Betrieb angeschlossen ist auch ein umfangreiches Ersatzteillager mit etwa 150 Quadratmetern, das es Kunden ermöglicht, nicht mehr lieferbare Produkte reparieren zu lassen.

Hinsichtlich der Erfolgsfaktoren in seinem Unternehmen rückt Reinhold Schmitt drei Aspekte in den Mittelpunkt: Qualität, Service und Veranstaltungen. Der Fokus auf höchste Qualität wird dabei bereits im Firmenslogan des Küchenreichs deutlich: „Qualität hat bei uns Tradition". Reinhold Schmitt betont insbesondere den hohen Anspruch an die handwerkliche Qualität der Leistungen. So muss bei dem Einbau und der Installation der Küche „alles passen". Angesprochen auf die zukünftigen Herausforderungen für sein Unternehmen antwortete Reinhold Schmitt aus diesem Grund auch: „Die Küche darf insgesamt nicht einfacher werden, sondern muss komplex bleiben."

Bezüglich des Service lautet die Maxime des Unternehmens: „Alles aus einer Hand". Nach Einschätzung des Inhabers kann in der Küchenbranche nur das Unternehmen überleben, das den besten Service bietet: „Dieser geht bis hin zum Kisten-Packen beim Kunden vor Ort, wenn die alte Küche ausgeräumt werden muss." In der firmeneigenen Schreinerei werden darüber hinaus auch heute noch Küchensonderanfertigungen entsprechend den Kundenwünschen hergestellt.

Als dritten wesentlichen Erfolgsfaktor identifiziert Reinhold Schmitt die zahlreichen kundenbezogenen Aktivitäten und Veranstaltungen des Unternehmens, die dazu dienen, „im Gespräch zu bleiben". Eine sehr erfolgreiche Aktion des Unternehmens zum 100-jährigen Firmenjubiläum war beispielsweise der „Altersrabatt". Insgesamt 10 Ausstellungsküchen wurden ausgelobt, deren Preis durch das älteste Familienmitglied, das beim Kauf anwesend war, beeinflusst wurde. So gab es pro Lebensjahr ein Prozent Rabatt auf den ausgewiesenen Kaufpreis. Der höchste Rabatt betrug letztlich 95 %, wobei der zweithöchste Rabatt mit 88 % nicht minder umfangreich ausgefallen ist.

Ein weiteres erfolgreiches Event des Unternehmens sind die regelmäßig stattfindenden Kochvorführungen. Küchengeräte können hier „live in Aktion" erlebt werden. Das Ergebnis des Tages wird anschließend in gemeinsamer Runde verspeist (siehe Abbildung 119).

Abbildung 119: Küchenreich Schmitt – Kochvorführung

Quelle: Küchenreich Schmitt.

II. Entwicklungspfad

Hinsichtlich des Entwicklungspfads kennzeichnet sich das Küchenreich Schmitt durch den „klassischen" Entwicklungspfad vom Optimierer zum Modifizierer (siehe Abbildung 120). Das Unternehmen verfolgt damit den ersten Entwicklungspfad der Modifizierer (siehe Abbildung 73). Als wesentliches Mutationskriterium erfüllt das Unternehmen dabei den „Wechsel des Sortimentsschwerpunkts". Es wurde im Jahre 1908 als traditionelle Schreinerwerkstatt gegründet und hat sich im Laufe der Zeit zum Fachhändler für Küchen gewandelt.

Abbildung 120: Entwicklungspfad des Küchenreich Schmitt

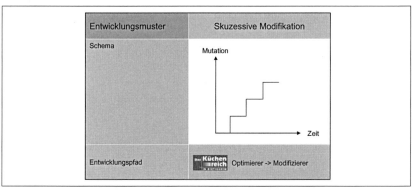

III. Entwicklungsmuster

Hinsichtlich des Entwicklungsmusters erfüllt das Küchenreich Schmitt die Kriterien der „sukzessiven Modifikation" (siehe Abbildung 121).

Abbildung 121: Entwicklungsmuster des Küchenreich Schmitt

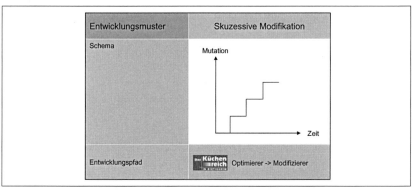

So hat sich das Unternehmen nicht „in einem Rutsch" zum Experten für Küchen gewandelt. Vielmehr war dies ein schrittweiser Prozess, den zunächst August Schmitt mit der Abkehr vom reinen Handwerksbetrieb zum modernen Einrichtungshaus eingeleitet hat. Weiter vorangetrieben hat diese Entwicklung dann

Reinhold Schmitt mit der Spezialisierung auf Küchen. Auch die Eröffnung des Lifting-Shops im Jahre 2009 und damit der Einstieg in den Ergänzungsbedarf kann als weiterer Modifikationsschritt gewertet werden. Insgesamt trifft Reinhold Schmitt mit folgender Aussage den Kern der sukzessiven Modifikation: „Familienbetriebe können nur Bestand haben, wenn sie sich ständig neuen Anforderungen anpassen".

IV. Ausblick

Nach Einschätzung von Reinhold Schmitt wird sich der Küchenmarkt in Zukunft einerseits auf Preisführerschaft und andererseits auf Service fokussieren. Ziel seines Unternehmens wird es sein, sich mit überdurchschnittlichen Serviceleistungen am Markt zu positionieren und zu profilieren, um das übergeordnete Unternehmensziel bestmöglich zu erreichen: Die Sicherung des Unternehmensbestands und die Weitergabe des Unternehmens an die nächste Schmitt-Generation.

D. Multiplizierer

I. Parfümerie Albrecht

1. Unternehmensporträt und Erfolgsfaktoren

Die Ursprünge der heutigen Parfümerie Albrecht gehen zurück bis in das Jahr 1732. Am 26. August 1732 übernahm der Kaufmann Philipp Gallus Mettenheimer die „Semlersche Droguen- und Materialwaarenhandlung" in Frankfurt und führte das Geschäft fortan als „Mettenheimersche Droguen- und Materialwaarenhandlung" weiter. Mettenheimer erweitertet das Angebot von den ursprünglichen Sämereien und Farben um „alle Arten von französischen und italiänischen Parfümeriewaaren, Liquers, Quintessencen, wohlriechende Gewässer, allerlei Sorten Essig, Sänft und sonstige dergleichen Waaren, Pflanzen, Balsame, Oele, Gummata, Steine, Berg-Producte, Hölzer und die zur Chymie erforderlichen Instrumente". Bald wurde das Unternehmen Hoflieferant der Grafen Erbach-Fürstenau und hatte Kunden in Köln, Trier, Saarbrücken, Mannheim und Leipzig, aber auch in für die damalige Zeit „exotischen" Ländern wie Holland und Bayern.

Als die berühmtesten Stammkunden in der frühzeitlichen Geschichte des Unternehmens können Johann Wolfgang von Goethe und seine Mutter Elisabeth genannt werden. So verließ Johann Wolfgang von Goethe seine Heimatstadt Frankfurt zwar relativ früh, hielt aber die Verbindung mit dem Unternehmen stets aufrecht und schrieb 1802 aus Weimar: "Bei dieser Gelegenheit wollte ich Sie ersuchen, mir ein Kästchen mit sechs Gläsern Eau de Cologne mit dem Postwagen zu überschicken, wofür ich den Betrag mit dem übrigen gerne erstatten werde. Es ist dieses wohlriechende Wasser seit den Verwirrungen dieser Zeit schwer bei uns zu haben." Johann Wolfgang von Goethe ging damit gewissermaßen auch als Absender der ersten „Mailorder", die an das Unternehmen herangetragen wurde, in die Firmengeschichte ein. Zum 250. Jubiläum von Goethes Geburtstag widmete ihm das Unternehmen im Jahr 1999 das erste eigene Parfüm, „Goethes Rosenwasser", das als traditioneller Rosenduft im Stil des 18. Jahrhunderts gestaltet ist.

Nach dem Zweiten Weltkrieg wird das Unternehmen unter dem Namen „Domdrogerie" weitergeführt. Im Jahre 1973 übernehmen die heutigen Inhaber, Anita und Frank Albrecht, die Geschäftsführung der „Domdrogerie". Vergleichbar mit dem Firmengründer Philipp Gallus Mettenheimer 241 Jahre früher erweiterten und veränderten sie das Sortiment konsequent. So wurde beispielsweise eine erste Kabine für kosmetische Behandlungen eingerichtet. Die Entwicklung des Unternehmens wurde auch durch die Umbenennung in „Parfümerie Albrecht" deutlich gemacht. 1978 wurde der Standort in die Große Bockenheimer Straße, in die Räume der bisherigen Drogerie Bubert, verlegt. Die allgemein als „Fressgass" bezeichnete Straße ist kurz vorher in eine Fußgängerzone umgewandelt worden und entwickelte sich langsam aber sicher zur Flaniermeile der Stadt. Ein Jahr nach der Feier des 250. Jubiläums übernahmen die Albrechts im Jahre 1983 die bekannte „Parfümerie der Dame" samt Kosmetiksalon in der Goethestrasse 10 und zogen mit Parfümerie und Kosmetikstudio im Jahr 1991 in die Goethestrasse 27. Im Sommer 2006 wurde das Kosmetikinstitut vergrößert sowie neu gestaltet und in „Elements of Beauty" umbenannt. Nachdem das Unternehmen im Jahre 2007 an den Standorten in der Grossen Brockenheimer Straße und der Goethestraße das 275-jährige Firmenjubiläum feierte (siehe Abbildung 122), eröffnete das Unternehmen im Jahre 2009 eine dritte Parfümerie in dem neuen Frankfurter Shopping-Center „My Zeil", das im Februar eröffnet wurde. Insgesamt beschäftigt das Unternehmen an den drei Standorten heute rund 45 Mitarbeiter.

Abbildung 122: Parfümerie Albrecht

Quelle: Parfümerie Albrecht.

Als ersten Erfolgsfaktor führt Inhaber Frank Albrecht den Standort an und betont: „Der Standort ist alles für ein Einzelhandelsgeschäft". Entsprechend dieser Aussage sind auch die Standorte seines Unternehmens gewählt. So gilt die noble Goethestrasse als Frankfurts „5th Avenue". Neben der Parfümerie Albrecht befinden sich auf der nur 280 Meter langen Goethestrasse in erster Linie exklusive Geschäfte für Designermode (z.b. Versace und Prada) und Schmuck (z.b. Cartier und Tiffany). Auch die Fressgass kann als attraktiver Standort eingeordnet werden. So eröffnete z.b. Anfang 2010 der Unterhaltungselektronikkonzern Apple auf rund 1.000 Quadratmetern seinen deutschlandweit zweiten Flagshipstore auf der Frankfurter Fressgass. Auch der neuste Standort im Shopping-Center „My Zeil" hat sich als voller Erfolg erwiesen. So kamen nach Aussage des Betreibers allein an den ersten drei Tagen über 400.000 Besucher in das Shopping-Center. Danach wurden täglich bis zu 90.000 Menschen gezählt, sodass bereits in den ersten zwei Wochen nach der Eröffnung die Marke von einer Million Besuchern erreicht wurde. Einen negativen Einfluss auf die Filialen in der Gothestrasse und der Fressgass konnte Frank Albrecht dabei nicht feststellen: „Wir wachsen gemeinsam zum Erfolg."

Als zweiten zentralen Erfolgsfaktor für das Unternehmen erweist sich das hochwertige und exklusive Sortiment, mit dem es das Unternehmen geschafft hat, sich der Vergleichbarkeit der Sortimente weitestgehend zu entziehen. So bietet die Parfümerie eine Auswahl seltener und individueller Parfüms aus der ganzen der Welt an und Inhaber Frank Albrecht berichtet: "Die Kunden wissen: Wir haben das Besondere". Der Sohn von Anita und Frank Albrecht, David Albrecht, führt fort: „Viele Kunden kommen mit dem Ziel, den ganz individuellen, ausgefallen Duft zu finden. Sie sind müde von den Konsumdüften und bereit, für das Besondere auch einen höheren Preis zu bezahlen." Um immer ein aktuelles Bild von den interessantesten Parfüm- und Kosmetikmarken zu haben, „forscht" die Familie Albrecht regelmäßig in Paris, London, Florenz und New York.

Ein weiterer Differenzierungsfaktor in der Sortimentspolitik des Unternehmens sind die unterschiedlichen Eigenmarkenkonzepte. Nach „Goethes Rosenwasser" im Jahre 1999 folgten, zunächst in Zusammenarbeit mit französischen Parfümmanufakturen und später als komplette Eigenproduktion, weitere Marken wie z.B. die Duftlinie „Ville de Francfort" und das seit 2002 erhältliche „zero sixty nine". Der Name zero sixty nine spielt dabei auf die Vorwahl von Frankfurt, 069, an. Für Frank Albrecht ist der Name als Symbol für Kommunikation zu verstehen: „In Frankfurt gab es einst das Dufthaus Mouson, dessen Tradition heute erloschen ist. Das Dufthaus Albrecht will diese Tradition wieder aufnehmen. Das Logo von Mouson war die Postkutsche, als Zeichen für die Kommunikation der damaligen Zeit. Wir haben 069 gewählt, als Sinnbild für Modernität und Technik."

Als dritter zentraler Erfolgsfaktor und „Rückgrat" des Unternehmens verweist Frank Albrecht auf die Bedeutung der Mitarbeiter für den Unternehmenserfolg. Er betont: „Produkte kann man nur verkaufen, wenn man sie erklären kann." Alle Mitarbeiter verfügen über eine branchenbezogene Ausbildung, viele davon mit zusätzlichen Qualifikationen als Kosmetiker oder Visagist. Darüber hinaus treibt das Unternehmen aktiv Weiterbildungsmaßnahmen und Schulungen für die Mitarbeiter voran. Seit Jahren ist die Parfümerie Albrecht auch ein erfolgreicher Ausbildungsbetrieb. Wurden dabei zunächst ausschließlich Einzelhandelskaufleute ausgebildet, kamen 2003 noch Kosmetikerinnen mit dem Ausbildungsberuf im dualen System hinzu. Getreu dem Motto „Fördern und Fordern" legen Frank und Anita Albrecht hohe Maßstäbe an die eigenen Auszubilden an.

Als weitere wichtige Erfolgsfaktoren in der Parfümerie Albrecht nennt der Inhaber die Kooperation „Beauty Alliance", das Marketing sowie die gute Vernetztheit der Führungskräfte.

2. Entwicklungspfad

Hinsichtlich des Entwicklungspfads kennzeichnet sich die Parfümerie Albrecht durch einen Weg vom „Optimierer" zum „Modifizierer" und anschließend zum „Multiplizierer" (siehe Abbildung 123). Das Unternehmen verfolgt damit den zweiten Entwicklungspfad der „Multiplizierer" (siehe Abbildung 82).

Abbildung 123: Entwicklungspfad der Parfümerie Albrecht

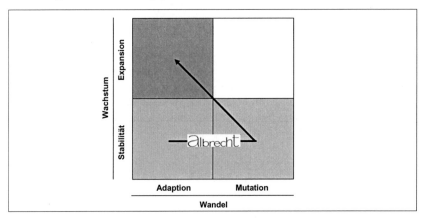

Bevor sich die Albrechts dazu entschieden haben zu multiplizieren, wurde die Stammfiliale mehrmals verlegt, so z.B. durch den Standortwechsel in die Große Bockenheimer Straße im Jahre 1978. Auch der Sortimentsschwerpunkt hat sich gewandelt. Dies gilt insbesondere für die Zeit nach der Übernahme der Geschäftsführung durch die heutigen Inhaber. So wurde in dieser Zeit der Schwerpunkt auf die Bereiche Parfümerie und Kosmetik gelegt. Bis zum Jahre 1983 kennzeichnet sich die Entwicklung des Unternehmens also insbesondere durch die beiden Mutationskriterien „Wechsel des Standorts" sowie „Wechsel des Sortimentsschwerpunkts". Im Jahre 1983 erfolgte schließlich die Übernahme der „Parfümerie der Dame" und damit der Strategieschritt der Multiplikation. Als weitere Multiplikationsschritte sind anschließend zum einen die Eröffnung der Parfümerie im Shoppingcenter „My Zeil" sowie der Eintritt in den E-Commerce festzuhalten. So betreib die Parfümerie Albrecht, in Zusammenarbeit mit „Beauty Alliance", in Kooperation mit 1.300 privaten Parfümerien einen eigenen Onlineshop. Das Unternehmen erfüllt damit die Expansionskriterien „Filialisierung" und „Multi-Channel-Retailing".

3.   Entwicklungsmuster

Bezüglich des Entwicklungsmusters kann die Parfümerie Albrecht als Beispiel für eine „sukzessive Multiplikation" aufgefasst werden (siehe Abbildung 124). Dies zeigt sich in den schrittweise aufeinanderfolgenden Mutationskriterien „Wechsel des Standorts" und „Wechsel des Sortimentsschwerpunkts", sowie den darauf folgenden Expansionskriterien „Filialisierung" und „Multi-Channel-Retailing".

Abbildung 124: Entwicklungsmuster der Parfümerie Albrecht

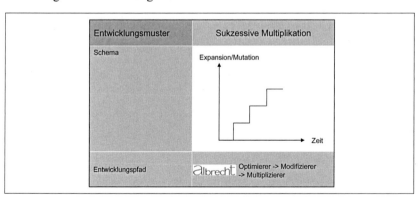

4. Ausblick

Im Zentrum der Unternehmensstrategie steht für die Zukunft, den Charakter des inhabergeführten Familienunternehmens beizubehalten und das bewährte Niveau von Qualität und Service fortzusetzen. So schließt Frank Albrecht: „Es wird immer Exklusivität geben. Das ist unsere Stärke. Wir haben die Nase vorn, weil es von unserer Art weit und breit niemanden gibt, der das so perfekt umsetzt."

II. dm drogeriemarkt

1. Unternehmensporträt und Erfolgsfaktoren

Die dm-drogerie markt GmbH & Co. KG wurde 1973 in Karlsruhe von Götz W. Werner gegründet. Seit 2008 wird das Unternehmen von Erich Harsch, dem Nachfolger des Firmengründers, geleitet. Neben dem deutschen Heimatmarkt ist das Unternehmen heute in zehn weiteren europäischen Ländern tätig. Der erste Eintritt in einen ausländischen Markt erfolgte bereits 1976 in Österreich.

Im Geschäftsjahr 2009 erwirtschaftete das Unternehmen mit mehr als 33.000 Mitarbeitern einen Umsatz von 5.211 Mio. EUR. Die Umsatz- und Mitarbeiterentwicklung in den letzten Jahren ist in Abbildung 125 dargestellt.

Abbildung 125: dm drogeriemarkt – Umsatz- und Mitarbeiterentwicklung

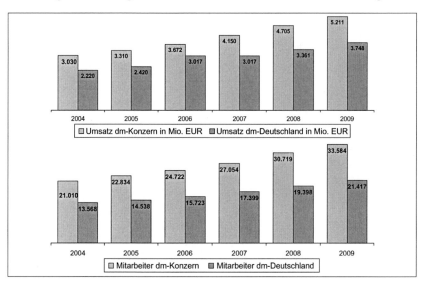

Quelle: dm-drogeriemarkt.

Auf Grund der langjährigen positiven Geschäftsentwicklung, so erzielte das Unternehmen im Geschäftsjahr 2009 zum 13. Mal in Folge – entgegen dem Branchentrend – ein zweistelliges Umsatzwachstum, zählt die zweitgrößte Drogeriemarktkette Deutschlands mittlerweile zu den 200 umsatzstärksten Unternehmen der Landes. Der Erfolg des Drogeriemarktkonzepts von dm zeigt sich allerdings nicht nur an der Entwicklung wesentlicher Unternehmenskennzahlen, sondern auch in diversen Konsumentenbefragungen und -analysen. Beispielsweise wählten Konsumenten das Unternehmen beim Kundenmonitor aus dem Jahre 2009 sowohl zum beliebtesten Handelsunternehmen als auch zum neunten Mal in Folge zum beliebtesten überregionalen Drogeriemarkt (siehe Abbildung 126).

Abbildung 126: Ergebnisse Bundeswahl Kundenmonitor 2009

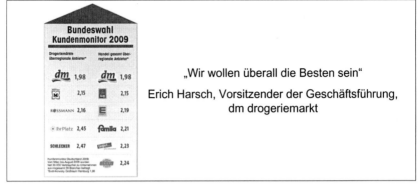

Quelle: dm drogeriemarkt.

Der Erfolg des Unternehmens erklärt sich zum einen durch konstante Erfolgsfaktoren, zum anderen durch sich stets neu entwickelnde Erfolgsfaktoren. Was unter konstanten Erfolgsfaktoren zu verstehen ist, verdeutlicht Erich Harsch folgendermaßen: „Einmal entwickelte Stärken bleiben auch Stärken und bilden eine Konstanz". Zu solchen Erfolgsfaktoren, die sich konstant weiterentwickeln, zählen bei dm z.B. die Mitarbeiter-, Sortiments-, Preis- und Standortpolitik.

- *Mitarbeiterpolitik*
Mit dem Slogan „Wir machen den Unterschied", der sich auch auf der Kleidung der Filialmitarbeiter befindet, kommuniziert das Unternehmen offen die besondere Bedeutung der Mitarbeiter als Alleinstellungsmerkmal im Wettbewerb. So beschreibt beispielsweise Michael Kolodziej, ehemals Mitglied der dm-Geschäftsleitung, die Bedeutung der Mitarbeiter für die Unternehmensentwicklung folgendermaßen: „Wir wollen unsere Mitarbeiter ermutigen mitzudenken und mitzufühlen. Wir wollen gemeinsam voneinander lernen, um uns zu entwickeln. Das spiegelt sich in vielen Bereichen wider: Wir führen dm deshalb alles andere als zentralistisch. Ganz im Gegenteil – jede dm-Filiale ist eine Zentrale. Ermöglicher statt Vorgesetzte können den Mitarbeitern Freiraum geben und ihnen Möglichkeiten eröffnen, sich zu verwirklichen. Zum Beispiel haben in eini-

gen Filialen die Mitarbeiter vor Ort kürzlich ein Moonlight-Shopping organisiert. Die Idee kam aus der Filiale, nicht von uns aus den filialunterstützenden Diensten" (Kolodziej/Mostberger 2008, S. 82). Auch Erich Harsch hebt diesen Grundgedanken, der sich gewissermaßen als „Structure follows Employees" beschreiben lässt, hervor: „Wenn Menschen sich entwickeln, kann man gar nicht verhindern, dass sich das Unternehmen auch entwickelt".

Einen entsprechend hohen Aufwand betreibt das Unternehmen zur Aus- und Weiterbildung seiner Mitarbeiter. So besteht die Ausbildung bei dm aus drei festen Bestandteilen: Das Lernen in der Arbeit (LidA), Abenteuer Kultur sowie das Forum Schule. Mit LidA setzt dm seit Herbst 2001 ein Ausbildungskonzept um, dem „Entdeckendes Lernen" zu Grunde liegt. Vor diesem Hintergrund heißen die Auszubildenden und Studenten bei dm „Lernlinge" und werden dazu angeregt, sich ihre Fähigkeiten auf aktivem Weg anzueignen und nicht passiv zu konsumieren. Ein wesentlicher Bestandteil dieses Ausbildungsabschnitts ist auch die „Lernlingsfiliale". Engagierte „Lernlinge" im dritten Lehrjahr übernehmen für mehrere Wochen eigenständig die Leitung eines dm-Marktes. Sie sind in dieser Zeit für alle Abläufe verantwortlich. Die regulären Mitarbeiter des dm-Marktes arbeiten währenddessen in benachbarten Filialen oder haben Urlaub.

Der Ausbildungsbestandteil „Abenteuer Kultur" dient primär der Persönlichkeitsentwicklung der „Lernlinge". Hier erarbeiten die Auszubildenden, gemeinsam mit professionellen Schauspielern, Regisseuren und Theaterpädagogen, ein eigenes Bühnenprogramm, das anschließend vor Kollegen, Freunden und Verwandten vorgeführt wird. Für die Ausbildungssäule Abenteuer Kultur ist dm mit dem Initiativpreis Aus- und Weiterbildung 2004 ausgezeichnet worden, den die Otto-Wolff-Stiftung, der Deutsche Industrie- und Handelskammertag (DIHK) und die Wirtschaftswoche gemeinsam vergeben. Das „Forum Schule" umfasst die Berufsschule, die Dualen Hochschulen in Karlsruhe und Mannheim, die Berufsakademie in Riesa und die Alanus Hochschule für Kunst und Gesellschaft in Alfter. In Zusammenarbeit mit der Alanus Hochschule hat das Unternehmen im Jahre 2006 einen eigenen Studiengang für Betriebswirtschaftlehre eingerichtet. Das Studium kombiniert theoretisches Fachwissen mit künstlerischen Inhalten und Praxisphasen im Unternehmen.

- *Sortimentspolitik*

Das dm-Sortiment umfasst insgesamt 12.500 Artikel aus den Bereichen Gesundheit, Haut- und Körperpflege, Kosmetik, Babynahrung, Babypflege und Babytextilien, Duft, Foto, Naturkost, Wasch-, Putz- und Reinigungsmittel sowie Tiernahrung. Warengruppenübergreifend legt das Unternehmen großen Wert auf eine hohe Aktualität und Qualität des Sortiments. Erich Harsch betont vor diesem Hintergrund die drogistische Sortimentskompetenz und Orientierung des Unternehmens am Kunden: „Vom Kunden und vom Regal her wird gedacht, nicht von den Einkaufskonditionen".

In nahezu allen Bereichen bietet das Unternehmen Eigenmarken mit mehr als 2.600 Produkten an. Diese „dm-Qualitätsmarken" orientieren sich qualitativ an den Markenprodukten, werden allerdings im Schnitt rund 30 % günstiger angeboten. Heute ist etwa jedes dritte verkaufte Produkt eine dm-Qualitätsmarke. Erklärtes Ziel des Unternehmens hinsichtlich der Eigenmarkenkonzepte ist nicht die gezielte Verdrängung von Markenartikeln, sondern dem Kunden Alternativen anzubieten. Abbildung 127 illustriert einige der bekanntesten dm-Qualitätsmarken.

Abbildung 127: Ausgewählte dm-Eigenmarken

Quelle: dm drogeriemarkt.

Zur Verknüpfung der dm-Qualitätsmarken mit der Unternehmensmarke („Retail-Brand") setzt das Unternehmen blaue Regalwinker mit der Aufschrift "Marke dm" ein. Zudem forciert dm seit längerer Zeit die Herausbildung von Eigenmarken mit klarem Zusatznutzen. Ein Beispiel hierfür ist die Naturkosmetik-Marke „alverde". Die Marke wurde 1989 als erste Handelsmarke im Bereich Naturkosmetik lanciert und ist heute die meistverkaufte zertifizierte Naturkosmetik-Marke Deutschlands. Im Jahre 2009 wurde die Eigenmarke von der Stiftung Deutscher Nachhaltigkeitspreis e.V als eine der drei nachhaltigsten Marken Deutschlands ausgezeichnet. In ihrer Urteilsbegründung schreibt die Expertenjury: „Diese ökologische Pioniermarke steht für hohe Qualität, Innovationsfreude und hochwirksame Kosmetik aus der Natur, was auch durch die Produktbeschaffenheit transportiert und unterstützt wird. Dies führt dazu, dass das Markenversprechen im Dreiklang von Ökologie, Soziales und Ökonomie insb. den ökologischen Aspekt fokussiert und als Kernmarkenwert definiert."

• *Preispolitik*

Der Erfolgsfaktor „Preispolitik" setzt sich im Wesentlichen aus zwei Erfolgs-bausteinen zusammen: Preisgünstigkeit und Preistransparenz. Bezüglich der Preisgünstigkeit handelt es sich bei dm um den preiswertesten Anbieter von Drogeriewaren. So schneidet das Unternehmen in einem Warenkorbvergleich mit relevanten Wettbewerbern am besten ab (siehe Abbildung 128). Neben der Preisgünstigkeit ist als weiterer Erfolgsbaustein der Preispolitik die Preistranspa-renz des Unternehmens zu verstehen. So führte dm im Jahre 1994 für das ge-samte Sortiment Dauerpreise ein. Seit dem Jahre 1995 garantiert dm, dass Dau-erpreise mindestens vier Monate nicht erhöht werden. Preisänderungen werden den Konsumenten in allen dm-Märkten auf dem Regaletikett mitgeteilt. Alle Preisänderungen der zurückliegenden Wochen werden darüber hinaus anhand eines Aushangs in jeder Filiale offen kommuniziert. Seit 1997 gibt das Unter-nehmen neben dem eigentlichen Verkaufspreis auch den Preis pro Mengenein-heit für alle Artikel direkt am Regal an. Dieser Grundpreis soll den gezielten Preisvergleich zwischen Produkten ermöglichen.

Abbildung 128: dm-Warenkorbvergleich mit relevanten Wettbewerbern

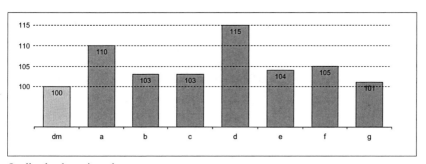

Quelle: dm drogeriemarkt.

• *Standortpolitik*

Das bundesweite Filialnetz von dm besteht aus Innenstadt-, Stadtteil- und Cen-terlagen von mindestens 400 und bei Fachmärkten von mindestens 500 Quad-ratmetern Verkaufsfläche. Insgesamt betreibt das Unternehmen mehr als 2.200 Filialen, davon 1.100 in Deutschland. Neben einer Erhöhung der Filialanzahl hat sich seit 2004 auch die durchschnittliche Verlaufsfläche pro Filiale deutlich er-höht (siehe Abbildung 129).

Abbildung 129: Filialentwicklung von dm in Deutschland

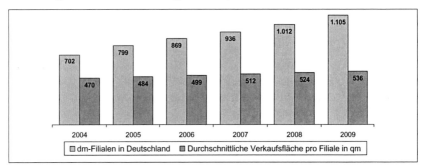

Quelle: dm drogeriemarkt.

Seit jeher konzentriert sich das Unternehmen dabei auf frequenzstarke Top-standorte mit mindestens 20.000 Einwohnern im Einzugsbereich und einer guten Erreichbarkeit sowie einer ausreichenden Anzahl von Parkplätzen bei Fach-marktlagen (ca. 50 eigene Parkplätze).

Ein neuer Erfolgsfaktor, der sich bei dm erst im Verlauf der letzten Jahre zu ei-ner Stärke herausgebildet hat, ist die Logistik. So ist durch die durchweg positi-ve Unternehmensentwicklung der Bedarf an logistischer Unterstützung der mehr als 1.100 dm-Filialen stetig gewachsen. Seit Mitte der 1980er Jahre betreibt dm eigene Verteilzentren. Heute gelangt die Ware vom 2004 eröffneten Standort in Waghäusel und von Weilerswist aus in die dm-Märkte. Letzteres ist in mehreren Abschnitten zwischen Herbst 2009 und Sommer 2010 hochgefahren worden und gehört zu den fortschrittlichsten Logistikzentren Europas. Mit einer Investitions-summe von mehr als 140 Mio. EUR ist das Verteilzentrum die größte Einzelin-vestition der Firmengeschichte.

In beiden Verteilzentren stellen die Mitarbeiter Kartonware für die Filialen zu-sammen. In Weilerswist kommt zusätzlich das so genannte Kleinteileverteilzent-rum hinzu, in dem kleine und einzelne Produkte kommissioniert und verschickt werden. Täglich verlassen mehr als 2.000 Paletten das Verteilzentrum in Wei-lerswist, Waghäusel versendet rund 1.800 Paletten pro Tag an die dm-Märkte. Zusammengenommen bieten die beiden dm-Verteilzentren rund 1.500 Men-schen aus mehr als 60 verschiedenen Nationen einen Arbeitsplatz.

2. Entwicklungspfad

Hinsichtlich des Entwicklungspfads kennzeichnet sich dm durch einen Entwicklungspfad vom „Optimierer" zur heutigen Strategieform des „Multiplizierers" (siehe Abbildung 130), und entspricht somit dem ersten Entwicklungspfad der „Multiplizierer" (siehe Abbildung 82). Das Geschäftsmodell wird seit 1973 sukzessive optimiert und multipliziert. Als wesentliche Expansionskriterien erfüllt das Unternehmen sowohl das Kriterium „Filialisierung" als auch das der „Internationalisierung".

Abbildung 130: Entwicklungspfad von dm

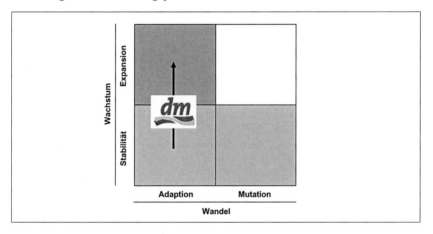

3. Entwicklungsmuster

dm zeigt, wie in Abbildung 131 dargestellt, das Entwicklungsmuster der linearen Multiplikation durch Monotypenfilialisierung, d.h. die Filialisierung durch einen wesentlichen Betriebstyp (vgl. Liebmann/Zentes/Swoboda 2008, S. 223). So verzeichnet das Unternehmen ein Wachstum, das deutlich kontinuierlicher und stärker ausgeprägt ist als bei den anderen Entwicklungsmustern des Multiplizierers (vgl. im Gegensatz hierzu z.B. die Fallstudie Parfümerie Albrecht im Abschnitt D. I. des Dritten Kapitels). dm kann damit als gutes Beispiel für einen Filialisten angesehen werden, der ein erfolgreiches Geschäftskonzept gezielt und in großem Umfang erfolgreich vervielfältigt.

Abbildung 131: Entwicklungsmuster von dm

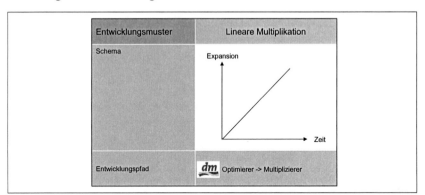

4. Ausblick

Mit „wir wollen überall die Besten sein" fasst Erich Harsch die grundsätzliche Ambition von dm zusammen. Dies umfasst sowohl das beste drogistische Kernsortiment bei maximaler Kundenorientierung als auch die Verteidigung der Stellung als Preisführer. Als besonders bedeutsam für die zukünftige Entwicklung gilt im Unternehmen das Konzept der Nachhaltigkeit (vgl. hierzu auch Zentes/Bastian/Lehnert 2010). Dieses Konzept ist zwar bereits seit der Firmengründung fest in der Unternehmensphilosophie verankert, rückt allerdings zunehmend in den Fokus der Aktivitäten. Jüngstes Beispiel für die Kombination wirtschaftlicher, sozialer und ökologischer Nachhaltigkeit ist das neue Verteilzentrum in Weilerswist. So setzt der Neubau auch in ökologischer Hinsicht neue Maßstäbe. Beispielsweise sorgen eine Holzhackschnitzelheizung, eine Fotovoltaikanlage auf dem Dach und energieeffiziente Fördermotoren für eine Einsparung von mehr als 5.000 Tonnen CO_2 jährlich.

E. Diversifizierer

I. Rock Shop

1. Unternehmensporträt und Erfolgsfaktoren

Ein Beispiel für ein äußerst erfolgreiches Unternehmen des Strategietypus „Diversifizierer" ist das Musikfachgeschäft Rock Shop, das 1982 von Rudi Metzler und Gerd Gruß in Karlsruhe gegründet wurde. Zunächst beschränkte man sich hinsichtlich des Standorts auf ein kleines Ein-Raum-Ladengeschäft in Innenstadtlage. Einhergehend mit einem zunehmend breiter und tiefer werdenden Sortiment reichte der zur Verfügung stehende Platz schließlich nicht mehr aus, der steigenden Nachfrage nach Musikinstrumenten nachkommen zu können.

Abbildung 132: Der Rock Shop in Karlsruhe

1993 fand daher ein Standortwechsel statt, wobei man sich dafür entschied, in Stadtrandlage ein deutlich größeres Grundstück mit ausreichender Parkplatzzahl und guter Anbindung an den öffentlichen Nahverkehr zu erwerben. Nachdem bereits Ende der 1990er-Jahre ein parallel zum stationären Geschäft geführter Online-Kanal etabliert wurde, verzeichnete das Unternehmen auch auf der Fläche ein meist kontinuierliches, „teilweise jedoch auch sprunghaftes Wachstum", wie sich Rudi Metzler zurückerinnert.

Abbildung 133: Der Online-Auftritt von Rock Shop mit angeschlossenem E-Commerce-Kanal

Quelle: Rock Shop.

Im Jahre 2010 arbeiten ca. 85 Mitarbeiter für das deutlich gewachsene Unternehmen, das neben dem Verkauf von Musikinstrumenten in den einzelnen Fachabteilungen sowie einer hauseigenen Reparaturwerkstatt mittlerweile einen der größten Backline-Verleihserviceanbieter Europas darstellt. Mit der Akquisition des Unternehmens Crystal Sound aus Baden-Baden wurde zudem eine eigene Sparte für professionelle Veranstaltungstechnik aufgebaut. Dies schlägt sich auch in den Größenverhältnissen von Rock Shop nieder: So verfügt das Unternehmen inzwischen über insgesamt 5.000 Quadratmeter Eventfläche, verteilt auf drei Gebäude, über 2.000 Quadratmeter Lagerfläche für das Backline-, Ton- und Lichtequipment, ein Hochregalsystem mit über 150 Palettenstellplätzen im eigenen Zentrallager sowie über 650 Quadratmeter Bürofläche für Verwaltung und Organisation.

- *Der Rock Shop Backline-Verleih*

Der Backline-Verleih bietet nationalen und internationalen Kunden die Möglichkeit, auf eines der umfangreichsten Sortimente an aktuellen Anlagen und Mietinstrumenten in ganz Europa zurückzugreifen. Dabei werden diese sowohl für kleinere lokale Events als auch für nationale und internationale TV-Shows wie beispielsweise „ZDF Wetten dass..." oder die „MTV Europe Music Awards", für große Live-Festivals wie beispielsweise „Rock im Park", für Musicals wie „We will rock you", aber auch für Konzerte oder ganzen Tourneen nationaler und internationaler Künstler, beispielsweise von Christina Aguilera oder Aerosmith, vermietet. Dazu kann optional auch eine komplette Backline-Betreuung in Form von ausgebildeten Fachleuten gebucht werden, die sich auch auf längeren Tourneen permanent um das Equipment sowie die fachgerechte Betreuung der Instrumente und Anlagen kümmern. Auch die komplette Logistik wird auf Wunsch von Rock Shop übernommen.

Abbildung 134: Hochregalsystem des Backline-Verleihs

Quelle: Rock Shop.

Dabei gilt für das Angebot an Leih-Instrumenten bei Rock Shop stets das Kredo: „Wenn man es spielen kann, kann man es bei uns mieten." Damit soll verdeutlicht werden, dass es nahezu kein Instrument gibt, das sich nicht im Musikpark des Unternehmens befindet, und sollte dies doch einmal der Fall sein, so werden die angefragten Instrumente extern besorgt.

- *Die Rock Shop Veranstaltungstechnik: Crystal Sound*

Der zunehmende Fokus von Rock Shop auf den Bereich Veranstaltungstechnik führte dazu, dass vermehrt Kooperationen mit anderen Unternehmen dieser Branche eingegangen wurden, um den immer umfassender werdenden Kundenanfragen in besagtem Bereich nachkommen zu können. Ein langjähriger Partner von Rock Shop ist das Unternehmen Crystal Sound aus Baden-Baden, das sich auf professionelle Beschallungstechnik spezialisiert hat, die sowohl bei kleineren Regionalevents als auch bei Großevents in zunehmendem Maße gefragt war. Durch die immer enger werdende Zusammenarbeit entstand die Idee, beide Unternehmen im Sinne einer Akquisition zusammen zu führen. Diese Idee wurde 1999 in die Tat umgesetzt und ermöglichte diverse Synergieeffekte im Hinblick auf das Fachpersonal und die eingesetzten technischen Anlagen. Um wirklich alle Services der beiden Unternehmen reibungslos aus einer Hand, getreu dem Motto „alles unter einem Dach", anbieten zu können, wurde das akquirierte Unternehmen, das den Namen Crystal Sound behielt, im Jahre 2004 an den Standort nach Karlsruhe verlegt. Auch Crystal Sound kann auf eine hochkarätige Reihe renommierter internationaler Künstler zurückblicken, die ihre Tourneen mit der Unterstützung des Beschallungsspezialisten aus Baden durchführen. Neben der Beschallung wurde schließlich auch die Lichttechnik in die Angebotspalette aufgenommen.

Abbildung 135: Die Rock Shop Veranstaltungstechnik: Crystal Sound

Quelle: Rock Shop.

Um zu verdeutlichen, wie vielfältig und umfassend das angebotene Spektrum an Services mittlerweile ist, verweist Rudi Metzler auf die neue Profiküche, die in das jüngste Rock Shop Gebäude integriert wurde. Damit wird ermöglicht, additiv zu den technischen Angeboten im Eventbereich ein Sterne-Catering anzubieten, das von Spitzenköchen aus der Region direkt am Standort vorbereitet wird und als umfassendes Servicepaket „aus einer Hand" die Palette im Bereich Veranstaltungstechnik komplettiert. Ein Angebot, das oft auch von großen Unternehmen, die z.B. ein Firmenjubiläum ausrichten wollen, genutzt wird.

Eine weitere Besonderheit des Musikfachgeschäftes ist der „Crystal Ballroom", ein Veranstaltungsraum mit 320 Quadratmetern Grundfläche, in dem regelmäßig Veranstaltungen, Workshops und Seminare stattfinden. Eine mobile Bestuhlung bietet wahlweise Sitzplätze für bis zu 198 Personen. Auf Grund der Möglichkeit der Installation flexibler Bühnenaufbauten sowie einer Hängelast von 20 Tonnen kann der Showroom zudem dazu genutzt werden, interessierten Kunden Probeinstallationen von musikalischem Equipment und Veranstaltungstechnik unter Tournee-Echtbedingungen vorzuführen. Die Glasfaseranbindung an den räumlich angrenzenden Konferenzraum mit Studioscheibe zum „Crystal Ballroom" ermöglicht darüber hinaus qualitativ hochwertige Tonaufzeichnungen von Veranstaltungen oder Konzerten.

Neben den angesprochenen Services sieht Rudi Metzler in den Mitarbeitern des Unternehmens einen zentralen Erfolgsfaktor. Qualifiziertes Personal äußert sich bei Rock Shop insbesondere darin, dass ein großer Teil der Angestellten aus Musikern besteht oder zumindest eine hohe Affinität zur Musik hat. Das hat wiederum auch positive Auswirkungen auf den „team spirit". So unterstreicht Rudi Metzler: „Viele Mitarbeiter kommen aus Bands und wissen, wie eine Mannschaft funktionieren muss." Da es überdies nicht selten vorkommt, dass sich nationale und internationale Stars beim Einkauf in den einzelnen Fachabteilungen gerne durch das dortige Personal beraten lassen, ist die Motivation bei den Mitarbeitern von Rock Shop als überdurchschnittlich hoch einzustufen.

Ein weiterer zentraler Erfolgsfaktor liegt in den qualitativ hochwertigen Eigenmarken, die im Bereich der Musikinstrumente zu verhältnismäßig günstigen Preisen angeboten werden. Diese laufen unter dem phonetisch geschützten Label „Red Rock", wobei das Angebot von Akustikgitarren bis hin zu kompletten Schlagzeug-Sets reicht.

2.   Entwicklungspfad

Abbildung 136 veranschaulicht den Entwicklungspfad des „Diversifizierers" Rock Shop:

Abbildung 136: Entwicklungspfad von Rock Shop

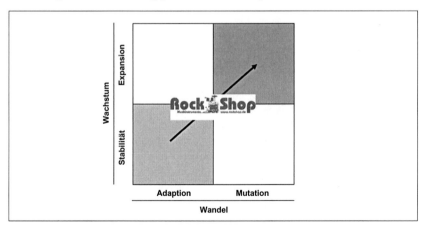

Gemäß seiner Entwicklung entspricht Rock Shop dem zweiten Entwicklungspfad der „Diversifizierer" (siehe Abbildung 91). Da das Unternehmen relativ

189

zeitgleich zum Verkauf von Musikinstrumenten auch mit deren Verleih begann, wurde Rock Shop direkt vom „Optimierer" zum „Diversifizierer". Durch den Standortwechsel, die Hinzunahme eines parallelen E-Commerce-Kanals in den späten 1990er-Jahren sowie die zunehmende Konzentration auf den Bereich Backline-Verleih und Veranstaltungstechnik, einhergehend mit der Akquisition von Crystal Sound, wurden zwar sowohl Expansions- als auch Mutationskriterien erfüllt, an der eingeschlagenen Strategie änderte dies jedoch nichts. Vielmehr führten diese Schritte zur weiteren Intensivierung der Diversifikation.

3. Entwicklungsmuster

Das Entwicklungsmuster von Rock Shop, also die zeitliche Abfolge strategischer Umorientierungen, gestaltet sich dabei wie folgt:

Abbildung 137: Entwicklungsmuster von Rock Shop

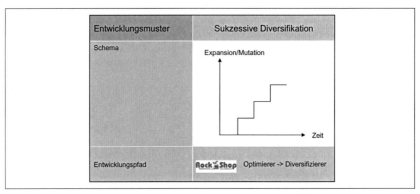

Wie Abbildung 137 verdeutlicht, entspricht das Entwicklungsmuster von Rock Shop dem der „Sukzessiven Diversifikation". Das Unternehmen hat sich schrittweise zu der heutigen strategischen Ausrichtung entwickelt. Dabei entspricht die erste Stufe des Schemas der Diversifikation des Konzeptes durch den parallelen Verkauf sowie Verleih von Musikinstrumenten, gefolgt von der Erfüllung des Mutationskriteriums Standortwechsel. Die weiteren Schritte spiegeln die Erfüllung des Expansionskriteriums Multi-Channel-Retailing sowie die weitere Diversifikation des Konzeptes durch die Hinzunahme der Bereiche Veranstaltungstechnik und die Ausweitung des Backline-Verleihs wider.

4. Ausblick

Der Zukunft blickt Rudi Metzler positiv entgegen, auch wenn er anmerkt, dass die Krise im Veranstaltungsbereich bemerkbar sei, im Verkauf von Musikinstrumenten hingegen überhaupt nicht. Dies ist, so führt Metzler weiter an, insbesondere darauf zurückzuführen, dass sich die Musikbranche hier antizyklisch zur Wirtschaft verhält, da viele Leute in beruflich schwierigen Zeiten sich, im Sinne des „Cocooning", zunehmend der Musik zuwenden.

Auch ein Trend im Hinblick auf die Kunden zeichnet sich ab: Während früher eher jüngere Musiker das Musikfachgeschäft aufsuchten, sind diese über die Jahre mit dem Unternehmen älter geworden. Heute kommt es nicht selten vor, dass die ganze Familie im Rock Shop einkauft oder an den häufigen Events, die das Unternehmen ausrichtet, teilnimmt.

II. Die NBB Dienstleistungssysteme Aktiengesellschaft

1. Unternehmensporträt und Erfolgsfaktoren

Die NBB Dienstleistungssysteme AG, mit Sitz in Rodenberg bei Hannover, ist ein Beispiel für ein mittelständisches Unternehmen, das auf Grund seiner erfolgreichen Entwicklung und des damit einhergehenden Wachstums zu den Großunternehmen der Strategie der „Diversifizierer" gezählt werden kann. Mit über 500 Standorten und ca. 500 Mio. EUR Außenumsatz gehört sie zu den Top-20 Franchisesystemen in Deutschland.

Abbildung 138: Die NBB-Systemzentrale in Rodenberg

Quelle: NBB.

Gegründet wurde die „NBB Norddeutsche Betriebsberatung" im Jahre 1982 in Bad Nenndorf vom heutigen Vorstand, Tony Arthur Farkas. Der ausgebildete Holzkaufmann und studierte Betriebswirt entwickelte das DIY-Konzept „bau-Spezi", das sich, auf Grund seines Erfolges in Klein- und Mittelstädten sowie der guten Übertragbarkeit, schnell zu einem erfolgreichen Franchise-System entwickelte. Im Jahre 1983 wurde der erste bauSpezi-Markt mit einer Verkaufsfläche von ca. 700 Quadratmetern in Dortmund eröffnet. Daraufhin folgten Neueröffnungen in Niedersachsen, Bayern und Nordrhein-Westfalen, sodass im Jahre 1985 bereits 15 Unternehmen als Franchise-Partner der NBB angeschlossen waren. Nach einer Zeit fortwährenden Wachstums erfolgte im Jahre 2001 die Umwandlung der damaligen NBB Dienstleistungs- und Handelsgesellschaft mbH in die heutige NBB Dienstleistungssysteme AG und der Stammsitz wurde nach Rodenberg verlegt. Heute ist die NBB ein Multi-Systemgeber und setzt in Deutschland mit sieben parallel laufenden Franchise-Systemen konsequent auf Nahversorgung abseits der Ballungsräume. Den Erfolg des Konzepts verdeutlicht Abbildung 139, die den Anstieg der Anzahl der Franchisenehmerstandorte im Zeitverlauf veranschaulicht.

Abbildung 139: Anzahl der NBB-Franchisenehmerstandorte

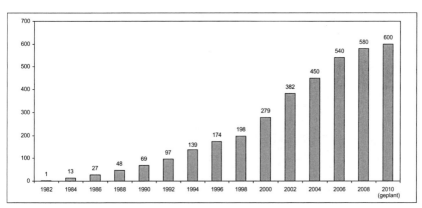

Quelle: NBB.

Die Organisationsstruktur der NBB-Gruppe ist Abbildung 140 zu entnehmen:

Abbildung 140: Die NBB-Gruppe 2010

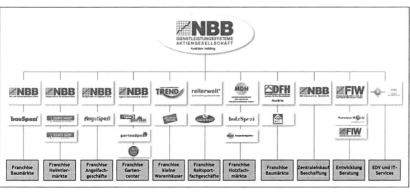

Quelle: NBB.

193

Die einzelnen Franchise-Systeme der NBB Dienstleistungssysteme AG werden nachfolgend überblicksartig vorgestellt:

- *NBB Bau- und Heimwerkermärkte GmbH: bauSpezi Bau- und Heimwerkermärkte*

Das Franchise-System „bauSpezi" bildet den Grundstein des Unternehmens NBB. Das Fachmarktkonzept existiert bereits seit 1982 und wurde speziell auf die Bedürfnisse regionaler kleiner und mittelgroßer Baumarktbetreiber, Existenzgründer und Baustoffhandelsunternehmen zugeschnitten.

Abbildung 141: Beispiel eines bauSpezi-Marktes

Quelle: NBB.

Der Fokus des Fachmarktkonzepts liegt seit der Gründung konsequent auf kleinen bis mittleren Standorten, um dem Grundkonzept der Nahversorgerfunktion nachkommen zu können. Die Einzelhandelsflächenkonzeptionen reichen von Kleinstflächen zwischen 80 und 250 Quadratmetern bis hin zu baumarkttypischen Mittelflächen mit bis zu 4.000 Quadratmetern, wobei das jeweilige Sortiments- und Marketingkonzept individuell von der Franchisezentrale in Rodenberg zusammengestellt und dem Franchisenehmer zur Verfügung gestellt wird.

Die Sortimentsbreite umfasst sämtliche DIY-typischen Sortimentsbestandteile und orientiert sich sowohl an ambitionierten Heimwerkern als auch an Profis. Neben dem Gesamtsortiment der Lieferanten führt die bauSpezi-Gruppe auch diverse Eigenmarken.

Während die ersten bauSpezi-Kunden Baustoffhändler waren, die noch heute einen großen Teil der bauSpezi-Baumarktbetreiber ausmachen, kamen auch

mehr und mehr „Einzelkämpfer" hinzu, die als Partner vom Dienstleistungspro-
gramm der Verbundgruppe profitieren. Mittlerweile stammen ca. 80 % der
Franchisepartner ursprünglich aus der Baustoffbranche, die restlichen 20 % repräsentieren klassische Baumarkteinzelhandelsflächen.

Abbildung 142: Franchisenehmerentwicklung bauSpezi Bau- und Heimwerkermärkte

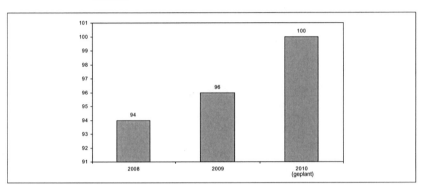

Quelle: NBB.

Nach dem Markteintritt profitierte das Konzept der bauSpezi-Märkte stark von
der Tatsache, dass die Organisation von Baustoffhändlern in Verbundgruppen in
kleinen und mittleren Städten noch nicht durchgängig war. Damit stieg die Anzahl der Franchisenehmer in den alten Bundesländern bis 1989 stetig an. Mit der
Wiedervereinigung (Phase „Heute") wurden auch die neuen Bundesländer sukzessive erschlossen. Trotz der volatilen Branchenentwicklung um die Jahrtau-
sendwende konnte die Gruppe ein stetiges Wachstum erzielen. Im Jahre 2009
sind 96 Partnerbetriebe der NBB Bau- und Heimwerkermärkte GmbH angeschlossen (siehe Abbildung 142).

• *NBB egesa Gartencenter GmbH: egesa garten, gartenSpezi und Garten Insel*

Die NBB egesa Gartencenter GmbH ist ein Joint Venture der NBB Dienstleistungssysteme AG, der egesa-zookauf eG aus Gießen sowie der Zooma Zoo-
fachmarkt Beteiligungs GmbH aus Hückeswagen. Die Zusammenarbeit sowie
die darauf folgende Unternehmensgründung begann Mitte 2002 durch die NBB
Dienstleistungssysteme AG und die egesa-zookauf eG.

Mittlerweile bietet die NBB egesa mit der „egesa Garten Insel", dem „garten-Spezi" und dem „egesa garten Premium-Gartencenterkonzept" ihren Kunden drei Konzepte zur Auswahl an.

Abbildung 143: Beispiel eines egesa garten Gartencenters

Quelle: NBB.

Die „egesa Garten Insel" ist ein Kleinflächenkonzept für Gartenhartwarensortimente mit einer Größe von 70 bis 90 Quadratmetern. Es richtet sich an Gartenfachgeschäfte oder Gartenabteilungen als Shop-in-Shop-Lösung. Pflanzen sind dabei in diesem Konzept lediglich im Rahmen von Aktionen vorgesehen. Der „gartenSpezi" ist ein Franchisekonzept für Gartencenter, die im Zusammenhang mit Baumärkten am Markt auftreten. Partner dieses Konzeptes verfügen über eine Indoor-Verkaufsfläche von mindestens 100 Quadratmetern, wobei Pflanzen, anders als bei der „egesa Garten Insel", zum Standardsortiment gehören. Das „egesa garten Premium-Gartencenterkonzept" richtet sich an Gartencenter, Gärtnereien, Baumschulen und Gartenabteilungen mit mindestens 500 Quadratmetern Verkaufsfläche „indoor" und nochmals mindestens der gleichen Verkaufsfläche „outdoor". Meistens setzen Stand-alone-Standorte dieses Fachhandelskonzept um. Die wichtigsten Sortimentsgruppen sind Pflanzen, Dekorationsartikel, Gefäße und Erden.

Noch vor der Gründung der NBB egesa Gartencenter GmbH begann der Einstieg in den Gartensortimentsbereich mit der Entwicklung des gartenSpezi-Konzeptes im Jahr 1986. Bereits 1987 folgte der erste Franchisepartner, damals noch unter der Führung der NBB Bau- und Heimwerkermärkte GmbH. Zunächst war das gartenSpezi-Konzept eine Ergänzung zum bauSpezi-Konzept. Durch stetig wachsendes Kundeninteresse sowie regelmäßige Sortimentserweiterungen entwickelte sich alsbald ein eigenständig realisierbares Flächenkonzept mit steigenden Expansionszahlen. Die Entwicklung der Anzahl der Franchisenehmer für die Jahre 2009 bis 2012 gibt Abbildung 144 wieder.

Abbildung 144: Franchisenehmerentwicklung egesa garten, gartenSpezi und Garten Insel

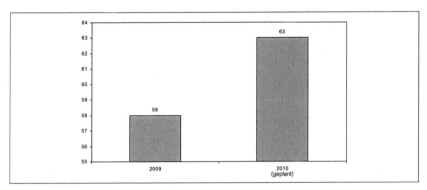

Quelle: NBB.

Was die Sortimentsbreite anbelangt, so umfasst diese mittlerweile nahezu alle gartenspezifischen Produkte. Außerdem werden Dekorationsartikel für das Haus und den Garten, Bastelartikel und Tiernahrung angeboten. Neben den Lieferantensortimenten wurde zudem ein Eigenmarkensortiment entwickelt. Unter „egesa garten" werden in den angeschlossenen Betrieben exklusiv Rasensaaten, Düngemittel und Erden vertrieben.

- *NBB Fachmärkte für Tier + Garten GmbH: Kiebitzmarkt – Die Fachmärkte für Haus, Tier und Garten*

Die ursprüngliche Kiebitzmarkt-Konzeption wurde als Franchisesystem 1993 unter der Regie von sechs Landhändlern entwickelt. Das Konzept zielte auf Landhändler ab und sollte dem klassischen Landhandel durch eine Konzentration auf hochwertige Produkte rund um die Themen Haus, Tier und Garten ein weiteres Standbein bieten.

Im Jahre 1993 wurden an drei norddeutschen Standorten erste Kiebitzmärkte eröffnet. Bis Ende 1994 hatte sich deren Anzahl auf 17 Märkte erhöht. 1995 wurde auf Grund der hohen Zuwachsraten die Eigenmarke „Pfiff" aufgelegt. Sie umfasst die Sortimentsbereiche Hundefutter, Garten- und Rasendünger. 1998 existierten deutschlandweit bereits über 50 Kiebitzmärkte.

Ende 2001 hat schließlich die NBB-Gruppe das Kiebitzmarkt-Konzept übernommen. Unter der NBB-Führung wurde das Konzept modernisiert und neu aufgestellt, sodass heute zwei verschiedene Kiebitzmarkttypen nebeneinander bestehen: der Kiebitzmarkt, das Ursprungskonzept mit Fachmarkt-Charakter und einer Warenverkaufsfläche von über 150 Quadratmetern, sowie der Kiebitzshop als Kleinkonzept mit dem Fokus auf Heimtiere. Letzterer weist eine Verkaufsfläche von 80 bis 150 Quadratmetern auf und ist als Shop-in-Shop-Lösung realisierbar.

Abbildung 145: Beispiel eines Kiebitzmarktes

Quelle: NBB.

Auch das Eigenmarkensortiment hat sich kontinuierlich weiter entwickelt und umfasst heute ca. 70 Produkte aus den Bereichen Düngemittel, Blumenerde, Tierfutter und Saaten und ist in die beiden Eigenmarken „Pfiff" und „Larossa" gegliedert. Wie Abbildung 146 verdeutlicht, hat sich auch der Zuwachs an Franchisenehmern kontinuierlich entwickelt, wobei davon ausgegangen wird, dass bereits Ende des Jahres 2010 insgesamt 104 Partner das Kiebitzmarkt-Konzept übernommen haben werden.

Abbildung 146: Franchisenehmerentwicklung Kiebitzmarkt

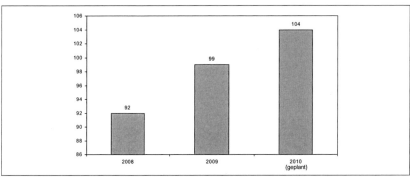

Quelle: NBB.

• *NBB Fachgeschäfte für Angelsport GmbH: AngelSpezi*

Seit 1995 ist das Franchisesystem AngelSpezi, entwickelt von der NBB Fachge-schäfte für Angelsport GmbH, am Markt präsent.

Abbildung 147: Beispiel eines AngelSpezi-Fachgeschäfts

Quelle: NBB.

Das Franchisekonzept für den Angelsporteinzelhandel ist auf einen Markt aus-gerichtet, der bislang einer relativ geringen verbund- und einkaufsgemeinschaft-lichen Struktur unterlag, was als Motivation für den Markteintritt diente.

199

Abbildung 148: Franchisenehmerentwicklung AngelSpezi

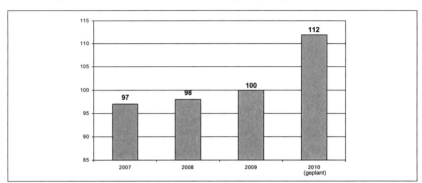

Quelle: NBB.

Dabei weist das Konzept seit seiner Initiierung ein überdurchschnittliches Entwicklungstempo auf. Im Gründungsjahr 1995 startete der AngelSpezi mit vier Standorten. Bereits zwei Jahre später waren es deutschlandweit insgesamt 35 AngelSpezi-Märkte. Im Jahre 2009 verzeichnete man bereits 100 Franchisepartner, wobei davon auszugehen ist, dass sich diese Anzahl im Jahre 2010 auf bis zu 112 Franchisepartner steigern wird (siehe Abbildung 148).

Das Sortiment ist hinsichtlich der Auswahl und Preisattraktivität auf die Bedürfnisse des Freizeit- und Hobbyangelsports ausgerichtet. Es erstreckt sich von Angelsport-Verbrauchsartikeln wie Anfüttermittel oder Angelhaken bis hin zum kompletten Ausstattungssortiment und deckt die Bedürfnisse von Fachhändlern ab einer Verkaufsfläche von 75 Quadratmetern bis zu über 1.000 Quadratmetern ab. Die Realisierungsmöglichkeiten dieses Konzeptes erstrecken sich von Standalone-Lösungen bis hin zu Shop-in-Shop-Konzepten in Kombination mit anderen Franchisesystemen. Ein weiterer Vertriebskanal ist der jährlich erscheinende AngelSpezi-Katalog.

- *Trend Handels- und Vertriebssysteme mbH – Das kleine Warenhaus*

Im Februar 2005 erfolgte die Gründung der Sherlock Systemvertriebsgesellschaft mbH als Joint Venture der PaKo Non Food Warenhandelsgesellschaft mbH und der NBB Dienstleistungssysteme AG. Die PaKo Non Food Warenhandelsgesellschaft mbH selbst wurde 1993 gegründet. Sie entwickelte 1994 das Vertriebssystem „Mäc-Geiz" und wurde nach dem Verkauf sämtlicher Einzelhandelsgesellschaften an die Mäc-Geiz Non Food Vertriebsgesellschaft mbH im Jahre 1998 unter anderem Lieferant für sämtliche Mäc-Geiz-Filialen. Mit der Franchise-Erfahrung der NBB Dienstleistungssysteme AG und den Warenkenntnissen der PaKo Non Food Warenhandelsgesellschaft mbH wurde schließlich ein neues Franchisesystem entwickelt: „Sherlock – Das kleine Warenhaus". Mittlerweile wird das System durch die Trend Handels- und Vertriebssysteme mbH angeboten, wobei das Ziel des Konzepts „Sherlock – Das kleine Warenhaus" die standortgerechte Nahversorgung in der Region ist.

Abbildung 149: Haushaltswaren im „Sherlock – Das kleine Warenhaus"

Quelle: NBB.

Als Shop-in-Shop-System ermöglicht das Sherlock-Konzept bereits bestehenden Geschäften aus diversen Branchen (Baumärkten, Möbelhäusern, Lebensmittelmärkten usw.) eine effiziente Nutzung ihrer Verkaufsfläche sowie den Ausbau ihres Geschäftes, wofür ca. 250 Quadratmeter Fläche benötigt werden. Ab einer Größe von 430 Quadratmetern kann das Sherlock-Konzept auch als Standalone-Lösung realisiert werden.

Das offerierte Sortiment von „Sherlock – Das kleine Warenhaus" beinhaltet unter anderem eine Schreibwaren- und Bastelabteilung, Haushalts- und Spielwaren, Sport- und Campingzubehör, Wolle und Kurzwaren, Dekorationsartikel und Geschenke sowie Kleinelektronik.

Abbildung 150: „Modul – Schreibwaren" bei „Sherlock – Das kleine Warenhaus"

Quelle: NBB.

Dabei können bei der Trend Handels- und Vertriebssysteme GmbH jederzeit Module im Bereich Schreibwaren (siehe Abbildung 150) sowie Sport und Freizeit abgerufen werden.

- *reiterwelt Systemvertriebs GmbH*

Die Erkenntnis, dass bei vielen Reitsport-Fachgeschäften Schwächen bestehen, führte zur Entwicklung des reiterwelt-Konzepts im Jahre 2006.

Abbildung 151: Beispiel eines reiterwelt Fachgeschäfts

Quelle: NBB.

Ziel des reiterwelt-Franchisesystems ist die nachhaltige Verbesserung der Zukunftsperspektive von Reitsportfachgeschäften sowie die damit einhergehende Betreuung und die angebotenen Services und Dienstleistungen. Durch die Bündelung von Produkt- und Franchise-Know-how, beispielsweise in Form von betriebswirtschaftlicher Unterstützung, soll eine kundenorientierte Positionierung am Markt gewährleistet werden.

- *MDH Marketingverbund für Deutsche Holzfachhändler GmbH*

Die MDH Marketingverbund für Deutsche Holzfachhändler GmbH ging 1996 aus der NBB-Gruppe hervor. Nachdem die Beratung von Baustoffhandelsunternehmen, wie bereits erwähnt, das erste Standbein der NBB war, woraus auch das bauSpczi Franchisekonzept hervorging, zeigte recht früh auch der mittelständische Holzfachhandel Interesse an einem Vermarktungskonzept. Daher entwickelte NBB ab 1985 ein Holzhandelskonzept mit dem Namen holzSpezi. Um den speziellen Anforderungen der Holzhandelsbranche besser gerecht werden zu können, fiel 1996 die Entscheidung, eine Abteilung „Holzhandel" mit dem Namen „MDH Marketingverbund für Deutsche Holzfachhändler" zu gründen und die damaligen holzSpezi-Partner in den MDH zu integrieren. Das neue Holzhandelskonzept wurde schließlich um eine neutrale Kooperationsmitgliedschaft mit der freiwilligen Option auf Franchising erweitert.

Abbildung 152: Beispiel eines holzSpezi-Marktes

Quelle: NBB.

Nach der Gründung des MDH als eigenständige Holzkooperation begann die Expansion, wobei bereits 1998 mehr als 30 Holzhändler der Kooperation angeschlossen waren. Zeitgleich mit Aufnahme des 50. MDH-Partners erfolgte eine neue strategische Ausrichtung im Einkauf: Mit der Holzhandelskooperation HolzLand in Düsseldorf wurde eine Kooperation in den Bereichen Einkauf, Mengenbündelungen, Importe und Zentralregulierung geschlossen.

Einhergehend mit der ansteigenden Partnerzahl wurden im Jahre 2001 organisatorische Veränderungen notwendig. Dabei wurde unter anderem der Firmensitz von der NBB-Zentrale ins thüringische Erfurt verlagert. Um die MDH-Partner im süddeutschen Raum besser betreuen zu können, wurde darüber hinaus das MDH-Büro Süd in Forchheim bei Nürnberg eröffnet.

Abbildung 153: Franchisenehmerentwicklung MDH

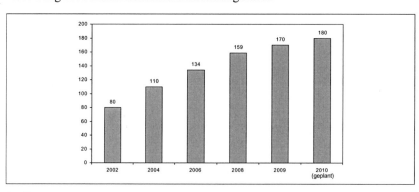

Quelle: NBB.

Diese organisatorischen Maßnahmen erwiesen sich als der richtige strategische Schritt, wie die Entwicklung der Mitgliederzahl beweist (siehe Abbildung 153).

Die modernen Konzepte und Leistungen des MDH sollen sicherstellen, dass die inhabergeführten und mittelständischen Partnerbetriebe hohe Marktanteile in ihrer Region abschöpfen. Dabei können die MDH-Partner selbst auswählen, ob sie das eingetragene Markenzeichen holzSpezi übernehmen wollen oder als Kooperationspartner ihren eigenen Namen und das eigene Logo behalten möchten. Mit über 450 Vertrags-Lieferanten im Portfolio des MDH sind alle wichtigen Holzhandelslieferanten gelistet. Diese stellen den MDH-Partnern moderne Holzhandels-Sortimente zu marktgerechten Konditionen zur Verfügung.

Neben den genannten Franchisesystemen existiert seit 2004 mit dem „BauProfi" der „DFH Dienstleistungs- und Vertriebssysteme für den Handel GmbH (Austria)" ein weiteres Franchisesystem mit dem Ziel der standortbezogenen Nahversorgung im Heimwerker- und Baumarktbereich in Österreich. Auf Grund des Fokus der vorliegenden Studie auf die Aktivitäten im deutschen Inland soll dieses Konzept an dieser Stelle jedoch lediglich kurz erwähnt werden.

Als zentralen Erfolgsfaktor von NBB betrachtet Tony Arthur Farkas, Vorstand und Gründer der NBB Dienstleistungssysteme AG, den Franchise-Gedanken, der das Unternehmen kennzeichnet. Insbesondere die Tatsache, dass die betreuten Standorte inhabergeführt sind, betrachtet er als großen Vorteil gegenüber „Regiebetrieben".

Darüber hinaus wird an jedem Standort das Erreichen einer sog. USP, einer Unique Selling Proposition, angestrebt. Während dies früher im Wachstums- bzw. Verkäufermarkt eher nebensächlich war, unterstreicht Farkas: „Im zunehmenden Wettbewerb ist Profilschärfung sehr wichtig!"

Eine Möglichkeit hierzu sieht er in der Etablierung der Konzepte über eine hohe Markenbekanntheit und ergänzt: „Gerade im provinziellen Bereich spielt der lokale Bekanntheitsgrad eine große Rolle." Dazu trägt nach seinen Angaben auch die Corporate Identity der NBB-Systeme, also deren einheitlicher Auftritt nach außen, maßgeblich bei.

Ein weiterer Erfolgsfaktor der NBB liegt in der Kontinuität des Unternehmens. Beispielhaft lässt sich hier die Standortpolitik anführen, die seit der Unternehmensgründung unverändert ist. So hat insbesondere die Besetzung von Standorten in Randgebieten und kleineren Regionen das kontinuierliche Wachstum der NBB ermöglicht. Bei sämtlichen der angeschlossenen Franchisesysteme werden Ballungsräume systematisch gemieden. In diesem Kontext ist sich der Vorstand sicher, dass die Zukunft der Bau- und Heimwerkermärkte in den kleinen, flexiblen Einheiten der Nahversorgung von Klein- und Mittelstädten liegt.

Darüber hinaus ist, so Farkas, der Faktor Innovation als weiterer zentraler Erfolgsfaktor beim „Diversifizierer" NBB zu betrachten. Auch wenn sich das erst in der Praxis heraus kristallisiert hat, so spielt die Innovation sowohl im Bereich der Konzepte als auch im Marketing- oder Sortimentsbereich eine herausragende Rolle und entscheidet maßgeblich über den Erfolg eines Franchisesystems.

Auch die Mitarbeiterqualifikation und damit einhergehende Schulungsangebote stehen im Fokus des Unternehmens aus Rodenberg. „Wir haben bereits ab zehn Partnern angefangen, Schulungen anzubieten", erinnert sich Tony Arthur Farkas und führt weiter an: „Fachliche Schulungen werden regelmäßig angeboten. Jedes System hat zudem einen Schulungskalender, bei dem entschieden werden kann: Sollen die Schulungen durch den Lieferanten oder durch die Zentrale selbst durchgeführt werden." Was die Schulungen von BWL-Themen anbelangt, so werden diese in der Tendenz eher zentralseitig angeboten. Im Hinblick auf das Thema Mitarbeiterschulung werden bei NBB auch eigene Mitarbeiter als Verkaufstrainer ausgebildet, die vor Ort in den Märkten ihre Schulungsleistungen anbieten. Schließlich fordert der Firmengründer vor allem eines von einem guten Verkäufer auf der Fläche: „Kein anonymes, sondern aktives Verkaufen." Ob die Umsetzung der Konzepte in den einzelnen Franchisesystemen vor Ort dem entspricht, was in der Zentrale für das Konzept vorgesehen wurde, wird, je nach Franchisesystem, ein bis zweimal jährlich auch durch Mystery-Shopper getestet, um hier eine Systemkongruenz gewährleisten zu können.

Trotz der gewachsenen Strukturen sieht Tony Arthur Farkas einen weiteren Erfolgsfaktor in den flachen Hierarchien, welche die Arbeiten „um ein vielfaches schneller machen als in Konzernstrukturen". Dadurch profitiert sowohl die Zentrale als auch der Partner vor Ort von kurzen Entscheidungswegen und einer für „Diversifizierer" eher untypischen, hohen Flexibilität.

Als zukünftigen Erfolgsfaktor sieht Farkas unter anderem die Hinwendung zu zeitgemäßen Kommunikationsinstrumenten im Sinne eines Multi-Channel-Marketing sowie die Umsetzung der Anforderung, Kundenwünsche noch stärker in die eigenen Prozesse mit einzubeziehen.

2. Entwicklungspfad

Den Entwicklungspfad der NBB Dienstleistungssysteme AG fasst Abbildung 154 zusammen:

Abbildung 154: Entwicklungspfad der NBB Dienstleistungssysteme AG

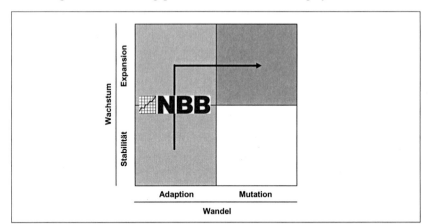

Damit entspricht die Entwicklung der NBB Dienstleistungssysteme AG bezüglich der Strategiewechsel dem ersten Entwicklungspfad der „Diversifizierer" (siehe Abbildung 91). So wurde das Unternehmen zunächst durch die Multiplikation des bauSpezi-Konzepts vom „Optimierer" zum „Multiplizierer". Als schließlich weitere Konzepte, wie beispielsweise der „gartenSpezi", der „AngelSpezi", der „holzSpezi", die „reiterwelt", der „Kiebitzmarkt" oder „Sherlock – Das kleine Warenhaus" etabliert wurden und diese Systeme parallel zu einander ausgebaut und weiterentwickelt wurden, kam es zur Diversifikation und damit zum Strategiewechsel vom „Multiplizierer" zum „Diversifizierer".

3. Entwicklungsmuster

Was das Entwicklungsmuster der NBB anbelangt, so lässt sich dieses am besten durch die „Sukzessive lineare Diversifikation" beschreiben.

Das Schema des Entwicklungsmusters „Sukzessive lineare Diversifikation" weist in seinem Koordinatensystem neben der Zeit sowohl die Ausprägung Expansion als auch die der Mutation auf. Dies trifft insofern auf die Entwicklung der NBB Dienstleistungssysteme AG zu, da diese mit der Vervielfältigung des Konzepts „bauSpezi" ein Expansionskriterium erfüllt. Gleichzeitig entstanden nach und nach immer neue Franchisesysteme mit teilweise fundamental unterschiedlichem Sortimentsfokus, die auf die gleiche Weise multipliziert wurden, und das sowohl im In- als auch im Ausland, womit gleichzeitig sowohl Expansions- als auch Mutationskriterien im Sinne der Strategie der „Diversifizierer" erfüllt wurden.

Abbildung 155: Entwicklungsmuster der NBB Dienstleistungssysteme AG

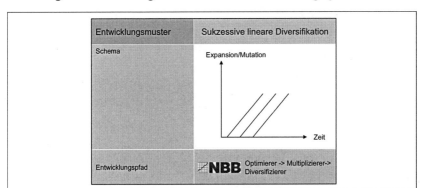

Durch die sukzessive Erweiterung der Konzepte sowie die kontinuierliche und teilweise sehr umfangreiche Expansion, die mit der Multiplikation der einzelnen Franchisesysteme einherging, lässt sich die Entwicklung der NBB dem Muster „Sukzessive lineare Diversifikation" zuordnen (siehe Abbildung 155).

4.   Ausblick

Was die Zukunft anbelangt, so will die NBB am bewährten Konzept der Nischenpolitik festhalten, das die Grundlage für das stetige Wachstum der Gruppe bildet.

Während die größte Herausforderung in den Anfangszeiten für Unternehmensgründer und Vorstand der NBB Dienstleistungssysteme AG, Tony Arthur Farkas, im Markteinstieg in prosperierende Wachstumsmärkte lag, galt es in der Zeit danach zunächst, dem kontinuierlich starken Wachstum standzuhalten. Heute beschäftigt er sich vor allem mit dem parallelen Ausbau der verschiedenen Franchisesysteme und führt in diesem Kontext an: „1998 hatten wir ca. 100 Franchise-Partner, mittlerweile sind es über 500. Das Ziel sind 1.000 Partnerunternehmen mit den verschiedenen Franchisesysteme. So werden Visionen, wenn man sie verfolgt, auch Wirklichkeit."

207

Viertes Kapitel:

Herausforderungen für Einzelhandel und Politik

A. Überblick

Das Vierte Kapitel dient der Analyse der Herausforderungen, die mit einer sich permanent verändernden Wettbewerbsarena einhergehen (vgl. Kapitel 1) und fokussiert dabei sowohl auf die damit einhergehenden Anforderungen an den Einzelhandel als auch an die Politik.

Dazu werden zunächst, basierend auf der standardisierten Befragung, ausgewählte Herausforderungen betrachtet, mit denen sich der deutsche Einzelhandel innerhalb der drei Zeiträume „Früher", „Heute" und „Zukunft" konfrontiert sieht. In diesem Kontext werden sowohl strategiespezifisch als auch strategieübergreifend die Herausforderungen einer Akquise geeigneten Personals, einer adäquaten Unternehmensfinanzierung, einer effizienten Prozessabwicklung, einer sicheren Antizipation sowie umfassenden Erfüllung von Konsumentenbedürfnissen sowie eines verantwortungsbewussten Umgangs mit ökologischer und sozialer Verantwortung analysiert.

Im Anschluss wird, basierend auf den Expertengesprächen der exploratorischen Befragung, ein Katalog der dringendsten Anliegen des Einzelhandels im Hinblick auf politische Belange wiedergegeben. Dieser soll zeigen, welche politischen Rahmenbedingungen in Zukunft seitens des Handels gefordert werden, um auch weiterhin erfolgreich Einzelhandel in Deutschland zu betreiben.

B. Herausforderungen für den Einzelhandel

I. Ausgangslage

In diesem Abschnitt wird die Erfolgseinschätzung der Gesamtheit der befragten Unternehmen betrachtet, um daraus in der Tendenz deren Zukunftsperspektiven abzuleiten. Die Erfolgseinschätzung basiert, analog zu den bereits im Abschnitt D. des Zweiten Kapitels vorgestellten Einschätzungen auf Strategieebene, auf den Grundlagen der Erfolgsmessung aus dem Ersten Kapitel.

Abbildung 156: Erfolgsentwicklung im Zeitverlauf

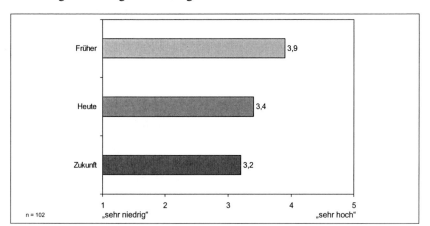

Wie Abbildung 156 verdeutlicht, schätzen sich die Unternehmen in ihrer Gesamtheit im Zeitverlauf zunehmend als weniger erfolgreich ein. Insbesondere der prognostizierte Rückgang des Erfolgs um 0,2 auf einen Mittelwert in Höhe von 3,2 im Zeitraum „Zukunft" lässt erkennen, dass die Herausforderungen für die untersuchten Unternehmen in den kommenden Jahren enorm ansteigen werden. Um lokalisieren zu können, in welchen Bereichen die größten Herausforderungen auf die befragten Unternehmen zukommen, werden nachfolgend zentrale Herausforderungen sowohl auf strategiespezifischer als auch auf strategieübergreifender Ebene näher untersucht.

II. Personalakquise

Qualifiziertes Personal zählt, wie sowohl die multiple Regression im Abschnitt C. III. 3. des Ersten Kapitels als auch die explorative Befragung im Zuge der Expertengespräche (siehe Abbildung 20) deutlich ergeben haben, zu den zentralen Erfolgsfaktoren im deutschen Einzelhandel. Allerdings sind qualifizierte Mitarbeiter auf dem Arbeitsmarkt mittlerweile hart umkämpft, wie Abbildung 157 verdeutlicht, die auf den Einschätzungen der gesamten Stichprobe hinsichtlich der besagten Herausforderung basiert.

Abbildung 157: Herausforderungen für den Einzelhandel: Personalakquise

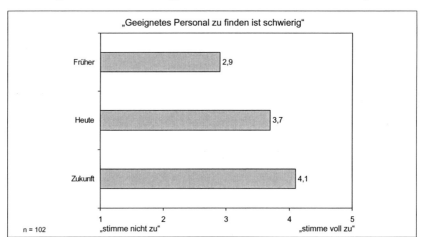

Während die Unternehmen in der Gesamtheit die Herausforderung, geeignetes Personal für ihr Unternehmen zu finden, im Zeitraum „Früher" mit einem Mittelwert von 2,9 noch verhältnismäßig gering beurteilen, so schätzen sie diese Herausforderung im Zeitraum „Heute" mit einem Mittelwert von 3,7 bereits deutlich schwieriger ein (siehe Abbildung 157). Für die „Zukunft" antizipieren die analysierten Unternehmen einen weiteren, deutlichen Anstieg dieser Herausforderung, was sich in einem Mittelwert in Höhe von 4,1 bemerkbar macht.

Diese Einschätzungen teilt auch Ernst-Werner Rummel, Geschäftsführer von Elektronik-Modellbahntechnik Rummel in Saarbrücken, der bereits diverse Auszeichnungen für die gute und fundierte Ausbildungsarbeit mit seinen Azubis erhalten hat. Dies ist unter anderem darauf zurückzuführen, dass er sehr sorgfältig bei der Auswahl der potenziellen Auszubildenden vorgeht. Er kommentiert in diesem Zusammenhang: „Nur einer von zwanzig wird genommen." Diese schwierige Personalakquise ist seiner Ansicht nach insbesondere auf die veränderten Rahmenbedingungen zurückzuführen, mit denen sich das Fachgeschäft auseinandersetzen muss. Er führt weiter an, dass die räumliche Nähe zu Frankreich erfordert, dass auch die Auszubildenden in der Lage sein müssen, „sich mit interessierten Kunden aus dem Nachbarland fachkundig unterhalten zu können, wenn der Chef mal nicht im Haus ist." Außerdem erwartet der Geschäftsführer von interessierten Anwärtern gute Vorkenntnisse in Mathematik und Physik und stellt mit Besorgnis fest, dass im Hinblick auf diese Kriterien immer weniger geeignete Kandidaten auf dem Arbeitsmarkt zu finden sind.

Die Herausforderung, geeignetes Personal zu finden, hat bei den dargestellten Strategietypen folgende Bedeutung.

Abbildung 158: Herausforderungen für den Einzelhandel auf Strategieebene: Personalakquise

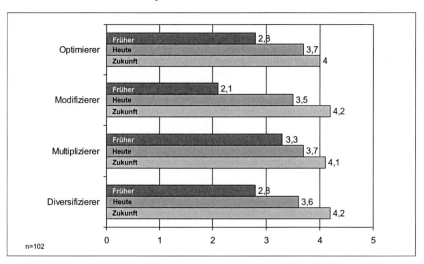

Beim Vergleich der Mittelwerte fällt zunächst auf, dass die Unternehmen sämtlicher Strategiealternativen die Herausforderung, geeignetes Personal zu finden, im Zeitablauf als zunehmend schwierig einstufen. Dabei fiel es insbesondere den „Modifizierern" im Zeitraum „Früher" nach eigenen Einschätzungen sehr leicht, adäquates Personal zu finden, was sich in einem Mittelwert von 2,1 widerspiegelt (siehe Abbildung 158).

Im Zeitraum „Heute" liegen alle vier Strategien bezüglich ihrer Einschätzungen zu dieser Herausforderung auf einem ähnlich hohen Niveau, was sich in der geringen Abweichung der einzelnen Einschätzungen um den Mittelwert der gesamten Stichprobe in Höhe von 3,7 erkennen lässt (siehe Abbildung 157). Auch für die „Zukunft" antizipieren die Unternehmen eine ähnliche Entwicklung. Mit einem Mittelwert von 4,2 hegen insbesondere die „Modifizierer", die im Zeitraum „Früher" noch den optimistischsten Wert aufweisen, sowie die „Diversifizierer" die größten Bedenken hinsichtlich der zukünftigen Personalakquise.

213

III. Unternehmensfinanzierung

Eine weitere Herausforderung, die im Hinblick auf die Einschätzungen der betrachteten Unternehmen im Zeitverlauf nachfolgend näher untersucht werden soll, ist die Finanzierung des Unternehmens. Dabei beurteilen die Unternehmen diese Herausforderung gesamthaft wie folgt:

Abbildung 159: Herausforderungen für den Einzelhandel: Unternehmensfinanzierung

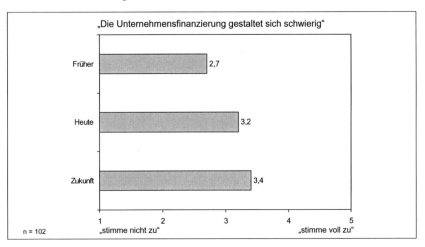

Insgesamt lässt sich, wie Abbildung 159 verdeutlicht, zwar durchaus der Trend ableiten, dass sich die Unternehmensfinanzierung nach Einschätzung aller befragten Unternehmen im Zeitablauf als zunehmend schwierig erweist. Dennoch fällt die Steigerung der Mittelwerte, trotz der Auswirkungen der Finanz- und Wirtschaftskrise, von „Früher" auf „Heute" mit einem Anstieg um 0,5 auf einen Wert von 3,2 noch verhältnismäßig moderat aus (siehe Abbildung 159). Auch im Hinblick auf diese Herausforderung prognostiziert die Gesamtheit der Unternehmen eine weitere Erschwernis der Finanzierungsmöglichkeiten, was sich in einem Mittelwert in Höhe von 3,4 für die kommenden Jahre widerspiegelt. Diese Ergebnisse stützt auch die HDE-Konjunkturumfrage Frühjahr 2010, die eine deutliche Steigerung der Ablehnung von Kreditanträgen in der Zeit zwischen Frühjahr 2009 und Frühjahr 2010 zum Ergebnis hat (HDE 2010, S. 34).

Auch Tony Arthur Farkas, Gründer und Vorstand der NBB Dienstleistungssysteme AG in Rodenberg, macht derzeit ähnliche Beobachtungen. Während eine Unternehmensgründung, von Finanzierungsgesichtspunkten aus betrachtet, in früheren Zeiten deutlich einfacher war, haben viele Start-Ups seiner Meinung nach heute keine leichte Ausgangssituation. Dies führt er insbesondere auf die Nachwehen der Wirtschaftskrise zurück und führt an: „Der Schock der Banken sitzt tief. Dadurch entstehen auch Überreaktionen, obwohl Geld in der Regel vorhanden ist."

Auf der Ebene der einzelnen Unternehmensstrategien ergibt sich hinsichtlich der Einschätzungen zu einer schwierigen Unternehmensfinanzierung folgendes Bild:

Abbildung 160: Herausforderungen für den Einzelhandel auf Strategieebene: Unternehmensfinanzierung

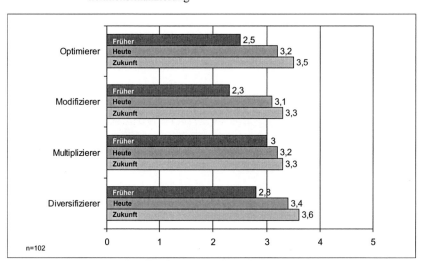

Wie Abbildung 160 verdeutlicht, beurteilen insbesondere die Strategiealternativen, die hinsichtlich der Dimension Wachstum die Ausprägung Expansion aufweisen, also die „Multiplizierer" sowie die „Diversifizierer", bereits im Zeitraum „Früher" die Unternehmensfinanzierung in der Tendenz schwieriger als die beiden anderen Strategien. Dies ist vor allem auf den hohen Finanzierungsbedarf zurückzuführen, der mit einer Expansionsstrategie in der Regel einhergeht.

Im Zeitraum „Heute" liegen die „Diversifizierer" mit ihren Einschätzungen ebenfalls am höchsten, was sich in einem Mittelwert in Höhe von 3,4 für den Betrachtungszeitraum äußert. Aber auch die anderen Strategien beurteilen die Unternehmensfinanzierung teilweise als deutlich schwieriger, im Vergleich zur Phase davor.

Für die „Zukunft" zeichnet sich dieser Trend fort. Insbesondere die „Diversifizierer", aber auch die „Optimierer", haben hier die pessimistischsten Einschätzungen hinsichtlich einer problemlosen Unternehmensfinanzierung. Damit prognostizieren sowohl die Vertreter kleiner/mittlerer als auch tendenziell großer Unternehmen zunehmende Schwierigkeiten bei der zukünftigen Finanzierung ihrer Einzelhandelsgeschäfte.

IV. Prozesseffizienz

Auch die Herausforderung, Prozesse effizient abwickeln zu können, soll nachfolgend im Hinblick auf die Einschätzungen der befragten Unternehmen im Zeitvergleich analysiert werden.

Abbildung 161: Herausforderungen für den Einzelhandel: Prozesseffizienz

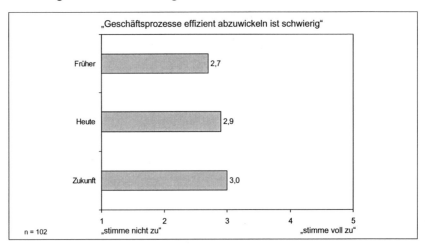

Hinsichtlich dieser Herausforderung verdeutlicht Abbildung 161, dass die Gesamtheit der befragten Unternehmen kaum einen Anstieg der Schwierigkeit, Geschäftsprozesse effizient abzuwickeln, bemerkt. Während die Unternehmen diese Herausforderung im Durchschnitt mit einem Wert in Höhe von 2,7 für den

Zeitraum „Früher" bewerten, fällt die Bewertung in Höhe von 2,9 für den Zeitraum „Heute" nur moderat höher aus. Auch für die „Zukunft" prognostizieren sie einen kaum merklichen Anstieg der Prozessanforderungen um 0,1 auf einen Mittelwert von 3,0. Dies ist vor allem darauf zurückzuführen, dass mittlerweile auch diverse technologische Entwicklungen wie Scannerkassen, Warenwirtschaftssysteme oder eine umfassende IT-Infrastruktur in viele kleinere/mittlere Unternehmen Einzug gehalten haben.

Die Einschätzungen der Unternehmen innerhalb der vier Handelsstrategien gibt Abbildung 162 wieder:

Abbildung 162: Herausforderungen für den Einzelhandel auf Strategieebene: Prozesseffizienz

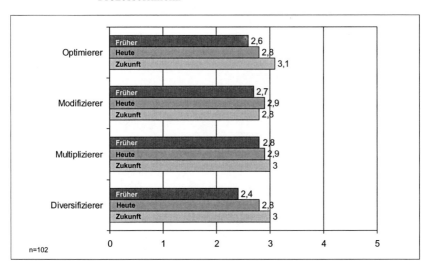

Bezüglich der Herausforderung Prozesseffizienz zeigt sich ein relativ homogenes Bild der Bewertungen der Zeiträume zwischen den einzelnen Strategien. Den größten Anstieg der wahrgenommenen Schwierigkeiten hinsichtlich der effizienten Prozessabwicklung zeigen die „Diversifizierer" (siehe Abbildung 162), was nicht zuletzt darauf zurückzuführen ist, dass diese, durch die gleichzeitige Erfüllung von Expansions- und Mutationskriterien, auch eine zunehmende Prozesskomplexität zu bewältigen haben. Die „Modifizierer" prognostizieren sogar einen Rückgang der Herausforderung in der Zukunft, was auch auf die bereits erwähnten technologischen Neuerungen am Point-of-Sale zurückzuführen ist.

V. Antizipation von Kundenbedürfnissen

Neben der Prozesseffizienz werden nachfolgend die Einschätzungen der befragten Unternehmen hinsichtlich der Schwierigkeiten der richtigen Antizipation von Kundenbedürfnissen untersucht. Kundenbedürfnisse richtig einschätzen bzw. richtig prognostizieren zu können wirkt sich positiv auf diverse Unternehmensbereiche wie Sortimente, Services oder auch die Standortwahl aus.

Abbildung 163: Herausforderungen für den Einzelhandel: Antizipation von Kundenbedürfnissen

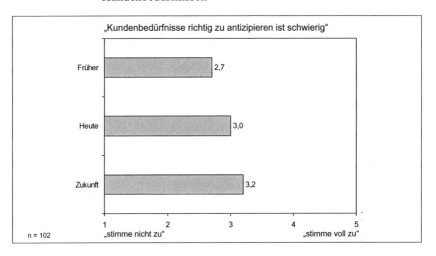

Wie Abbildung 163 verdeutlicht, bewerten die befragten Unternehmen die Herausforderung, Kundenbedürfnisse richtig zu antizipieren, im Zeitverlauf als zunehmend schwierig. Während der Mittelwert für den Zeitraum „Früher" in Höhe von 2,7 suggeriert, dass dies in der Zeit nach dem Zweiten Weltkrieg noch verhältnismäßig leicht zu bewerkstelligen war, verdeutlichen die Anstiege auf einen Wert von 3,0 im Zeitraum „Heute" bzw. die Prognose in Höhe von 3,2 für die kommenden Jahre, dass die Unternehmen diese Herausforderung zunehmend ernst nehmen (siehe Abbildung 163).

Durch die Abstimmung des Leistungsprogramms auf die lokalen Kundenbedürfnisse lassen sich also gerade auch im Hinblick auf die Zukunft weitere Potenziale erschließen. Dies hat Bernd Enge, Prokurist der Glani Verwaltungs GmbH in Hamburg, der für diverse Feinkosthäuser zuständig ist, bereits frühzeitig erkannt und sagt: „Bei uns wird sich auch viel um die kleinen Stellschrauben gekümmert. Man kann durch Feinjustierungen in jedem Laden neue Umsätze generieren."

Um herauszufinden, wie die Unternehmen der vier identifizierten Strategietypen die Herausforderung der richtigen Einschätzung von Kundenbedürfnissen beurteilen, fasst Abbildung 164 deren Beurteilungen innerhalb der drei Zeitraume „Früher", „Heute" und „Zukunft" zusammen:

Abbildung 164: Herausforderungen für den Einzelhandel auf Strategieebene: Antizipation von Kundenbedürfnissen

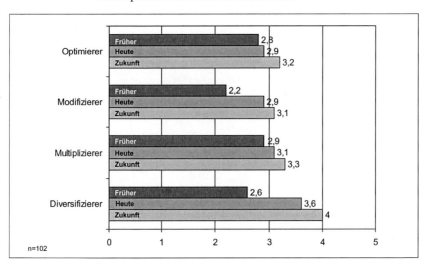

Während gesamthaft betrachtet die Unternehmen sämtlicher Strategien zwar davon ausgehen, dass es zunehmend schwieriger wurde und wird, Kundenbedürfnisse richtig vorherzusehen, fällt die Bewertung dieser Herausforderungen innerhalb der drei Zeiträume insbesondere bei der Strategie der „Diversifizierer" sehr sprunghaft aus: Während diese Herausforderungen im Zeitraum „Früher" noch mit einem Mittelwert von 2,6 bewerten, fällt deren durchschnittliche Bewertung im Zeitraum „Heute" in Höhe von 3,6 mit Abstand am höchsten aus (siehe Abbildung 164). Auch für die kommenden Jahre prognostizieren sie einen weiteren Anstieg der Schwierigkeiten, die mit dieser Herausforderung einhergehen, und liegen damit deutlich über den Bewertungen der anderen Strategien für den Betrachtungszeitraum. Ihnen fällt es, auf Grund ihres Geschäftsmodells und den damit einhergehenden parallel geführten Geschäften, in der Tendenz am schwersten, den Überblick über die marktspezifischen Kundenbedürfnisse zu behalten.

VI. Erfüllung von Kundenbedürfnissen

Während die richtige Antizipation von Kundenbedürfnissen dazu beiträgt, Kundenwünsche in der Zukunft besser erfüllen zu können, ist die umfassende Erfüllung von Kundenwünschen als eigenständige Herausforderung zu betrachten. Diese wird von der Gesamtheit der analysierten Unternehmen innerhalb der drei Zeiträume „Früher", „Heute" und „Zukunft" wie folgt bewertet:

Abbildung 165: Herausforderungen für den Einzelhandel: Erfüllung von Kundenbedürfnissen

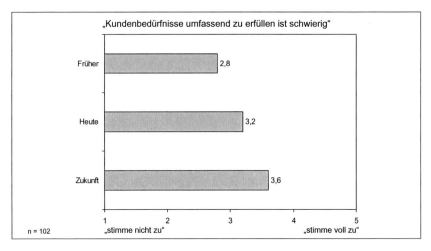

Wie Abbildung 165 verdeutlicht, beurteilen die befragten Unternehmen in der Gesamtheit die Herausforderung, Kundenbedürfnisse umfassend zu erfüllen, in jedem Zeitraum als schwieriger im Vergleich zur richtigen Antizipation von Kundenbedürfnissen (siehe Abbildung 163). Dies äußert sich in einer durchschnittlichen Beurteilung dieser Herausforderung im Zeitraum „Früher" in Höhe von 2,8, die im Zeitraum „Heute" bereits mit 3,2 bewertet wird (siehe Abbildung 165). Für die Zukunft gehen die befragten Unternehmen von einer deutlichen Steigerung des Wertes auf 3,6 aus und prognostizieren damit für die kommenden Jahre einen deutlich höheren Aufwand im Zuge der Erfüllung von Kundenbedürfnissen als zum Zeitpunkt der Befragung.

Renate Kalup, Geschäftsführerin der Parfümerie Kräblin in Chemnitz, umschreibt das Problem mit den deutlich gestiegenen Kundenbedürfnissen humorvoll: „Heute denkt jeder Käufer, er bekommt noch was raus!" Sie ergänzt: „Mittlerweile ist es deutlich schwieriger geworden, vorwiegend individuelle Ware im Sortiment zu haben, da jeder Einzelhändler nahezu alles hat." Viele Kunden erwarten zu den eigentlichen Produkten mittlerweile einen spürbaren Zusatznutzen, der beispielsweise über individuelle Services oder Events, die den Einkauf zum Erlebnis machen, gedeckt werden kann.

Die Einschätzungen auf Strategieebene hinsichtlich der Herausforderung, Kundenbedürfnisse umfassend zu erfüllen, gibt Abbildung 166 wieder:

Abbildung 166: Herausforderungen für den Einzelhandel auf Strategieebene: Erfüllung von Kundenbedürfnissen

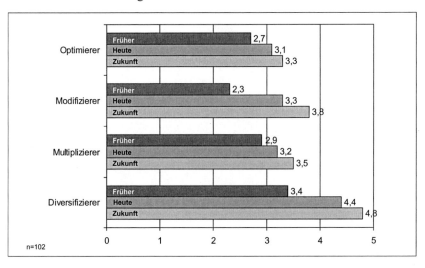

n=102

Während die übrigen Strategien im Zeitraum „Heute" eher durchschnittliche Werte aufweisen, was die Einschätzung der betrachteten Herausforderung anbelangt, so stechen einmal mehr die „Diversifizierer" mit einem Mittelwert in Höhe von 4,4 deutlich hervor (siehe Abbildung 166). Somit tun sich diese nicht nur mit der Antizipation der Kundenbedürfnisse am schwersten (siehe Abbildung 164), sondern nach eigenen Einschätzungen auch in der Erfüllung derselben. Dieser Trend setzt sich auch in „Zukunft" fort, wie die durchschnittliche Bewertung der „Diversifizierer" von 4,8 gegenüber dem nächst tieferen Wert der „Modifizierer" in Höhe von 3,8 verdeutlicht.

VII. Ökologische Verantwortung

Neben den bisherigen, eher unternehmensinternen Herausforderungen, wird der Fokus nachfolgend auch auf die Analyse einiger primär gesellschaftlicher Herausforderungen gelenkt. In diesem Kontext gewinnt die Debatte um ökologische Verantwortung, als Bestandteil einer „Corporate Social Responsibility", zunehmend an Bedeutung. Eine Grundlegende Definition von CSR kommt von der Europäischen Kommission, die in ihrem Grünbuch zum Thema „Rahmenbedingungen für die soziale Verantwortung von Unternehmen" CSR „als ein Konzept, das den Unternehmen als Grundlage dient, auf freiwilliger Basis soziale Belange und Umweltbelange in ihre Unternehmenstätigkeit und in die Wechselbeziehungen mit den Stakeholdern zu integrieren" definiert (Europäische Kommission 2001, S. 7). Zentes/Bastian/Lehnert (2010, S. 37) fügen jedoch hinzu, dass die Freiwilligkeit des Konzepts zu betonen ist, da Verantwortung jenseits des juristischen Rahmens zwar eingefordert, jedoch nicht erzwungen werden kann.

Hinsichtlich der Herausforderung, der ökologischen Verantwortung gerecht zu werden, sind die Einschätzungen der Unternehmen in der Gesamtheit Abbildung 167 zu entnehmen.

Abbildung 167: Herausforderungen für den Einzelhandel: Ökologische Verantwortung

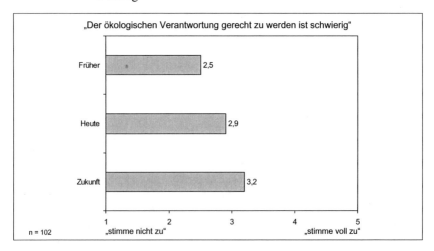

Wie die verhältnismäßig niedrigen Werte in allen drei Zeiträumen erkennen lassen, beurteilen die befragten Unternehmen die Herausforderung, der eigenen

ökologischen Verantwortung gerecht zu werden, im Zeitverlauf lediglich als moderat steigend. Dennoch liegen die Werte der betrachteten Herausforderung mit einem Mittelwert in Höhe von 2,5 für den Zeitraum „Früher", einer durchschnittlichen Beurteilung von 2,9 für den Zeitraum „Heute" sowie einer Prognose für die kommenden zehn Jahre, die im Mittel bei einem Wert 3,2 liegt, in allen Zeiträumen unter den Werten aller anderen Herausforderungen (siehe Abbildung 167).

Auch auf der Ebene der einzelnen Unternehmensstrategien ergibt sich ein ähnliches Bild, wie Abbildung 168 verdeutlicht.

Abbildung 168: Herausforderungen für den Einzelhandel auf Strategieebene: Ökologische Verantwortung

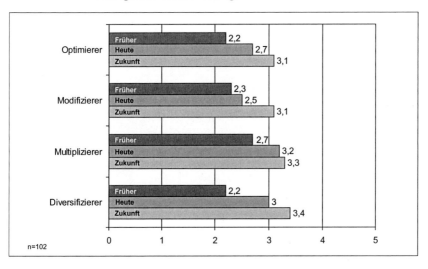

Lediglich die „Multiplizierer" sowie die „Diversifizierer" liegen mit ihren Einschätzungen für die Zeiträume „Heute" und „Zukunft" über denen der Gesamtstichprobe (siehe Abbildung 168). Dies verdeutlicht, dass die größeren Unternehmen, die diesen beiden Strategien in der Regel zugeordnet werden, dieser Herausforderung in der Tendenz eine größere Aufmerksamkeit schenken, als dies die kleineren Unternehmen tun. Der Grund hierfür könnte darin zu sehen sein, dass viele der mittelgroßen und großen Unternehmen CSR bereits gezielt in ihre Unternehmensstrategie integriert haben, um durch Nachhaltigkeit Profilierungs- und Differenzierungspotenziale auszuschöpfen, während die kleineren Unternehmen nachhaltiges Wirtschaften als Faktor zwar verinnerlicht haben, diesen jedoch oft nicht bewusst nach außen tragen. Die höhere Bewertung der „Multiplizierer" und „Diversifizierer" lässt jedoch auch den Schluss zu, dass insbesondere die größeren Unternehmen Schwierigkeiten bei der Bewältigung ihrer ökologischen Verantwortung sehen.

VIII.   Soziale Verantwortung

Auch die soziale Verantwortung ist, neben der ökonomischen Verantwortung, ein zentraler Bestandteil der CSR. Die Herausforderung, der sozialen Verantwortung gerecht zu werden, beurteilen die befragten Unternehmen in der Gesamtheit wie folgt:

Abbildung 169: Herausforderungen für den Einzelhandel: Soziale Verantwortung

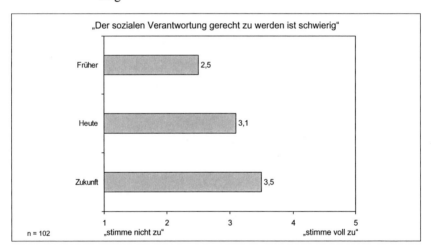

Beim Vergleich der Mittelwerte im Zeitverlauf wird deutlich, dass die befragten Unternehmen den Herausforderungen, die mit ihrer sozialen Verantwortung einhergehen, ein deutlich höheres Gewicht beimessen als denen, die im Zusammenhang mit ihrer ökologischen Verantwortung stehen. So beurteilen sie die Schwierigkeiten, ihrer sozialen Verantwortung gerecht zu werden, als deutlich gestiegen, was sich in der Bewertung dieser Herausforderung in Höhe von 3,1 im Zeitraum „Heute" gegenüber 2,5 im Zeitraum „Früher" widerspiegelt (siehe Abbildung 169). Auch für die kommenden Jahre sehen sich die Unternehmen, verdeutlicht durch einen Mittelwert von 3,5, einer wachsenden sozialen Verantwortung gegenüber, der es gerecht zu werden gilt. Diese Einschätzung teilt auch

Charlotte Schubnell, Geschäftsführerin von Schuh-Sport-Mode Schubnell im badischen Friesenheim, die erklärt: „Man hat heute eine ganz andere soziale Funktion."

Auf der Ebene der einzelnen Strategien zeigt sich, dass die Unternehmen sämtlicher Strategierichtungen einen Anstieg ihrer sozialen Verantwortung seit dem Zweiten Weltkrieg erkennen, der sich nach ihrer Einschätzung auch in „Zukunft" fortsetzen wird.

Abbildung 170: Herausforderungen für den Einzelhandel auf Strategieebene: Soziale Verantwortung

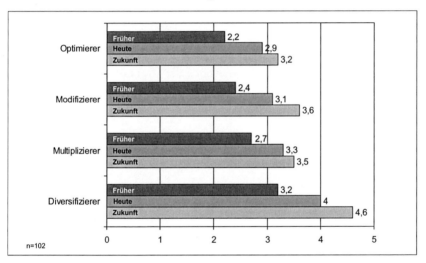

Im Strategievergleich zeigt sich jedoch auch, dass insbesondere die „Diversifizierer" im Zeitverlauf die größten Schwierigkeiten sehen, ihrer sozialen Verantwortung gerecht zu werden. Da diese Strategie mit der gleichzeitigen Erfüllung von Expansions- und Mutationskriterien einhergeht und die betreffenden Unternehmen oft eine Vielzahl an parallel betriebenen Geschäften oder Geschäftskonzepten managen müssen, wächst auch die soziale Verantwortung, die mit der Diversifikation des Unternehmens einhergeht.

C. Herausforderungen für die Politik

Neben den Herausforderungen, denen sich der Einzelhandel selbst gegenüber sieht, wurde in der exploratorischen Befragung hinterfragt, welche Herausforderungen auf die Politik zukommen, wenn sie den Forderungen des Einzelhandels Gehör schenkt. Dazu wurden die an den Expertengesprächen teilnehmenden Inhaber, Geschäftsführer und Vorstände gefragt, welche Rahmenbedingungen aus ihrer Sicht seitens der Politik erfüllt sein müssten, damit auch künftig erfolgreich Handel in Deutschland betrieben werden kann.

Die Auswertung der Ergebnisse hat ergeben, dass sich die Antworten jener Strategien ähneln, die hinsichtlich der Dimension Wachstum über die gleiche Ausprägung verfügen.

Damit ähneln sich zum einen die Antworten der „Optimierer" und „Modifizierer", was deren Forderungen an die Politik anbelangt, zum anderen die der „Multiplizierer" und „Diversifizierer". Abbildung 171 fasst die meistgenannten Forderungen zusammen:

Abbildung 171: Meistgenannte Forderungen der Einzelhändler an die Politik

„Optimierer" und „Modifizierer"	„Multiplizierer" und „Diversifizierer"
1. Steuerentlastungen	1. Steuerentlastungen • Steuerreform • Abschaffung der Erbschaftssteuer im Mittelstand
2. Bürokratieabbau	2. Bürokratieabbau
3. Verantwortungsvolle Standortpolitik (Stärkung der Innenstädte, kontrollierte Ansiedlungspolitik auf der „grünen Wiese")	3. Klare gesetzliche Regelungen im E-Commerce
4. Stärkung des Fachhandels	4. Vereinfachung der Genehmigungsverfahren für große Einzelhandelsflächen
5. Keine Lockerung des Ladenschlussgesetzes	5. Lockerung des Ladenschlussgesetzes
6. Krisenunterstützung auch für den Mittelstand	6. Stärkung des Fachhandels

Übereinstimmung zwischen den beiden Strategiegruppen herrscht hinsichtlich der meistgenannten Forderung überhaupt: der Steuerentlastung. Sowohl die kleineren Unternehmen, repräsentiert durch die „Optimierer" und „Modifizierer", als auch die größeren Unternehmen, vertreten durch die „Multiplizierer" und „Diversifizierer", fordern Entlastungen auf der Steuerseite, um handlungs-

226

fähig zu bleiben. Dabei fallen die Forderungen der größeren Unternehmen etwas detaillierter aus als die der kleinen: Viele fordern neben einer grundsätzlichen Steuerreform, die eine Vereinfachung des Steuersystems mit sich bringen soll, die Abschaffung der Erbschaftssteuer im Mittelstand. Einige Unternehmer sehen in diesem Zusammenhang immense Probleme im Hinblick auf die Unternehmensnachfolge und damit für den kompletten Mittelstand. Tony Arthur Farkas, Vorstand der NBB Dienstleistungssysteme AG in Rodenberg, bringt dies auf den Punkt: „Der Mittelstand kann nur überleben, wenn Nachfolger da sind."

An zweiter Stelle der meistgenannten Anliegen steht bei beiden Gruppen die Forderung nach einem deutlichen Bürokratieabbau. Insbesondere viele kleinere Unternehmen beklagten in diesem Kontext den Umstand, dass beispielsweise die statistischen Landesämter monatlich diverse Fragebögen an die Unternehmen herantragen und eine fristgerechte und vollständige Rückmeldung erwarten. Da dies gerade in vielen kleineren Unternehmen neben dem Tagesgeschäft kaum leistbar ist, fordern sie eine generelle Freistellung von diesen Umfragen. Auch die oft nur zeitnah angemeldeten Steuerprüfungen werden von einigen, insbesondere kleinen Unternehmen beklagt. In diesem Zusammenhang formuliert Anita Ebersbach, Geschäftsführerin von Juwelier Ebersbach in Hamburg ironisch: „Ich habe zwei Raubüberfälle und drei Steuerprüfungen überlebt. Im Prinzip also fünf mal das Gleiche überstanden."

An dritter Stelle der meistgenannten Forderungen steht auf Seiten der „Optimierer" und „Multiplizierer" ein verantwortungsbewusster Umgang mit der lokalen Standortpolitik. Diese Forderung richtet sich primär an Regionalpolitiker und Bürgermeister und zielt darauf ab, die Innenstädte wieder mehr in den Fokus der kommunalen Standortpolitik zu rücken und die Ansiedlungspolitik auf der „grünen Wiese" stärker zu kontrollieren. Viele der betroffenen Unternehmen klagen über eine Verlagerung der Aktivitäten an den Stadtrand sowie die damit oft einhergehenden, rückläufigen Frequenzen innerstädtischer Standorte. Beide Faktoren führen zudem in Kombination dazu, dass gerade in vielen kleineren Städten und Gemeinden tendenziell immer weniger neue Unternehmen bereit sind, sich in den verödeten Stadtzentren niederzulassen, da diese teilweise stark an Attraktivität verloren haben.

Die dritthäufigste Forderung der „Multiplizierer" und „Diversifizierer" fokussiert klare gesetzliche Regelungen im E-Commerce. Auch viele der kleineren Unternehmen, die einer dieser beiden Strategien zuzurechnen sind und Multi-Channel-Retailing betreiben, beklagen die teilweise wöchentlich eintretenden Änderungen von Vorschriften im Hinblick auf Produktbeschreibungen oder Haftungsbedingungen. Dies führt in manchen Branchen dazu, dass ein reibungsloses

Multi-Channel-Retailing fast nur noch von professionellen Großunternehmen geleistet werden kann.

An vierter Stelle der häufigsten Forderungen der „Optimierer" und „Modifizierer" steht die Stärkung des Fachhandels. Viele Unternehmer wünschen sich zum einen eine höhere Aufmerksamkeit gegenüber dem „Rückgrat" der Wirtschaft und fühlen sich als lokale Arbeitgeber in ihrer Bedeutung unterschätzt. Auch das teilweise schlechte Image des Handels in der Bevölkerung ist aus Sicht vieler Unternehmer nicht nachvollziehbar. Hier wünscht man sich zum einen eine größere Wertschätzung seitens Politik und Gesellschaft, zum anderen aber auch eine gestärkte Position gegenüber Filialisten oder Großunternehmen, die ihrer Ansicht nach deutlich größere Förderung seitens der Politik erfahren.

Im Gegensatz dazu besteht die vierthäufigste Forderung der „Multiplizierer" und „Diversifizierer" in der Vereinfachung von Genehmigungsverfahren für große Einzelhandelsflächen, da die Bürokratisierung sowie die dadurch entstehenden Moratorien ihrer Ansicht nach in vielen Fällen einen fundamentalen Wettbewerbsnachteil mit sich bringen.

Platz 5 der meistgenannten Forderungen an die Politik verdeutlicht, anhand der fundamental gegensätzlichen Meinungen der beiden Strategiepaare, ein ohnehin kontrovers diskutiertes Thema des Einzelhandels: die Ladenöffnungszeiten. Während sich „Optimierer" und „Modifizierer" ausdrücklich dafür aussprechen, die Ladenschlussgesetzte nicht weiter zu lockern, da die sozialen Auswirkungen einer solchen Politik ihrer Meinung nach in keinem Verhältnis zum getätigten Umsatz stehen und zudem die kleineren Unternehmen, die dies nicht leisten können, noch mehr unter Druck geraten, betrachten die „Multiplizierer" und „Diversifizierer" eine Lockerung des Ladenschlussgesetztes vielfach als herausragende Chance, ihre Wettbewerbsposition zu verbessern und den Verbrauchern einen Zusatznutzen zu bieten.

An sechster Stelle steht bei den „Optimierern" und „Modifizierern" die Forderung nach einer Krisenunterstützung für den Mittelstand. Gerade vor dem Hintergrund umfassender staatlicher Unterstützung, die im Zuge der Finanz- und Wirtschaftskrise im Bankensektor sowie bei diversen Großunternehmen diskutiert und teilweise geleistet wurden, drängen sie auf eine Gleichbehandlung des Mittelstands. Friedrich G. Conzen Junior, Geschäftsführer von Conzen in Düsseldorf, zitiert in diesem Zusammenhang schmunzelnd seinen Großvater, der einmal sagte: „Mittelständler bist du dann, wenn dir in der Krise der Staat nicht hilft."

Die Forderung nach einer Stärkung des Fachhandels kommt bei den „Multiplizierern" und „Diversifizierern" an sechster Stelle der meistgenannten Anliegen. Insbesondere viele der kleineren Vertreter der beiden Strategien wünschen sich, analog zur Gruppe der „Optimierer" und „Modifizierer", eine größere Aufmerksamkeit für den Fachhandel in Politik und Öffentlichkeit.

Fünftes Kapitel:
Zusammenfassung und Fazit

Die vorliegende Studie hat sich zum Ziel gesetzt, im Sinne einer dynamischen Betrachtung aufzuzeigen, wie sich erfolgreiche deutsche Einzelhandelsunternehmen seit dem Zweiten Weltkrieg entwickelt haben, welche Strategien sie einsetzen, was diese Strategien im Einzelnen auszeichnet und welche Entwicklungen die Unternehmen für die kommenden Jahre prognostizieren.

Dazu wurde im Ersten Kapitel zunächst eine Analyse der Rahmenbedingungen des Einzelhandels vorgenommen. Die dynamische Betrachtung der Entwicklungen innerhalb des Mirkoumfeldes hat gezeigt, dass der Wirtschaftssektor Einzelhandel im Zeitverlauf zunehmend wettbewerbsintensiver geworden ist. Dies äußert sich, neben den deutlich gestiegenen Kundenbedürfnissen, insbesondere in einer steigenden Rivalität zwischen bestehenden Wettbewerbern, steigenden Markteintrittsbarrieren im Zeitverlauf, einem zunehmend als bedrohlich empfundenen Ausmaß an Substituten sowie einer steigenden Verhandlungsmacht der Lieferanten. Diese Entwicklungen reflektieren in ihrer Gesamtheit eine zunehmend kompetitiver werdende Wettbewerbsarena des deutschen Einzelhandels.

Vor dem Hintergrund der sich verschärfenden Rahmenbedingungen fand anschließend zunächst eine Identifikation der zentralen Erfolgsfaktoren, basierend auf diversen Expertengesprächen mit Inhabern, Vorständen und Geschäftsführern deutscher Einzelhandelsunternehmen, statt. Im Anschluss daran wurden die Befragungsergebnisse, mittels einer multiplen Regression, hinsichtlich ihres Erfolgsbeitrags in den Zeiträumen „Früher" und „Heute" ausgewertet. Im Ergebnis konnte aufgezeigt werden, dass nicht ein bestimmter Erfolgsfaktor innerhalb der betrachteten Zeiträume von herausragender Bedeutung war, sonder vielmehr, dass ein Zusammenspiel der einzelnen Faktoren den Unternehmen zu ihrem Erfolg gereichte. Insgesamt konnte bei sieben der zehn meistgenannten Faktoren ein positiver Zusammenhang zum Unternehmenserfolg identifiziert werden, wobei dieser durchaus bei manchen Erfolgsfaktoren etwas höher ausfiel als bei anderen. Insgesamt wiesen folgende Faktoren einen positiven Einfluss auf den Unternehmenserfolg auf: Standort, Kooperation, Innovation, Sortiment, Service, Personal und Organisation. Der Vergleich der beiden Zeiträume zeigte zudem, welche der Erfolgsfaktoren im Zeitverlauf tendenziell an Bedeutung gewonnen haben und welche eher in früheren Zeiten für die Unternehmen als erfolgsentscheidend einzustufen sind. Während heute beispielsweise insbesondere der Standort sowie die angebotenen Services einen großen Einfluss auf den Unternehmenserfolg haben, war dies in der Zeit nach dem Zweiten Weltkrieg insbesondere das Sortiment.

Im Zweiten Kapitel wurden die analysierten Handelsunternehmen im Hinblick auf ihre strategischen Entscheidungen, die sie seit der Unternehmensgründung getroffen haben, systematisiert und geclustert. Ergebnis waren vier grundlegende Handelsstrategien: die „Optimierer", die „Modifizierer", die „Multiplizierer" sowie die „Diversifizierer". Dabei repräsentieren die „Optimierer" die klassischen Traditionsgeschäfte mit einer hohen strategischen Kontinuität. Sie sind seit jeher dem gleichen Standort treu, behalten ihren traditionellen Sortimentsfokus bei und verzichten bewusst auf sämtliche Arten von Expansionsstrategien. Die „Modifizierer" weisen eine enge Verwandtschaft zu dieser Strategie auf, zeichnen sich jedoch nicht durch eine hohe Kontinuität aus, sondern legen bisweilen eine sehr ausgeprägte Experimentierfreude im Hinblick auf strategische Wechsel an den Tag. Dies äußert sich beispielsweise in Standort- oder Branchenwechseln, die sie mehr oder weniger häufiger praktizieren. Die „Multiplizierer" entsprechen hinsichtlich ihrer Strategie der Kontinuität der „Optimierer", repräsentieren jedoch eine Abwandlung dieser Strategie, da sie ihr Konzept, anders als die „Optimierer", beispielsweise durch mehrere Filialen vervielfältigen. Die „Diversifizierer" stellen eine Kombination der Strategien der „Modifizierer" und der „Multiplizierer" dar. Sie zeichnen sich zum einen durch eine hohe Experimentierfreude aus, was sich darin äußert, dass sie neben ihrem ursprünglichen Unternehmen weitere Geschäfte aus anderen Branchen oder gar in Form anderer Betriebstypen betreiben. Zum anderen expandieren sie ihre Konzepte, beispielsweise durch die Gründung weiterer Filialen.

Um nachvollziehen zu können, wie die Unternehmen der einzelnen Strategien zu ihrer heutigen strategischen Ausrichtung gelangten, wurden einerseits deren Entwicklungspfade analysiert. Diese reflektieren die grundlegenden Strategiewechsel. Andererseits wurden auch die damit einhergehenden Entwicklungsmuster näher betrachtet, welche die zeitliche Abfolge der Strategiewechsel wiedergeben. Schließlich erfolgte für sämtliche der vier identifizierten Strategien eine ausführliche Analyse der strategiespezifischen Ausprägung der sieben in Kapitel 1 identifizierten Erfolgsfaktoren.

Um die einzelnen Strategien weiter von einander abzugrenzen und aufzuzeigen, worin sich diese unterscheiden, wurden alle vier einem strategieübergreifenden Vergleich hinsichtlich der Ausprägung ihrer Erfolgsfaktoren unterzogen. Dabei zeigte sich beispielsweise, dass die „Modifizierer", einhergehend mit ihrer ausgeprägten Experimentierfreude, in der Tendenz auch als innovativer einzustufen sind als die „Optimierer", oder dass die „Diversifizierer" noch intensivere Kooperationen pflegen als die „Multiplizierer".

Um Anhaltspunkte darüber zu gewinnen, welche Strategie den größten Unternehmenserfolg mit sich bringen, wurde auch dieser innerhalb der drei Zeiträume „Früher", „Heute", sowie „Zukunft" analysiert und zwischen den einzelnen Strategien verglichen. Auch wenn für alle Strategien in sämtlichen der betrachteten Zeiträume Unternehmen existierten, die einen herausragenden Erfolg vorweisen konnten, ließen sich dennoch einige Tendenzen erkennen. So zeigte sich beispielsweise, dass die in der Praxis oftmals auch als Traditionsgeschäfte bezeichneten „Optimierer" in der Zeit nach dem Zweiten Weltkrieg den größten Erfolg zu verzeichnen hatten, während die „Diversifizierer" am optimistischsten in die Zukunft blicken, was den künftigen Unternehmenserfolg anbelangt.

Zur Veranschaulichung der vier identifizierten Handelstrategien wurden diese im Dritten Kapitel mit „Good-Practice"-Beispielen unterlegt. Dabei wurden Unternehmen porträtiert, die innerhalb ihrer verfolgten Strategie als überdurchschnittlich erfolgreich einzustufen sind, sowie deren individuelle Erfolgsfaktoren aufgezeigt. Anhand der Unternehmenshistorie wurde zudem verdeutlicht, welche Entwicklungspfade sie bis zur heutigen strategischen Ausrichtung eingeschlagen haben und welche zeitlichen Entwicklungsmuster damit einhergingen.

Das Vierte Kapitel dient der Analyse zentraler Herausforderungen, denen sich Einzelhandel und Politik stellen müssen. Hierzu wurde in einem ersten Schritt untersucht, wie die befragten Unternehmen die Herausforderungen der Akquise geeigneten Personals, einer adäquaten Unternehmensfinanzierung, der Abwicklung effizienter Geschäftsprozesse, der richtigen Antizipation und umfassenden Erfüllung von Kundenbedürfnissen sowie des Nachkommens der eigenen ökologischen bzw. sozialen Verantwortung im Zeitverlauf bewerten. Hierbei zeigte sich unter anderem eine strategieübergreifende Besorgnis hinsichtlich der Akquise von qualifizierten Mitarbeitern. Nicht nur mit Blick in die Zukunft prognostizieren die befragten Unternehmen deutliche Schwierigkeiten, geeignetes Personal auf dem Arbeitsmarkt zu finden. Bereits heute sehen sie hierin die größte der analysierten Herausforderungen.

In einem zweiten Schritt wurden die meistgenannten Forderungen präsentiert, welche die Einzelhändler an die Politik richten, um auch künftig aus ihrer Sicht am Markt erfolgreich agieren zu können. Um ein homogeneres Bild zu generieren, wurden die Strategien nach den Größen der ihnen zugeordneten Unternehmen sortiert, sodass die Strategien mit den tendenziell größeren Unternehmen („Multiplizierer" und „Diversifizierer") sowie die, denen eher kleinere Unternehmen zugeordnet werden („Optimierer" und „Modifizierer"), jeweils zusammengefasst wurden. Die Analyse brachte teilweise fundamentale Unterschiede innerhalb der Ergebnisse der beiden Gruppen hervor. Während sich beispielsweise die eher kleineren Unternehmen ausdrücklich gegen eine Lockerung des Ladenschlussgesetzes aussprechen, sind die größeren Unternehmen für eine Liberalisierung der Öffnungszeiten. Auch plädieren die kleineren Unternehmen beispielsweise für eine verantwortungsbewusstere Standortpolitik, während die größeren Unternehmen die Vereinfachung von Genehmigungsverfahren für große Einzelhandelsflächen fordern.

Nachdem mit der ausführlichen Darstellung von vier grundlegenden Handelsstrategien eine umfassende Systematisierung erfolgreicher Handelsstrategien getroffen wurde, kann diese in Zukunft als Basis für die weitere Analyse dynamischer Handelsstrategien, auch auf Branchenebene, dienen. Als zentrales Ergebnis der vorliegenden Studie kann festgehalten werden, dass der Einzelhandel in einem zunehmend kompetitiven Wettbewerbsumfeld permanent verändernde Rahmenbedingungen vorfindet, was sich in diversen Herausforderungen für den Einzelhandel widerspiegelt. Um langfristig am Markt erfolgreich sein zu können, ist es daher wichtig, permanent potenzielle Strategieänderungen abzuwägen. So konnte gezeigt werden, dass es nicht „die eine Handelsstrategie" gibt, die letztendlich zum Erfolg führt, sondern dass sowohl beharrliche als auch anpassungsfähige Strategien, bei richtiger Ausgestaltung, zum Erfolg führen können.

Literaturverzeichnis

Abicht, L.; Bärwald, H.; Gidion, G.; Schegk, I.; Schnalzer, K. (2003): Berufe im Wandel: Neue Herausforderungen an die Qualifikationsentwicklung im Einzelhandel, Bielefeld.

Ahlert, D.; Hesse, J.; Kruse, P. (2008): Internationalisierung von KMU: Erfolgsfaktorenforschung und Benchmarking bei KMU, Münster.

Backhaus, K.; Erichson, B.; Plinke, W.; Weiber, R. (2008): Multivariate Analysemethoden, 12. Aufl., Berlin.

Eggert, U. (2006): Wettbewerbliches Umfeld: Konsumenten, Lieferanten, Konkurrenten, in: Zentes, J. (Hrsg.): Handbuch Handel, Wiesbaden, S. 23-47.

Europäische Kommission (Hrsg.) (2001): Grünbuch – Europäische Rahmenbedingungen für die soziale Verantwortung der Unternehmen.

Fassnacht, M. (2003): Eine dienstleistungsorientierte Perspektive des Handelsmarketing, Wiesbaden.

Foscht, T.; Swoboda, B. (2007): Käuferverhalten, 3. Aufl., Wiesbaden.

Haenecke, H. (2002): Methodenorientierte Systematisierung der Kritik an der Erfolgsfaktorenforschung, in: Zeitschrift für Betriebswirtschaftlehre, 72. Jg., Nr. 2, S. 165-183.

Haenecke, H.; Forsmann, D. (2006): Erfolgsfaktorenforschung als Instrument des Marketing-Controllings, in: Zerres, C.; Zerres, M. (Hrsg.): Handbuch Marketing-Controlling, 3. Aufl., Berlin, S. 45-57.

HDE (Hrsg.) (2010): Zahlenspiegel 2010, Berlin.

Hesse, J. (2004): Erfolgsforschung im Vertrieb – Empirische Analysen von Herstellerunternehmen schnelldrehender Konsumgüter, Wiesbaden.

Hilt, C. (2009): Handelsmarken-Portfolio – Verhaltenswissenschaftliche Analyse der Wirkung eines Handelsmarken-Portfolios am Beispiel eines Lebensmitteleinzelhandelsunternehmens, Hamburg.

237

Homburg, C.; Giering, A. (1996): Konzeptualisierung und Operationalisierung komplexer Konstrukte - Ein Leitfaden für die Marketingforschung, in: Marketing-Zeitschrift für Forschung und Praxis, 18. Jg., Nr. 1, S. 5-24.

Hurth, J. (1998): Erfolgsfaktoren im mittelständischen Einzelhandel, Frankfurt a.M.

Janz, M. (2004): Erfolgsfaktoren der Beschaffung im Einzelhandel, Wiesbaden.

Kolodziej, M.; Mostberger, P. (2008): Was können wir gemeinsam besser machen?, in: Zeitschrift für Controlling & Management , 52. Jg., Nr. 2, S. 81-84.

Liebmann, H.; Angerer, T.; Gruber, E. (2003): Vorwärts im Gegenwind, Handelsmonitor Band 7, Frankfurt a.M.

Liebmann, H.; Zentes, J.; Swoboda, B. (2008): Handelsmanagement, 2. Aufl., München.

Morschett, D. (2002): Retail Branding und Integriertes Handelsmarketing, Wiesbaden.

Porter, M. (1980): Competitive Strategies, New York.

PwC; H.I.MA. (2008): Genug frische Ideen? – Wie innovativ sind deutsche Händler und Konsumgüterhersteller?, Frankfurt a.M.

Rockart, J.F. (1979): Chief Executives define their own Data needs, in: Harvard Business Review, March/April, S. 81-93.

Schramm-Klein, H. (2003): Multi-Channel-Retailing: Verhaltenswissenschaftliche Analyse der Wirkung von Mehrkanalsystemen im Handel, Wiesbaden.

Schweiger, W. (2007): Theorien der Mediennutzung, Wiesbaden.

Seibert, S. (1987): Strategische Erfolgsfaktoren in mittleren Unternehmen – untersucht am Beispiel der Fördertechnikindustrie, Frankfurt a.M.

Swoboda, B. (2002): Dynamische Prozesse der Internationalisierung: Managementtheoretische und empirische Perspektiven des unternehmerischen Wandels, Wiesbaden.

Tannenbaum, R.; Schmidt, W. (1958): How to Choose a Leadership Pattern, in: Harvard Business Review, March-April, S. 95-101.

Tietz, B. (1993): Der Handelsbetrieb, 2. Aufl., München.

Tietz, B.; Mathieu, G. (1979): Das Kontraktmarketing als Kooperationsmodell, Köln.

Zentes, J. (2005): Der Handel als Arbeitgeber – Chancen für mittelständische Unternehmen, in: Zentes (Hrsg.): Der mittelständische Handel als attraktiver Arbeitgeber, Frankfurt a.M., S. 13-35.

Zentes, J.; Hilt, C. (2007): Handelsmarken-Portfolio als Profilierungsinstrument von Handelsunternehmen, in: Bauer, H.; Huber, F.; Albrecht, C.-M. (Hrsg.): Erfolgsfaktoren der Markenführung, Wiesbaden, S. 487-500.

Zentes, J. ; Lehnert, M. (2008): Réglementation, hard discount et guerre des prix en Allemagne, in: Colla, Enrico (Hrsg.): Réglementation et commerce en Europe, S. 57-76.

Zentes, J.; Rittinger, S. (2009): Retailing in Germany: Current Landscape and Future Trends, in: European Retail Research, 23. Jg., Nr. 1, S. 153-182.

Zentes, J.; Bastian, J.; Lehnert, F. (2010): Handelsmonitor 2010: Strategien der Nachhaltigkeit, Frankfurt a.M.

Zentes, J.; Janz, M.; Morschett, D. (1999): Neue Dimensionen des Handelsmarketing, Saarbrücken u.a.

Zentes, J.; Morschett, D.; Krebs, J. (2008): Handelsmonitor 2008: Die neue Mitte – Comeback eines Marktsegments, Frankfurt a.M.

Zentes, J.; Morschett, D. Schramm-Klein, H. (2007): Strategic Retail Management, Wiesbaden.

Zentes, J; Neidhart, M.; Scheer, L. (2006): Handelsmonitor Spezial: Vertikalisierung, Frankfurt a.M.

Zentes, J.; Schramm-Klein, Neidhart, M. (2005): Handelsmonitor 2005/06: Expansion-Konsolidierung-Rückzug, Frankfurt a.M.

Zentes, J.; Swoboda, B.; Morschett, D. (2005): Markt, Kooperation, Integration: A-symmetrische Entwicklungen in der Gestaltung der Wertschöpfungsprozesse am Beispiel der Konsumgüterindustrie, in: Zentes, J.; Swoboda, B.; Morschett, D. (Hrsg.): Kooperationen, Allianzen und Netzwerke, 2. Aufl., Wiesbaden.

Dimensionen öffentlichen Wirtschaftens
Festschrift für Rupert Windisch
Hg. von Uwe Cantner/Annette Mehler (Hg.)
2010, 310 Seiten, Hardcover, Euro 56,90/CHF 99,00, ISBN 978-3-89975-220-5

Die Beiträge reichen von Neubetrachtungen der Rolle des Staates in der Finanzwissenschaft in Gegenwart und Geschichte hin zur Spieltheorie und der Bedeutung neuerer technischer Entwicklungen im Gesundheitswesen und des computergestützten Handels, von den Perspektiven einer neoliberalen Umweltpolitik zur Relevanz von Marktzutrittsbeschränkungen und Regulierungen.

COTRI Yearbook 2010
China's Outbound Tourism Development.
Foreword by Taleb Rifai, Secretary-General UNWTO
(Schriftenreihe des Instituts für Management und Tourismus 4)
Hg. von Wolfgang Georg Arlt
2010, 156 Seiten, Paperback, Euro 24,90/CHF 45,00, ISBN 978-3-89975-191-8

„Das COTRI Yearbook 2010 bietet praktische Informationen darüber, wie man die Qualität touristischer Dienstleistungen zielgerichtet für die spezifischen Bedürfnisse der chinesischen Reisenden verbessert. Die Vielfältigkeit der im Yearbook enthaltenen Informationen lässt mich sicher sein, dass es auf großes Interesse stoßen wird. Schließlich kann der chinesische Outbound-Tourismus von keinem wichtigen Akteur im Welttourismus-Markt ignoriert werden."
Aus dem Vorwort von Taleb Rifai, Generalsekretär der UNWTO

Beyond Budgeting
Impulse zur grundlegenden Neugestaltung
der Unternehmensführung und -steuerung
Von Jürgen H. Daum
2005, 272 Seiten, Paperback, Euro 39,90/CHF 66,00, ISBN 978-3-89975-533-6

Das Beyond Budgeting Management Modell entstand auf Basis zahlreicher Fallstudien des britischen Beyond Budgeting Round Table (BBRT), der die Vorgehensweise von Unternehmen untersucht hat, die ohne fixe Budgets erfolgreich gemanagt werden. Es setzt eine Alternative gegen die klassische Budgetsteuerung und kann so beim Neuentwurf wertvolle Impulse liefern.

Ihr Wissenschaftsverlag. Kompetent und unabhängig.

Martin Meidenbauer ⟫

Verlagsbuchhandlung GmbH & Co. KG
Schwanthalerstr. 81 • 80336 München
Tel. (089) 20 23 86 -03 • Fax -04
info@m-verlag.net • www.m-verlag.net